本书系国家社科基金项目"20世纪《孙子兵法》英译研究"（14BYY028）的研究成果

翻译学纵论

Translation Studies:
A Multi-perspective Approach

裘禾敏 著

ZHEJIANG UNIVERSITY PRESS
浙江大学出版社
·杭州·

图书在版编目(CIP)数据

翻译学纵论 / 裘禾敏著. —杭州：浙江大学出版
社，2023.11
ISBN 978-7-308-24415-2

I. ①翻… II. ①裘… III. ①翻译学—文集
IV. ①H059-53

中国国家版本馆 CIP 数据核字(2023)第 225888 号

翻译学纵论

裘禾敏　著

责任编辑	张颖琪
责任校对	陆雅娟
封面设计	周　灵
出版发行	浙江大学出版社
	(杭州天目山路 148 号　邮政编码 310007)
	(网址：http://www.zjupress.com)
排　　版	浙江大千时代文化传媒有限公司
印　　刷	杭州高腾印务有限公司
开　　本	710 mm×1000 mm　1/16
印　　张	16.75
字　　数	305 千
版 印 次	2023 年 11 月第 1 版　2023 年 11 月第 1 次印刷
书　　号	ISBN 978-7-308-24415-2
定　　价	78.00 元

纵论翻译，意为传播

浙江大学　陈　刚/教授

　　顾名思义，裘禾敏教授的新作《翻译学纵论》不愧为"翻译学纵论"，颇值得一读。读原著，应是"主旋律"；写序言，则是"敲边鼓"——笔者希望自己的序言能敲出一些好听的鼓声、积极昂扬的鼓声、催人奋进的鼓声。

　　该作品由汉语论文、英语论文组成，共25篇，包括作者近年来主持的国家社科基金项目、浙江省哲社办课题、浙江省社科联课题、杭州市哲社办课题等成果。汉语论文分成五大话题，英语论文则是散论，所涉翻译主题之广，令人赞叹。书里既有翻译理论阐述，又有翻译实践呈现，更有需要进一步思考、探讨的内容，专业读者、翻译爱好者均可通过阅读此书收获良多。笔者自己从作者的纵论中获得了很多新的启示，虽"纵论"水准不够，但很想"横论"一番。由于序言是有篇幅限制的，笔者就将论题中心放在中国走向世界的重要热门话题"翻译传播"上，即从关联度较高的各部分内容中择一共同话题而论。这些内容涉及典籍英译、文化翻译、文学翻译、术语翻译、（思维式）翻译体和隐喻翻译等话题。由于翻译与传播是实践性很强的专业，因此，笔者不能仅仅侈谈理论，而应将理论很好地与社会实践相联系，应是基于实践的翻译传播研究与思考。

第一个话题——典籍英译

裘禾敏在此话题下的第一篇论文《论典籍英译与中国文化国际传播》中开宗明义地指出:"典籍是人类传承文化的宝贵财富,但如果不传播,就难以体现其永恒的价值。"这里值得讨论的一个关键问题是:在满足了具有胜任力译者(competent translator)等若干重要问题的前提下,如何进行具有针对性的高效翻译传播?作者在文内强调的是读者。根据作者的分类,笔者用一个英文语汇概括之——reader-specific;如果这个读者群是英文读者,则是 English reader-specific/oriented。这其实反映了译者、出版社关注传播对象及其效果的一个底线思维问题。曾经,译界颇多学者在读了西方有关异化、归化的理论图书后,发表了诸多"创新"认知的观点与长篇大论,似乎不异化就无法传播中国典籍思想、文化,异化观成了翻译的"流行观"。但是,无论从理论角度,还是从实践角度论述,这是有违读者反应论与接受美学的,也是有违翻译传播效果的,归根结底就是没有把译者的上帝——受众——放在心上。从过去到当下,我们在国际传播方面所吃的亏还少吗?所浪费的人力、财力、物力、时间还不够多吗?

习近平总书记 2021 年的"5·31"重要讲话给翻译传播界指明了方向。2023 年是习近平总书记发表关于加强、改进国际传播工作重要讲话两周年。党的二十大报告再次重申"加强国际传播能力建设,全面提升国际传播效能"。笔者虽为高校翻译教学+科研型教师,却是导译、口笔译出身的翻译传播的专/职业实践者,是改革开放、恢复高考后首批"77 级"英语专业大学生,又是全国花大精力投身于外事旅游、民间外交的导译工作者之一。翻译专业发展至今,笔者暂时还想不出有哪一种行业口译或笔译的要求与标准之完整性、全面性,即多维性,会超越导译专业。假设各个行业的译者、译员,高校的口/笔译教员,都达到了专业、职业、行业(专门化)标准与要求,那么,对导译的要求之多维性起码包括以下 10 个方面:导译+口译+笔译+体力+亲和力+管理能力+领导及协调能力+国际传播能力+社交综合素质+外交素养(民间外交素养占比最大)。

笔者从职业生涯的起点——涉外专/职业导译社会实践开始,就将翻译与传播自觉不自觉地联系起来了。作为 20 世纪全国首批特级(英语)导游,从亲身经历与理论研究视角出发，笔者认为，<u>导译与口笔译（以下暂时简/统称为"翻译"）的本质就是语内、语际、符际之间的转换与意义（再）生成及传播+（跨）文化之传播。汉英互译的过程，就是信息解码、（再）编码的过程。</u>在传播或再编码的过程中，文本/话语全译或变译（含编译、节译、述译、缩译、摘译、略译、增译等十几种）无不以目的、受众等为导向。在国家处于相对封闭的年代，涉外口译实践很少见，而不少笔译工作者往往将语际翻译简单地理解为百分之百地忠实于原文的文字转换，受众意识与传播意识则比较薄弱，或者压根就没有，因此（当时）翻译的指导思想、原则、策略、方法/技能等不适合跨语言、跨文化交流与传播，容易产生负面的效果。

以下是笔者对翻译与传播的认知发展阶段过程之再现（注意画线部分）：

●说得更为明白、深入的话，<u>语际翻译是一种传播</u>，而非语际传播就未必是翻译，它不需要翻译这个中介（暂不讨论符际翻译，因涉及多模态因素）。

●换言之，<u>翻译一定包含传播（环节），一定考虑传播因素</u>，但只要不涉外，传播就不需要（语际）翻译，即所谓的对内传播，而非对外传播。

●简而言之，<u>翻译乃传播，亦是国际传播的（重要）方法与手段、文化传播的中介。</u>

●具体、全面而言，<u>翻译是一种特殊形式的信息传播，是一种双语或多语信息之间的转换行为。</u>

●从传播的有效性出发，<u>翻译是将一种相对陌生的表达方式，转换成相对熟悉的表达方式的过程</u>，其内容涉及语言、文字、图形、符号与视频翻译。

●从翻译方法/手段出发，<u>译者/译员会较多使用归化，而较少使用异化；会着眼于受众导向，而非作者/讲者导向。</u>

●于是，<u>传播乃翻译的目的。翻译的实质就是一种跨语言、跨文化的特殊传播</u>。在国际传播领域，即跨文化传播与全球传播中，翻译起着不可或缺的作用。

●就学科与翻译/传播实践而言，<u>翻译与传播相辅相成，译中有传（播），传（播）中有译</u>。翻译是一种跨语言、跨文化的信息转换、传播及交流活动，<u>翻译研究一定包括对传播（起点、环节、过程、终点/目的、效果）的研究</u>，传播学研究的则是信息传播的全过程，包括方式（翻译有）、效果（翻译追求）与规律（翻译亦有）。

●作为一种社会信息的传递，翻译具有传播的一般性质。

●因此，研究翻译必定要研究传播，必定要研究（起码考虑）目标语或传播的受众，研究（起码考虑）目标语与传播的效果。比较典型的翻译形式有导译、（各种）口译、影视翻译等。

Translation（翻译）与 communication（传播/交流/沟通）密切相关，因为翻译的主要目的是促进讲不同语言的人之间的交流、沟通。翻译帮助人们接触到更多的受众，并准确有效地传达信息，它使人们能够与不讲同一种语言的人分享思想、知识与信息。此外，沟通在翻译过程中至关重要，因为它不仅涉及翻译文字，还涉及传达源语文本（source text/ST）的预期含义、语气与文化上的细微差别。译者需要了解源语文本与目标受众（target audience）的背景，以确保翻译的准确性、适当性。总之，translation 与 communication 是相互依赖的，成功的翻译需要有效的 communication 技巧（比较 communicative translation）。所以，我们完全可以认为，传播是翻译的目的与出发点，翻译是传播的方法与手段。从学科/专业与实践两个视角出发，翻译学既是独立学科，也是一门跨学科与交叉学科。翻译的跨学科研究正是当下的学科热点。

综上，就提升中国典籍翻译的国际传播效能而言，找对读者、针对读者进行翻译传播一定是问题之关键。

从本书作者论文中提及的"学者型读者"与"普通读者"视角出发，中国典籍可以产生两种不同的译本。就"学者型读者"的译本（target text/TT）而言，我同意作者的观点，即"保留适度异化加释译的翻译手段"，以"确保传统文化'保真传译'"。作者还特地引用了典籍翻译专家汪榕培等的话，"在翻译原文之外还需旁征博引，解释典故，考释出处。这种翻译突出的是译文的叙述价值和文化价值"。就"普通读者"的译本而言，作者没有重点提及有关典籍的文学/文化/文论专名的翻译原则与方法。笔者以为，作为一种更强调可读性的译本，不需要也无必要保证某一概念专名译法的全文一致性，完全可以依语境而灵活处理，即笔者在长期翻译实践、授课与研究中提倡的 contextual translation 与 flexible translation[①]。以下是笔者 25 年前的译文及简析。

---

① 详见：陈刚，2014. 旅游翻译. 杭州：浙江大学出版社：616-617 及有关章节；陈刚，2021. 旅游英汉互译教程. 2 版. 上海：上海外语教育出版社：50.

例如，"隔"与"不隔"（源自王国维的《人间词话》）如何译。

[ST1] 论中国古诗翻译的"隔"与"不隔"

[TT1] On <u>effectivity or otherwise</u> of translation of ancient Chinese poems（陈刚 译）

[ST2] 陶谢（指陶渊明与谢灵运——笔者注）之诗不隔，……东坡（指苏东坡——笔者注）之诗不隔。（《人间词话》）

[TT2] Poems of Tao Qian and Xie Lingyun, and those of Su Dongpo are <u>easily comprehensible</u>. 或 Poems of Tao Qian and Xie Lingyun are <u>easily comprehensible</u>, and so are poems of Su Dongpo.（陈刚 译）

[ST3] 较隔的用典与不太隔（简单）的用典

[TT3] <u>obscure</u>/<u>hidden</u> allusion and <u>facile</u> allusion（陈刚 译）

[ST4] 用词的"隔"与"不隔"，用典的"隔"与"不隔"，造境的"隔"与"不隔"

[TT4] How to <u>better choose words</u>; how to <u>better introduce allusions</u>; how to <u>better interpret a poetic mood</u>

上述 contextual/flexible translation 体现了 readability 的三个特点：easy + interesting + enjoyable (to read)（参照 *Oxford Advanced American Dictionary*）模式。

第二个话题——文化翻译

作者引用西方翻译学者的理论指出，翻译是一种"改写"（rewriting）与"操纵"（manipulation）；"翻译告诉我们更多的是译者的情况而不是译本的情况"。由此可见，源语文本经过译者创造性的劳动变成译入语文本，不仅改变了原来的语言形态，而且也因翻译的文化目的而打上了译入语文化的烙印；进而言之，翻译过程中出现的有意增译、删改、误译等"创造性叛逆"行为大多是译者为适应译入语文化要求的体现。作者还同时指出：翻译是两种语言与两种文化的协商过程，翻译主要涉及作者、译者与读者等三方面关系，译者是整个翻译过程的关键主体（subject），其价值取向肯定会在译入语里留下富于个性化的烙印。这些通常是译者为使译入语更利于跨文化交际而付出努力的集中体现，更是译者负责、严谨的职业态度的实践证明。

作者上述之引述与阐述，内涵深刻，但很难领会，尤其难以融会贯通，并运用于实际。如果笔者从（中国）文化翻译、传播的视角看问题，以下方框中的案例（引自作者的《操纵学派视角下旅游文本汉译英思维探幽》）似存在值得玩味并改善的地方，特提出来，就教于方家。

> **译例 2**：前些年，虹口区人民政府投入大量资金，请设计师规划，决定把多伦路建为"名人文化街"，再现 20 世纪二三十年代上海的人文风情。
>
> **原译文**：Several years ago the People's Government of Hongkou invested a lot of money, asked planners and decided to reconstruct Duolun Road into a "street of famous cultural persons" and reappears the fashion of culture and humanity of Shanghai in 1920s and 1930s.
>
> 英语译文看似字当句对，但从跨文化角度来看，源语里的许多文化信息不见了，因为译入语（英语文本）不但没有传达出"名人文化街""人文风情"等确切内容，反而让英语读者看了不知所云，难以理解区政府不惜投入大量资金、人力与物力建设文化工程的良苦用心。
>
> 实际上，既然"翻译是改写"，那么为实现旅游文本英译跨文化交际的最终目的，可以适当调整源语形式、结构，灵活采用恰当的翻译策略，尽量向译入语靠拢，设法让外国游客在喜闻乐见中获得旅游信息。
>
> **拟译为**：Several years ago after investing a lot of money and adopting planners' blueprint, the People's Government of Hongkou decided to reconstruct Duolun Road into a "street with cultural celebrities' relics and cultural characteristics" in order to reproduce the human culture of Shanghai in the 1920s and 1930s.

笔者认为，上述原译、改译仍有较大的改进空间。译者通过解码原文，应了解到译文宜在"把多伦路建为'名人文化街'，再现 20 世纪二三十年代上海的人文风情"这句上下功夫，同时对句子进行重构。

其一，应挖掘"多伦路"的中西文化内容。该路原名窦乐安路，始筑于清宣统三年（1911 年），因被曾受到清朝光绪帝接见的英国传教士窦乐安（John Darroch, 1865—1941）看中而命名，于 1943 年改为多伦路。对海外旅游者（尤其是西方游客）而言，Darroch Road 的名称要比 Duolun Road 的效果更好，既有时空联想，也有历史再现。

其二，应正确解读"名人文化街"，谨防翻译语用错误。沿多伦路的二十余幢公馆、洋房建筑特色鲜明，历史价值深厚，包括英、法、日、荷、西班牙等国风格。仅就文化/历史名人而言，与多伦路有渊源的有鲁迅、郭沫若、茅盾、叶圣陶、瞿秋白、夏衍、柔石、冯雪峰、许幸之、丁玲、潘汉年、张爱萍、白先勇等，还有孔祥熙、白崇禧、汤恩伯等。这些人物属于史上"严肃"人物，是不宜用 celebrity（"名人"，特指名流、明星、网红等）来形容的，因为该词特指娱乐界、体育界等名人。例如，Hollywood celebrities turned up at Laguna Beach（见剑桥、朗文等英美词典）。

其三，应做到译文准确、历史地再现 20 世纪二三十年代的文化元素。

具体而言，在其一中，应将多伦路的旧名引出，即还原历史初名，给海外游客一种 favorable association，否则失去的是有价值的历史元素。另外，对（城市）"设计师"或"规划师"的概念及译法，是需要有关专业知识来保障的。这个论证颇需篇幅，笔者删繁就简了。根据未署名的城规专家团队成员撰写的文章，城市规划和城市设计之差别是这样解释的：**Urban planning** is the act of planning the structures of a city, including its policies, infrastructure, neighborhoods, building codes, and regulations. Urban planning, by definition, is the "planning of city strategies, structures and policies." The focus is more technical and political, and is on the strategy, structure, and policy level. … **urban design** is the creation of city features based on plans. It includes everything from public space to infrastructure, as well as transportation, landscapes, and community accommodations. Urban design, by definition, is the "design of city features." It is focused on design and user experience and operates at the features and systems level.[①]

在其二中，"名人文化街"的"名人"屡屡被译界人士译偏，由此误导了海外读者（包含旅游者），但可以改译成常见的 famous people，或更为简练、恰切的 notables。

---

① 引自：https://urbandesignlab.in/difference-between-urban-planning-and-urban-design/.

在其三中，整句译文要再现当时上海中西方的人文风情，必须确保细节之真实、准确。简而言之，所有这些取决于译者的功底与学养。

据此，笔者的建议译文如下：

Some years ago, <u>having invested a lot of money and hired urban designers to work out a plan</u>, the People's Government of Hongkou District decided to rebuild Duolun Road, <u>originally known as Darroch Road in 1912</u>, into a cultural street of notables to recreate the humanistic style of Shanghai in the 1920s and 1930s.（陈刚 译）

第三个话题——文学翻译

作者在"中国戏曲英译与经典化"一节里指出："中国典籍要进入异域文化，一般需经过五个步骤：慎重考虑典籍底本的遴选及其翻译，开展译本进入异域文化圈内的市场调研，关注译语读者的接受与评价，熟悉英语国家对外来典籍的接受机制与传播体制，增强文化典籍输出的投入力度。"

的确，笔者认为，若考察演出剧本，中国古典戏曲向外传播步履艰难（虽在进步）。就当代而言，《凤还巢》（魏丽莎英译、导演）的翻译与演出证明是成功的。西方人演京剧，有史料记载为 1934 年。当时，英译剧本演出却不唱，当话剧来演。直到 1986 年，美国夏威夷大学演出团应中国国际友谊促进会之邀到北京、西安、上海演出英语京剧《凤还巢》，西方人首度以英语演唱京剧，英文唱词合辙押韵，英文念白抑扬顿挫。笔者做过研究（有成果出版），英译剧本妙趣横生，似乎非魏丽莎翻译不可，不仅准确、巧妙、灵活地表达了文本意义（包括不少俏皮话等修辞话语），还适合演唱——按照京剧固有的腔调、严格的规范来唱。据京剧同行的评价，板式、旋律、断句，以至拖腔、气口都须纳入固有框架，魏丽莎的译作大致上做到了。英文版京剧《凤还巢》的出版，是中国京剧向外传播历史上的一件大事。

此外，从 closet drama（案头剧或书斋剧，指非演出剧本）的角度观察，作者指出："综合《牡丹亭》英译本在英语世界传播的数量、质量与可接受程度，汉学家白之全译本《牡丹亭》一直是中国古典戏曲在英美文化系统传播的主要力量。因受译者身份、翻译文学体制、机构、市场、读者等因素影响，当前，国内《牡丹亭》英译本依然处于边缘化的地位，没有在英美文化系统达到理想的传播效果，而且在未来相当长的时间内，白之全译本仍将笑傲'牡丹亭'百花园。"

笔者在此想对《牡丹亭》另外两个优秀译本——汪榕培译本与许渊冲译本，跟白之译本做一点到为止的"浅评"，再推荐国内学者另一最新译本。

笔者将《牡丹亭》的上述三个译本加以对比分析，从跨文化翻译视角出发，**着重关注 TT 与 ST 之间经 rewriting 后的变化**，涉及语言层面的变化（或差异）与文化层面的变化（或差异），具体可体现为（全部/部分）保留、（全部/部分）吸收、（全部/部分）引用、（全部/部分）改译、（不同程度的）扩展或缩减、总体或具体编译等。笔者做了 12 类的翻译案例对比分析，这 12 类分别是：（1）文化负载词重构；（2）句型重构；（3）典故重构；（4）双关重构；（5）对偶重构；（6）排比重构；（7）韵脚重构；（8）声词重构；（9）叠词重构；（10）隐喻重构；（11）意象重构；（12）综合重构。下表是三位译者的排名（排在前的说明译文处理得比较好，仅供参考）：

类别	许译本	汪译本	白译本
（1）文化负载词重构	①	②	③
（2）句型重构	①	③	②
（3）典故重构	①	②/③	③/②
（4）双关重构	②	③	①
（5）对偶重构	②/③	③/②	①
（6）排比重构	①	③	②
（7）韵脚重构	①	③	②
（8）声词重构	笔者①（许未译）	③	②
（9）叠词重构	②	③	①
（10）隐喻重构	①	③	②
（11）意象重构	①	②	③
（12）综合重构	①	②	③

非常值得笔者隆重介绍的是黄必康教授英译的《牡丹亭》全译本（商务印

书馆，2021）。这是目前《牡丹亭》的最新译本。该译本的翻译策略是 reader-oriented，仿拟莎士比亚经典戏剧，即以经典译经典，（尽可能或自然地）运用莎剧特有台词与表达方式，韵律优美，忠实于原作文学细节与审美意象。

2021 年 11 月 28 日晚，笔者全程聆听了黄必康教授题为"汤显祖与莎士比亚的文本交汇：《牡丹亭》英译新探"的讲座。黄教授受"汤莎并举"的启发，开始尝试以莎士比亚诗剧体翻译《牡丹亭》。其主要特点是：仿拟莎士比亚经典戏剧，采撷莎剧里特有台词与表达方式，韵律优美而朗朗上口，忠实于原作文学细节与审美意象，自然融入了中国传统文化。黄教授在讲好中国故事、实现文化输出的"软着陆"的前提下，提出了"不应是中国文学走向世界文化，融入世界文学，而应是让西方在认识到东方崛起之后的'拿来'态度"。接着，他结合自己的翻译实践解释了为何《牡丹亭》难译。其中文化自信之难就是语言沟通之难，这与经典文学外译的接受问题相关。《牡丹亭》是戏剧，在翻译时要考虑到它的本土受众。因此，黄教授在翻译时采用了 reader-oriented strategy：第一是进行了读者研究，第二是落实"汤莎并举，借船出海"，从而得到经典对经典的译文。同时，他还从译者主体性研究的角度强调了互文性与"以戏剧之心译戏剧艺术"的重要性。更为详尽的翻译阐述，建议读者细读黄教授的"译后记"①。让笔者感慨最深的是黄教授的那句话，"让西方在认识到东方崛起之后的'拿来'态度"——这难道不是中国文化/文学翻译传播所要达到的高境界、高目标吗？

第四个话题——术语翻译

本书作者完整、准确地引用了冯志伟教授有关选定术语的八条原则：（1）准确性；（2）单义性；（3）系统性；（4）简明性；（5）稳定性；（6）理据性；（7）稳定性；（8）能产性。作者特别指出，科技术语包含两层含义——字面含义（literal meaning）与学术含义（scientific meaning）。语义学家往往着重研究其字面含义，而科技专家则注重其学术含义，**翻译家则必须兼顾其字面含义与学术含义**。对术语翻译来说，重要的是现代语义学的观点：首先，术语的

---

① 黄必康，2021. 译后记//汤显祖. 牡丹亭（莎士比亚诗剧体全译本）. 北京：商务印书馆:692-696.

字面含义是术语的学术含义的语言基础，术语的学术含义不能游离于学术的字面含义之外而独立存在。就内容而言，术语的学术含义应该比学术的字面含义更为丰富。其次，术语的学术含义应该与学术的字面含义保持一致，并只能在其字面含义基础上加以科学的界定而形成。再次，术语的学术含义不是一成不变的，它的内涵（connotation）通常会随着学术的发展而不断丰富。

笔者依据上述原则、阐述，讨论如何准确地翻译政治术语"人民民主专政"，同时提出，就翻译（汉译英）而言，在确定（政治）术语选定原则时，应该再增加两条：政治性、跨文化性。换言之，将汉语的政治术语（SL [political] term）译成英语时，该术语（TL [political] term）的外延、内涵不应给中国的国家正面形象与实质造成负面影响。之所以这个 SL term 转换成 TL term 可能产生"意外"之意，正是因为在跨文化翻译过程中，在 SL 文化语境中合理、得体的 term/语言，转换成 TL term 时，会在 TL 文化语境中产生负面异义。

"人民民主专政"是中华人民共和国特有的政治术语，指工人阶级领导的，以工农联盟为基础的，对人民实行民主与对敌人实行专政的国家制度，是中国人民实行无产阶级专政的一种形式。专政指统治者的政治统治。在社会中占统治地位的人，运用其掌握的国家权力，对社会实行控制与管理。"专政"一词原意指无限的权力，是拉丁文 dictature 的意译，原为古罗马最高执政官的称谓，并用以特指拥有至高无上绝对权力的统治者与统治方式。到了近代，<u>在西方，专政通常与独裁、专制混用，指高度集权的个人统治或党派统治，专政的统治形态与民主政治，与分权体制是互相对立的</u>（下画线为笔者所加，下同）。从语法视角分析，（人民）民主专政是一偏正词组，中心语是"专政"，民主则是修饰语。人民民主专政的官方英译文，从毛泽东的《论人民民主专政》（1949 年发表）的译文算起，直至国家宪法（2018 年修正版）翻译，迄今依然是 people's democratic <u>dictatorship</u>（下画线一词指独裁/专制统治、专制政府/国家，且是贬义词，其形容词 dictatorial 等于 tyrannical[①]），可谓 historically correct/acceptable。然而，随着社会的进步与发展，尤其是中国和平崛起以来，为避免或防止西方对中国的社会主义制度与人民民主制度的歪曲、误解，是否应考虑将其改译作

[①] 详见朗文、牛津、韦氏等英美词典。

people's democratic <u>rule</u>——这属于中国（国际）话语构建的一部分，改用中性词 rule 完全没有削弱统治/制度的力量，也完全可以对"敌对势力"实行"专政"——据 *New Oxford American Dictionary* (*NOAD*) 对 rule（名词与动词）所给的定义：control of or <u>dominion</u> over an area or people 和 exercise <u>ultimate power</u> or <u>authority</u> over (an area and its people)。这正如我们不会把也不希望自己的政府、政权或政治体制被描述为"dictatorial regime"或"autocracy"。既然如此，我们为何非要使用英文的贬义词来描写自己的人民民主体制呢？难道我们希望传播这种误导吗？

比较西方描述利比亚前总统/暴君卡扎菲及政权的词语："Protestors were rebelling against the <u>tyranny</u> of Gaddafi, who implemented oppressive policies in such a way as to take over the social, economic, and political apparatus of the country. His <u>dictatorial regime</u> dismantled the 1951 constitution…"[①]（含 dictatorship），我们还需要静静等待吗？

第五、第六个话题——（思维式）翻译体、隐喻翻译

作者讨论的"思维式翻译体"与"隐喻翻译"跟（当前的）翻译与传播密切相连。故将这两个话题合二为一。

Dictionary of Translation Studies（《翻译研究词典》）收录了 translationese 词条，释义为"a term used to refer to TL usage which because of its obvious reliance on features of SL is perceived as unnatural, impenetrable or even comical"。词典编纂者大概主要关注的是语言层面的"翻译体"，这一点与尤金·奈达（Eugene Nida）相似，但他们都忽视了深层次的"翻译体"现象——思维差异导致的"翻译体"。于是，作者指出："<u>语言既是民族文化的载体，又是民族思维的表现方式</u>。一般而言，<u>汉语思维侧重形象、直观，多用具体的词语表达抽象的概念，而英语思维倾向于抽象、间接，通常借助抽象的名词表示复杂的理念</u>，如动词的名词化。这就给英汉翻译带来一定的启发，即遣词造句需要做一些必要的调整，符合目标语读者的心理模式。"作者列举了翻译体的其他 terms，如 third code

---

① 引自：https://www.researchgate.net/publication/356508057_Was_The_2011_NATO-Led_Intervention_In_Libya_A_Just_War.

（第三符码）、third language（第三语言）、interlanguage（中间语）、translatorese（译者文体）、transjargonisation（翻译语言）等。然而，这些 terms 均为客观、中性的表达法。接着，作者转述了方梦之的话，"翻译体有一些特征，包括异国风情与异国风味、不同的社会习俗与价值信念体系、外来语言特征、欧化的句法与篇章结构等"。最后，作者做了一个简单的总结：翻译体涉及的是不同于目标语的语言与文化异质性（heterogeneity），既呈现了语言层次的他者，又表征了文化层面的差异。

联系中国对外传播中遇到的问题，轻则一般的误读、误会、失败的（个人之间的）沟通，重则严重的误读、（族群）对立、（民族）敌对、（国与国）交流瓶颈等。因此，笔者认为，我们除了要有意识地、加大力度地译介类似客观、正面、中性、学术、专业翻译体的 China English，更要注重防止有害、有损中外语言、文化、民间、政府交流的问题与倾向不断发生。

这些问题很多表现于汉英的语言转换（翻译）方面。由于"汉语思维侧重形象、直观，多用具体的词语表达抽象的概念"，因此汉语的不少比喻用法转换成英文时，往往会造成目标语受众的严重误会。在分析有关案例之前，很有必要再次重温作者（包括其所引用的西方翻译学者）的观点（注意画线部分）：

●Actually, one reason is likely that it involves a bilingual and bicultural activity between a source text and a target text. However, in doing so a tough challenge that has been haunting a translator is how to acquire a thorough understanding of the designative and associative meanings of the text to be translated.

●People speaking a foreign language (i.e., English) are inclined to be affected by their native language (i.e., Chinese) and its culture concerned, which may result in a "new" language called inter-language. Consequently, using inter-language tends to give rise to pragmatic difference, usually the product of cultural difference, which poses a barrier in communication. All these differences are attributed for pragmatic misunderstanding. On the other hand, the use of metaphor occurs both in speech and writing so frequently that people come to ignore it consciously or unconsciously. Then people from different cultural backgrounds find difficulty in understanding each other despite their good knowledge of English.

●As Newmark claimed that metaphor generally has two usages: (1) its <u>referential purpose</u> is to depict a mental process, a concept, a person, an object, or an action in a much easily understood way than in its literal language; (2) its <u>pragmatic purpose</u> is to appeal to the senses, to interest, to delight, to surprise the readership. <u>The first purpose is cognitive while the second is aesthetic. It is certain that a good metaphor may put two purposes in harmony</u>.

●Since metaphor is so common in both Chinese and English, <u>how to transpose it from one language to another should be taken seriously</u>. The crux of the game in translating concerns the comprehensive choice of a proper approach for a text. Therefore <u>one of the particular problems is how to cope with the translation of metaphor</u>.

上面有关 dictatorship 的例子是既涉及政治、外宣、意识形态翻译，又涉及专业、学术、术语翻译的"经典案例"。官方曾经长期使用 propaganda 来翻译中央政府与地方政府的宣传部门，直到 21 世纪初才完全修正过来（假设笔者对"民主专政"的官方翻译之上述观点是正确的——像 propaganda 那样，那么我们期待将 dictatorship 早日做一修正）。中国日益走近世界舞台中央，必须建立与其国际地位相适应的对外话语体系。这绝非语言或翻译转换之类的"小事"，而是涉及语言安全或翻译安全问题的原则性大事。暂且不谈语言/翻译安全问题的宏观（理论）层面，仅其微观（语用）层面就会产生或已经产生了不必要的麻烦，被我们的"对手"抓住了"把柄"。我们没有使用 language-neutral translation/expression（简而言之，双语/翻译实践不过关），而是被西方媒体直译处理成英文中非常夸张的语言——跟汉语原文的语感及语用意涵完全不同，从而引发了（国家内外部）不同民族和社会群体受众的冲突反馈——直观上的、文化价值、思维取向以及社会、民族、意识形态等方面的矛盾。例如，"犯我中华者，虽远必诛"这句话，多年前国内网民使用率不低，自前些年《战狼》放映以来，使用频率更是变得相当之高，还见于海外华人所打出的横幅。于是，意想不到的问题暴露出来了。此句本源于"明犯强汉者，虽远必诛"（出自西汉名将陈汤给汉元帝的上书，是表明击退北匈奴的功绩），是诛杀完再说的话，而非相反。若直译"犯我中华者，虽远必诛"（"诛"的语境意义是杀死），英文大意是：Those who invaded/offended China will be killed even if they are far away. 然而，如今不明文言文者，或因历史、社会、文化、语言语境等之变化/变异，那句应处理成：Those who offended/invaded/committed crimes against China will/shall be punished even if they are far away. 当前问题的严重性在于，那些反中、仇中者，有些还是中国通，就利用古文原意（historical meaning），通过直译攻击中国，而我们更不能让攻击、抹黑中国的"大翻译运动"险恶用心得逞。在此，能够改变这一"困境"的对策，就是将中文原文调整为"虽远必究"（追究，改动属于习语临时变体）。

此外，西方媒体也是如法炮制，因为直译中文就会直接渲染气氛，达到他们的"宣传效果/渲染效果"。例如："中国人民也绝不允许任何外来势力欺负、压迫、奴役我们，谁妄想这样干，必将在14亿多中国人民用血肉筑成的钢铁长城面前<u>碰得头破血流</u>！"我们的官方译文考虑到了中西文化差异，不求逐字翻译，追求准确传递原文信息：Chinese people will never allow any foreign force to bully, oppress, or subjugate us. Anyone who would attempt to do so will <u>find themselves on a collision course with a great wall of steel</u> forged by over 1.4 billion Chinese people. 成语"头破血流"用于文学作品中就是指"头打破了，血流出来"，但在非文学作品里，仅形容受到沉重打击或遭到惨败的样子。字面意思比较血腥壮烈，但中国人都能读懂这个成语的引申含义，而非真的是其字面意思，不会造成对其语境意义的误读，乃至误译。

再看外媒的报道及其译法，完全是别有用心，另有企图，以把中国及中国共产党描绘成令人可怕的形象。

其一，《华盛顿邮报》《卫报》的说法：China will not allow itself to be bullied and anyone who tries will <u>face broken heads and bloodshed</u> in front of the iron Great Wall of the 1.4 billion Chinese people.

其二，《纽约时报》的译法：Whoever nurses the delusions of doing that will <u>crack their heads and spill blood</u> on the Great Wall of steel built from the flesh and blood of 1.4 billion Chinese people.

其三，BBC的报道：Anyone who dares try to do that will <u>have their heads bashed bloody</u> against the Great Wall of Steel forged by over 1.4 billion Chinese people.

其四，欧洲新闻电视台（Euronews Live）的新闻：At the same time, the Chinese people will absolutely not allow any foreign force to bully, oppress or enslave us. Anyone who attempts to do so will <u>end up with broken heads and bloodshed</u> in front of the iron Great Wall of the 1.4 billion Chinese people.

如此直译势必强调"头破"与"血流"，对西方受众的冲击力很大。笔者作为一名一线专业导译的经验与英语语感，通过另一案例便可说明。笔者于 20 世纪 80 年代初期起不厌其烦地向英语游客/访客介绍岳飞的词《满江红》，下阕有"壮志饥餐胡虏肉，笑谈渴饮匈奴血"，笔者译文（一直）是：My hungry aspirations are eager/To swallow the "Northern meat"; /My burning thirst is keen/To quaff the "Northern blood"（见笔者 20 世纪八九十年代的导译词、出版物等）①。英美受众的现场反应是：The lyrics showed General Yue's <u>bloodthirstiness</u>. 据 *NOAD*、朗文高阶、韦氏高阶，下画线词的形容词词义是：eager to shed blood; taking pleasure in killing and violence; eager for bloodshed; eager to hurt or kill; (of a story or movie) containing or depicting much violence。有关举例是 a bloodthirsty dictator、bloodthirsty soldiers、a bloodthirsty novel 等。

因此，我们不能简单地将西方媒体的直译看成仅仅是 intercultural translation/intercultural communication（跨文化/文化间翻译、交际、传播——特指属于完全不同文化或民族国家的个体或群体之间的交流、传播）所涉之文化差异问题，更是一种 transcultural communication（unlike intercultural and international communication, which takes place between individuals or groups of individuals belonging to distinct cultures or nation states, the concept of transcultural communication involves processes of communication that transcend individual cultures②，即超文化交际、传播，特指超越个体文化的交流、传播），确切地说是 transcultural miscommunication，实际经常发生成为 serious misunderstanding，它涉及地缘政

---

① 出版物主要有：陈刚，1996. 西湖诗赞（英文版）. 杭州：浙江摄影出版社；陈刚，2004. 旅游翻译与涉外导游. 上海：上海外语教育出版社；陈刚，2010. 旅游英语导译教程. 上海：上海外语教育出版社.

② Andreas Hepp, 2015. *Transcultural Communication*. Chichester: Wiley Blackwell: 3.

治的传播，上升到作为整体的不同文化、民族、国家之间的问题或矛盾，甚至可发展至"跨/超文化冲突"，即 the <u>transcultural conflicts that organizations have to confront and manage</u>, but also the <u>transcultural conflicts between the "West" and the "Rest"</u>... These were then <u>the subject of reporting by European mass media, coupled with commentary</u> that, in some cases, sought to <u>distance itself from the issue</u>. The transcultural communication made possible by the globalization of media thus led to conflicts between religions and cultures, and <u>did not necessarily enhance mutual understanding</u>[①]。据此，我们毫不奇怪，西方（媒体）有意将中国人、中国领导人加以"血腥化""妖魔化"。在当前国际传播、国际话语建构对我们非常不利的情形下，我们要非常注意讲好中国版的各种中国故事，以削减或抗衡（消极的、负面的）西方版的中国故事。我们要不断生产出切实可行的知识、话语，以阐释中国的思想、历史、文化、风光，展示好中国形象，成为正版中国故事的主要传播者或传播主体，其中包括我们的语言翻译、全媒体，官方的、民间的，特别是民间传播（people-to-people communication，例如入境游、民间团体交流等），在目前官方传播困难重重、效果不彰的情况下，尤显特殊、重要。换言之，有效讲好中国故事的重任已经责无旁贷地落到你、我、他/她的肩上，尤其是会熟练运用目标语进行口笔译及其传播的你、我、他/她。在以跨越、融合为特点的新文科背景下，更要多多关注、吸收、学习国际（新闻）传播、国际关系、政治学、社会学、比较文化等诸多专业或其知识，这样我们的翻译胜任力才能如虎添翼。

笔者与作者是浙江大学同一专业的同学，笔者是学长，曾为作者的研究生导师，如今在各自所在的高校任教，主要从事翻译教学与研究。作者热爱翻译，实践翻译，研究翻译，培养译才，孜孜以求，实践丰富，硕果累累。此次，作者诚邀笔者为其论文集撰写序言，笔者既高兴，又担心。高兴的是，笔者能有机会以文字形式向作者及其即将出版的新作《翻译学纵论》表示祝贺；担心的是，笔者收到作者的大作清稿时，正聚神于繁重的杭州第 19 届亚运会翻译工作，虽盛情难却，但要撰写一篇围绕书内各大话题、有专业学术内涵且有一定

---

① Andreas Hepp, 2015. *Transcultural Communication*. Chichester: Wiley Blackwell: 1-2.

长度而不是"礼节性的形式主义"之序言，的确需要花费很多的时间与精力。正因为考虑到了诸多客观上的困难因素，加之学识水平有限，笔者自收到作者的清稿之日起，就抱着"蚂蚁啃骨头"的精神，边拜读，边学习，边体会，边提高，见缝插针，利用空余的点滴时间，一点一点地写，时而白昼忙里偷闲写上几句，时而凌晨时分有了灵感再补上几句，以免自认为的好想法一闪而过……就这样，经过五十多天"忙并快乐着的折腾"，写成了拙稿，发给作者批评指正。当然，对笔者来说，写这样的序言，是一种学习、提升的过程，更是一次自我享受的精神旅程！

是为序。

2023 年 6 月下旬
于杭州西湖区秋水心斋

目　录

第一部分

典籍英译

论典籍英译与中国文化国际传播

典籍是人类传承文化的宝贵财富，但如果不传播，就难以体现其永恒的价值。典籍由深奥难懂的古汉语写成，一般需借助文本翻译得以有效传播。研究其传播的路径，可分为：（1）历时传播——典籍从古到今在汉语语言文化体系里的世代流传，即"古文今译"，属"语内翻译"；（2）共时传播——典籍从源语国输出进入译语国（主要是汉译外），这是"母语与外语之间的翻译"，属"语际翻译"。我们探讨的是中国典籍对外传播的"语际翻译"，讨论的是全球化语境下典籍英译、出版与中国文化"走出去"之间的内在关系及其现实意义。

一、典籍文化，各美其美

孔子曰："君子和而不同，小人同而不和。"三国时期何晏进而阐释："君子心和，然其所见各异，故曰不同；小人所嗜好者同，然各争利，故曰不和。"在谈到民族文化与世界文化的关系时，社会学家费孝通指出："各美其美，美人之美，美美与共，天下大同。"这十六字箴言表明，我们需要承认、包容、尊重文化差异，以求共存共荣。换言之，首先要创造并发现自身之美，接着学会欣赏他者之美，再到相互欣赏、赞美，达到一致与融合。

中国典籍包含博大精深的传统文化，具有独特而鲜明的民族内涵，如天人合一，重视人与自然的和谐统一；礼治精神，将人与人或国与国之间交往的礼治升华为社会理想；以人为本，主张人是考虑问题的出发点，天地人之间人为中心，人与神之间人为中心；刚健有为，这是人们处理天人关系、人际关系的原则，也是中华民族积极向上的人生价值观提炼。孔子十分重视"刚"的品德，《易传》也就刚健有为、自强不息的思想做了经典的阐述。

古汉语是中国传统文化典籍的主要载体，数千年来积淀而成的"经史子集"汗牛充栋，可以借鉴的语言、文化资源远远超过现代汉语。据 2008 年国务院批准公布的首批《国家珍贵古籍名录》，至少有 2392 种典籍流传至今。汉语是历史悠久、世界上使用人数最多的语言，英语是当今影响力最大的语言，要使中国传统文化在最大范围内进行有效的传播、发挥最大程度的影响，就需借助英译。人类文明发展史表明，无论是西学东渐，还是中学西传，翻译历来就是沟通异质文明、异质文化不可或缺的桥梁。

二、典籍传播，美人之美

典籍英译是对外文化传播的重要手段，它有助于弘扬民族文化、促进东西方文化融合、保持中国固有的文化身份。中国典籍要想进入异域文化，一般需经过三个步骤。第一是慎重考虑典籍底本的遴选及其翻译；第二是着力关注译本进入的异域文化圈内的读者期待视野；第三是译语读者的接受与评价。除了中国与英语国家国情不同、汉英语言文化存在差异、东西方意识形态有别以及翻译困难等因素以外，还应考虑以下两点：一是英语国家对外来典籍的接受机制与传播体制，二是中国对本民族文化典籍输出所做出的努力与投入的程度。

回顾中国典籍翻译、输出历史，我们注意到，最早把中国传统文史哲著作译入英语的是早期来华的传教士，他们率先翻译了诸子百家、唐诗宋词等经典作品，拉开了中国典籍西行的大幕。长期以来，向西方译介中国典籍一直是传教士与西方汉学家涉足的领域。19 世纪末至 20 世纪初，中国学者开始加入这一项事业。杰出的代表有辜鸿铭，他以"独步神州"的英语造诣与非凡的儒学学识，成为典籍英译开创时期最有代表性、最有影响的译者。辜鸿铭"生在南洋，学在西洋，婚在东洋，仕在北洋"，人称"四洋先生"，是清末民初的"文化怪杰"，英译了儒家"四书"中的三部，为传统文化的海外传播做出了宝贵的贡献。

进入 21 世纪以来，典籍英译、出版受到中央政府的高度重视，已被列入国家战略工程，国家投入巨资启动了"大中华文库""中国文化著作翻译出版工程""经典中国国际出版工程""丝路书香工程""中国图书对外推广计划"等项目，有力地推动了中国典籍英译事业向纵深方向发展。

为进一步加强这一"功在当代，利在千秋"的对外文化传播事业，出版界责无旁贷，应不断拓展海外资源，着力推进国内外研究者的交流，掌握最新动态与成果。此外，国内出版界应与海外出版社携手创业，通过联合出版、版权转让等形式开拓境外图书市场，研究海外出版社的选题原则、翻译标准、出版流程、传播规律等。

新世纪，中国的国际影响力日益增强，中国文化产业"走出去"的势头必将更加迅猛，因此，我们应高度重视翻译在文化对外传播过程中的作用，努力将更多更好的典籍推介到海外市场，全面提升中华文化在 21 世纪的全球影响力。充分挖掘典籍传播的巨大市场潜力，用心耕耘、开发这一广阔的市场，积极推动中国典籍与世界主流文化市场高水平、高层次的对接，在谋求自身成长与发展的同时，出版更多体现中国风格、中国气派、中国特色的作品。为此，如果从翻译传播角度来看，目前，我们至少可开展以下几方面的探索。

第一，研究翻译传播的内在机制及相关传播因素之间的互动关系，揭示典籍翻译活动的本质与规律，既可以是有关翻译规律性的宏观描述，也可以是翻译主要环节的微观描摹；另外，我们也可着力基于翻译的本体、主体、客体、载体、受体等方面的综合性研究，从多角度探究典籍传播的外部世界，包括法律、文化、经济、道德等社会意识可能带来的影响。

第二，关注典籍的传播效果。它是翻译传播活动的检验标准，涉及海外典籍接受者与译语、译者、源语的多重交流与对话，同时也是翻译传播活动的归结点。据此，我们要研究传播的运作规律，注意典籍出版的题材遴选、图书装帧、销售渠道等，这些因素会对接受者产生一定的传播效果。况且，典籍英译的对外传播与接受是当前翻译学的前沿性课题，大有文章可做。综观近年来国家层面的重要课题立项情况，每年都有多个有关典籍英译的研究课题获得国家社科基金、教育部人文社科项目的资助。

第三，重视典籍译者研究。译者是翻译的主体，其受教育程度、个人学养、治学态度、价值观、思维方式等都会对典籍英译作品产生决定性的影响。如译者如何理解原作的创作意图、典籍产生的历史背景、原文的注疏版本等，译者如何把握典籍、采取怎样的翻译策略等，都将决定译语的质量，并由此影响传播的信度、力度、深度与广度。

此外，我们还应掌握海外典籍接受者的特性、需求及接受机制。接受者因素是语际转换的重要功能机制，为了有效而准确地传递信息，译者在翻译前可以协同合作机构关注读者的接受潜势、受教育水平、审美情趣、认知需求等，了解海外对中国图书需求的最新市场动态。

典籍英译不仅仅是译者个人行为，还应该纳入国家翻译实践计划。所谓的国家翻译实践，主要指由国家策划、组织、主导、监管的翻译活动，是国家借以实现长远战略目标、实施对外塑造国家形象的重要行为，具有规模化、机构化、制度化等特征，同时也是中国文化国际传播的主要平台与核心载体。由此可见，我们必须真正从文化价值共生与共融的高度充分把握典籍译介的高层次目标与价值追求。在当前经济全球化、文化多样化、诉求多元化的新时代语境下，典籍译介与传播可以为重构中国对外话语体系、加强东西方文明互鉴、构建人类命运共同体做出不可替代的贡献。

三、典籍英译，美美与共

出版界还应十分重视典籍英译风格，它与读者有着紧密的关系，读者群的设定直接影响翻译风格。每个英译本应设定隐含的读者群（implied readers）。通常而言，从语种掌握熟练程度看，译著的读者对象大致可分为"英语为母语读者""英语为通用语读者""英语为外国语读者"等；从学养看，可分"学者型读者""普通读者"等；从受教育程度看，可分"高等教育读者""中等教育读者""初等教育读者"等。从学术研究的角度看，理想的典籍注译规范应包括原文、注释、今译、英译等，如果加上疏解、评注及术语解释，那么译著的篇幅会大大加长，这样的学究式译本更多的是具有研究价值与图书馆收藏价值，多半吸引象牙塔里的研究学者。如果要充分实现典籍英译的"文本目的"，让不懂源语的中外英语读者知道、了解甚至欣赏典籍的思想内容及其文体风格，读到与典籍意义相当、文体相仿、风格相称的英译本，全面准确地了解博大精深的中国文化思想，就必须考虑翻译风格。

大量的翻译实践证明，保留适度异化加释译的翻译手段，是确保传统文化"保真传译"的有效方法，颇有借鉴意义。一般来说，如果着眼于以忠实性为价值取向的翻译风格，那么典籍英译者大多采取异化处理，即多作直译与音译，并"在翻译原文之外还需旁征博引，解释典故，考释出处。这种翻译突出的是译文的叙述价值和文化价值"（汪榕培等，2009：10），译者有时还在译文里夹插相应的古汉语原文，不遗余力地追求歌德所提倡的隔行对译方法（lineal translation），因为这种看似"亦步亦趋"的译法"旨在努力强化人们对原作的理解，使人们在阅读过程中去靠近原作，让人们在差异与熟悉、懂与不懂互相靠近的翻译中完成阅读的循环"（Robinson, 2006：224）。典籍英译体现了这样严谨的学究式特色与风格。

我们还应从翻译的角度理解如何构建中国文化在国际舞台上的话语权问题，重新评价中国古代文化话语的价值。这样的"重建"工程，实际上是要求我们在当今多元化的语境里着力挖掘传统文化话语的现实价值，凭借历时与共时的方法考察话语的内涵、外延，立足不同的视角审视话语产生的效果及应用的范围，努力使之成为世界文化不可或缺的组成部分。

典籍英译有助于重振中国话语的影响力与传播力。随着全球一体化的发展，东西方文化交流在不同的领域走向纵深，经济的现代化在一定程度上加速了东西方文化的接触。在接触的过程中，外来文化渗透到本土文化中，东方文化被烙上西方文化的印迹。所谓"中心"与"边缘"的位置转换，"俗"文化里包含"雅"成分，"雅"文化同样吸纳"俗"元素，二者共生共融，共同发展。异质文化间交流需借助翻译来实现跨文化交际，东西方文化的交流承载着社会的现代化与文化的现代性，东西方文化的激荡凸显了翻译文本的核心作用。

在当前全球化语境下，各民族都设法实现信息的广泛传播与影响，而翻译是最大限度地撒播不同语言所承载的信息的有效中介，所以，"翻译的重点就应该从外翻中变成中翻外，也就是说，要把中国文化的精品……翻译成世界上的主要语言——英语，使它在世界上拥有更广大的读者"（王宁，2006：14）。典籍英译自然是"中翻外"的中坚力量，也是中国传统文化走向世界的内核。历史上，中外文化一直存在严重的"文化逆差"，现在，我们应认真地反思这种事实，利用全球化机遇大力推广中国传统文化，达到中西方文化交流的平衡。虽然自近代以来西方各种思想经译介大量地涌入，促进了中国的现代化，但是，当我们掌握了足够的知识，具备与西方学术界平等交流的能力时，就理应着力向英语世界翻译、传播优秀的传统民族文化。

参考文献

Robinson, Douglas, 2006. *Western Translation Theory: From Herodotus to Nietzsche*. Beijing: Foreign Language Teaching and Research Press.

汪榕培，等，2009. 中国典籍英译. 上海：上海外语教育出版社.

王宁，2006. 文化翻译与经典阐释. 北京：中华书局.

典籍英译与东方情调化翻译倾向

一、典籍英译与东方情调化

典籍英译历来是中国传统文化输出的重要途径，中国海外文化形象的变迁也反映到英译研究上，其中之一是"东方情调化"（orientalization）翻译策略从隐性到显性的呈现与突显。考察东西方文化交流史，就书写方式、书写目的与发挥作用而言，异国情调可分为四种："景观性异国情调"（picturesque exoticism），指早期游记作品侧重描写异域的自然风光、地理特征等；"哲理性异国情调"（philosophical exoticism），指作者通过比较不同文化，抒发内心的情绪与感想；"心理性异国情调"（psychological exoticism），指作者描摹他者（the other）的精神世界，借以勾勒另一民族的性格特征；"阐释性异国情调"（hermeneutical exoticism），指作者凭借对异域文化的向往之处，借助不同文化对话，实现东西方文化的视域融合，达到超越原有共同视域的目标。西方文化的自身需求是异国情调兴起的内因，而包括中国文化在内的"东学西渐"则是其勃兴的外因。"东方情调化"是异国情调的重要组成部分，同样可参照上述范畴进行分类。

1910 年，英国著名汉学家翟林奈（Lionel Giles）出版了《孙子兵法》英译本，这个欧美学界公认的学术型文本包含多方面的译论课题，笔者着重探讨其东方情调化的翻译特征，以揭示西方世界认识、接纳、吸收中国传统文化的某些译学规律。东方情调化既反映出西方文化的交流动机与审美需求，也表明跟东方民族的文化输出与审美诉求紧密相连。美国学者韦努蒂（Lawrence Venuti）提出过"异国情调化翻译"（exoticization），由此可演绎出"东方情调化翻译倾向"，确切地说，它既指英译本"汉化"（sinicize）的翻译行为，又指"汉化"

（sinicism）的翻译结果。这样的译本可"让读者通过大胆、奇诡、出人意表的译文强烈感受到原文的神秘、怪异、有趣甚至美妙；读者感受到了这些，就是感受到了异国情调或东方情调"（蒋骁华，2010: 42）。基于汉学家翟林奈《孙子兵法》英译本的个性特征，我们主要考察"学理性东方情调"（academic orientalization）、"心理性东方情调"（psychological orientalization）与"阐释性东方情调"（hermeneutical orientalization）等三种翻译倾向。

二、翟林奈英译本述评

翟林奈出身于英国翻译世家，熟读汉籍，学养深厚。他翻译、出版的《孙子兵法——世界上最早的军事论著》（*Sun Tzu on the Art of War: The Oldest Military Treatise in the World*, 1910）为他带来了很高的学术声誉，成为当时西方研究中国兵学的主要对象。翟林奈译本包括"序言""导论""十三篇英译文""汉字索引""英文索引"等部分。"序言"里描述了此前《孙子兵法》的译本情况，评价了钱德明（Joseph-Marie Amiot）法译本与卡尔斯罗普（E. F. Calthrop）英译本，介绍了自己英译《孙子兵法》的原因及特点。"导论"包括"孙子其人其书""孙子文本""注家""关于《孙子兵法》的评价""为战争辩护""参考书目"等内容。

翟林奈按自己的理解，用阿拉伯数字将《孙子兵法》原文进行了编号排序。他还借鉴英国汉学家理雅各（James Legge）译著《中国经典》（*The Chinese Classics*）汉英对照的印刷方式，让译文与注解排在同一页，注释参照中国古籍体例，紧接着是英译文。这样的排版较尊重原著，把源语汉语与译语英文排在同一页，既便于双语对照检索（cross reference），又有助于懂汉语的读者稽查《孙子兵法》原文。与迄今问世的其他《孙子兵法》英译本相比，无论是翻译体例，还是处理中国典籍的方法、学术规范，翟林奈英译本更为严谨，因而其学术权威性向来不可动摇。从该译本看来，翟林奈在英译《孙子兵法》时已不知不觉地被"汉化"（sinicized）了，而这样的"汉化"，与其说是验证了因长期浸润于中国典籍而产生的"近朱者赤，近墨者黑"的效应，还不如说是出于推崇、仰慕中国传统文化的考虑。

前言、导论、注释、附录及索引同翻译正文一起构成了《孙子兵法》英译研究不可分割的整体。翟林奈不厌其烦地做了详尽的考证说明，或解释篇章主题，或训释汉字意义，或点评背景知识，提供字当句对的翻译。综合翟林奈英译本的上述现象，我们认为，它们大致体现了《孙子兵法》英译本"东方情调化"的翻译倾向。

三、"东方情调化"翻译倾向分析

总体考察翟林奈《孙子兵法》英译本，我们认为，其"东方情调化"的翻译特征十分典型，主要表现在以下三个方面。

1. "学理性东方情调"的体现

与《孙子兵法》首译者卡尔斯罗普上尉不同，翟林奈是饱读汉籍之士，深受儒家文化熏陶，按照中国传统注疏儒经的习惯，保留汉字文本，关键字、词、句先注明重要注疏家的注疏，附有相应的英语翻译，再辅以夹叙夹议，提出采纳某家之言，或独辟蹊径，表明自己的观点。这样的体例，体现了鲜明的"学理性东方情调"。

翟林奈采用了严谨的译文规范，俨然是英语版的《十一家注孙子》！他在尊重孙子原文十三篇编排的基础上，根据自己的理解予以编号。原文没有句读，他就大致视一个句群为单位，设置一个自然段落，按照以下的顺序排列：（1）汉语篇名；（2）经编码的若干汉语段落；（3）英译篇名；（4）对篇名的题解；（5）编码的英语译文；（6）关键汉语字词句的英译解释，文中夹汉字，介绍中国权威学者的注疏。我们接着考察《孙子兵法·作战篇》里第一个句群的英译情形，其"学理性东方情调"可窥见一斑。

II. 作战篇

1. 孙子曰凡用兵之法驰车千驷革车千乘带甲十万千里馈粮则内外之费宾客之用胶漆之材车甲之奉日费千金然后十万之师举矣

II. WAGING WAR

Ts'ao Kung has the note: 欲战必先算其费务 "He who wishes to fight must first count the cost," which prepares us for the discovery that the subject of the chapter is not what we might expect from the title, but is primarily a consideration of ways and means.

Sun Tzu said: In the operations of war, where there are in the field a thousand swift chariots, as many heavy chariots, and a hundred thousand mail-clad soldiers,

The 驰车 were lightly built and, according to Chang Yu, used for the attack; the 革车 were heavier, and designed for purposes of defense. …

with provisions enough to carry them a thousand *li*,

2.78 modern *li* go to a mile. The length may have varied slightly since Sun Tzu's time. … (Giles, 1910: 9)

很显然，孙子原文 53 个汉字，被翟林奈的英译文拆成了若干部分（即粗体字部分）。首先是题解，提醒读者本篇拟讨论的主题；紧随着的译文包括关键兵学术语的解释，顺便批评了卡尔斯罗普上尉的翻译，再将中国远古时期的战事与荷马时代做比较，还详细介绍了中国远古时期战车与步兵的编制。五千多字的《孙子兵法》，翟林奈用了近 180 个页面翻译、解释，他对各章所做的注释还包括说明该章主要内容、分析剖析关键词语、提供相关背景知识、评价等。究其实质，翟林奈采用的是直译式的"文献型"翻译法，信奉"不以文害辞，不以辞害志。以意逆志，是为得之"（《孟子·万章章句上》）的翻译准则。缘于这些特点，他的译本不失为"学术范本"。

综观全译本，翟林奈善于比较参照历代的《孙子兵法》注释本，潜心梳理、研究、辨析各章题旨，立足于解析汉字的字形、读音、来历、本义、蕴含义等，并常以历代中国著名注疏家的说明来佐证自己的观点与看法，其翻译自然给人留下忠实可信、准确权威的印象。对于一些颇具争议的孙子篇名英译，他也并不固执臆断，而持以谨慎的态度。他详细解读各章核心题旨，便于更好地传译《孙子兵法》的兵学思想特点。

2. "心理性东方情调"的折射

鲁迅在《"题未定"草》中说过，"它必须有异国情调，就是所谓洋气。其实世界上也不会有完全归化的译文，倘有，就是貌合神离，从严辨别起来，也算不得翻译。凡是翻译，它必须兼顾着两面，一当然力求其易解，一则保存着原作的丰姿"（2009: 373）。涉及英译《孙子兵法》，"保存着原作的丰姿"即指译者通过译入语，描摹东方（the Orient）的精神世界，借以勾勒东方民族的性格特征，这就是"心理性东方情调"的翻译策略。

《孙子兵法》翟林奈英译本里的注与译，既独立又联系。注是译的前提，注为译提供正确的内涵；译是注的结果，译是注的终极目标。对译者来说，注与译是两道相辅相成的工作程序。在很多情形下，翟林奈注释的篇幅大大超过了译文的篇幅。因为借助注，译者可以论古道今，谈东说西，纵横数千年，驰骋几万里，肆意汪洋，尽展自己的知识储藏；译是终极目标，是源语内容与形式的"二度创作"，同样尽显译者的功底与才情。

我们不仅要研究译文，也需深究相应的注释。译文与注释有机组合，共同体现了"心理性东方情调"。从《孙子兵法》译本全文看，其注释形式可归纳为六种：引文、按语、互见、释文、考证、评论。这些注释既是原文的有效补充，又是译文重要的内容增益，有助于拓宽读者视野、增加汉学信息。

《孙子兵法·九地篇》探讨了作战与行军的九种地形。孙子认为，如果要成为"霸王（warlike prince）之兵"，拔取敌国城池，成就霸王事业，就必须同时具备以下三个条件：

> 是故不知诸侯之谋者，不能预交；不知山林险阻沮泽之形者，不能行军；不用乡导者，不能得地利。（曹操等，1962: 205-206）

翟林奈的英译文：

> We cannot enter into alliance with neighbouring princes until we are acquainted with their designs. We are not fit to lead an army on the march unless we are familiar with the face of the country—its mountains and forests, its pitfalls and precipices, its marshes and swamps. We shall be unable to turn natural advantages to account unless we make use of local guides. (Giles, 1910: 140)

孙子的军事用语具有措辞凝练、节奏感强、易于记诵等特点。我们将上述

13

汉语引文看作一个排比的句群，其修辞特色是以相同的句式一气呵成，让缺乏韵律的散体句式排列整齐，创造出斩钉截铁的节奏美。这种古汉语的优势，易于摄入文化信息，映照着古老民族文化的浩浩雄姿，这是汉字的镜像功能（詹绪左、朱良志，1994：78），体现了鲜明的东方情调。

汉语采用三个双重否定的排比句，翟林奈也译出三个否定句式与此对应，分别是 not…until、not…unless 与 unable…unless 等英语句型，除了第二句有点偏长（插入了衍生义 the face of the country，译语 to lead an army on the march 不够简练），三个英语句也算是排比句，再现了古汉语的结构美。

我们再看与译文相对应的注释，从另一层面构建了中国古代军人的心理世界：他们既重战又慎战，既备战又善战，关注多因素制胜原则。

> These three sentences are repeated … in order to emphasize their importance, the commentators seem to think. I prefer to regard them as interpolated here in order to form an antecedent to the following words. With regard to local guides, Sun Tzu might have added that there is always the risk of going wrong, either through their treachery or some misunderstanding… (Giles, 1910: 140)

翟林奈既点评了中国历代注疏者的意见，又不苟同他们的观点，进而陈述自己的想法，表明这组排比句是为了引出下文。他着重揣度孙子对使用当地向导的顾忌，一是怕因向导叛变而误导军队行军，二是怕因双方口音不同而耽误行军。为此，他引经据典，举了汉尼拔（Hannibal）将军使用向导时，因错把地名 Casinum 念成 Casilinum 而误了军机大事的例子，说明无论东方、西方，都确实存在这样的风险。

翟林奈借用西方著名的军事案例，加入注释，以此强调春秋战国时期军人的矛盾心态：一方面，使用向导很重要，它是关系到能否成为"霸王之兵"的三个必要条件之一；另一方面，如果向导使用不当，就可能误导军队，反而带来严重的后果。汉尼拔的事例似乎让中国传统文化西装革履，打扮成西方人容易接受的模样，实际上他是"以西释中"，从西方视角反衬古代东方的军人心理世界，从西方维度更好地勾勒出东方民族的精神特征。

这说明，翟林奈确实熟读中国文化元典，掌握了丰富的文史知识，英译《孙子兵法》时信手拈来，如数家珍，既显示出汉学家兼翻译家所具有的开阔视野，又反映出他着意体现"心理性东方情调"的译风、译品。

不像罗马帝国任意践踏、改造比自己更辉煌的古希腊文化元典，并对之实行肆无忌惮的"豪杰译"，相反，翟林奈把自己深厚的汉学功底运用于尊重中国典籍的英译事业，尽可能保持东方文化的"异域情调"，这是难能可贵的。同时说明，典籍英译必须重视探究历代注疏主流，熟悉其历史、文化语境，知晓其学术源流。

3. "阐释性东方情调"的诉求

德国哲学家尼采把《老子》比作"一个永不枯竭的井泉，尽是宝藏，放下汲桶，唾手可得"（陈鼓应，1992: 42），我们如果把此评论用于《孙子兵法》，也并不为过。有学者指出："中国兵法如草书，笔尽而势不尽。西方兵法如楷书，字终而意亦终。二者确有高下之分。"（吴如嵩，2008: 7）语言包括言内之义，还包藏暗示意义，引发文内意蕴，激发"言外之意"，体会"尽在不言中"，引导读者从字里行间去会意。尤其是象形文字汉语，更具有这种会意、联想特色，这是中国汉字的确证功能①，也是《孙子兵法》阐释兵学思想的旨归与载体。

"阐释性东方情调"主要指译者以憧憬东方异域文化为依托，借助话语通道，实现东西方文化的视域融合，以超越原有的共同视域，开掘东方文化信息抵达西方世界的渠道。这是哲学层面的阐释性交流。孙子第三篇《谋攻篇》先探讨了"知胜"五原则，再得出了"知彼知己"的著名论断：

> 故曰：知彼知己，百战不殆；不知彼而知己，一胜一负；不知彼不知己，每战必殆。（曹操等，1962: 51-52）

孙子提出的"先知原则"，体现了朴素的辩证思维与唯物主义原则。他一再强调客观分析敌我双方的重要性与必要性，因为这是确立韬略与用兵的唯物基础。"知彼知己"是一对相互依存的思辨命题，"知彼"既有赖于"知己"，"知

---

① 所谓确证功能，指以文字证明文化，为人们思想行为提供规范，起到价值判断的依据、引发思想的媒介等作用。参见詹绪左、朱良志（1994: 75-77）。

己"也有赖于"知彼",二者既相互对立,又相互依存。

如何翻译这个充满东方智慧的哲学命题?上述"知彼知己"论断是一个并列句群。从结构层次看,这句话由三个假设复句构成。从语义关系看,各个复句之间形式对等,围绕着一个语义中心(知彼知己的重要性),反映了同一系统内部诸要素的情况。从接应手段看,三个假设复句语义关系显见度高,借助意合法,不需要关联词语,句子间虽然没有接应词(显性连接),但依靠相同的句式(隐性连接)实现了衔接。

翟林奈基本按照源语英译了这段富于东方哲理的话语:

> Hence the saying: If you know the enemy and know yourself, you need not fear the result of a hundred battles. If you know yourself but not the enemy, for every victory gained you will also suffer a defeat. If you know neither the enemy nor yourself, you will succumb in every battle. (Giles, 1910: 24-25)

他采用了三个假设句与原文对应,并在翻译实践过程中充分考虑原文与译文读者因素,努力达到与原作、译文读者的视域融合。

首先,是译者视域与源语文本的视域融合。翟林奈考虑了原作者孙子的身份(古代兵学家),还研究了源语文本的内涵(兵学原则),这样就实现了与源语文本的视域融合。

其次,如果单靠源语文本无法实现视域融合,就需寻求其他参考资料如副文本(para-text)等。热内特(Gerard Genette)提出,位于正文内部的副文本称作"内文本"(peri-text),如序言、注释、附录等(Genette, 1997)。如注释这样的内容具有补充说明的引导功能,拓展、丰富正文译文内涵。翟林奈为让西方读者更好地了解孙子的思辨性论断,接着插入一段夹注,借用李筌的注疏,叙述了中国历史上著名的"淝水之战"——苻坚因自负轻敌而溃败,还援引了"投鞭断流"的出典①,既考据军事史实,又传递战例典故,用以佐证"不知彼

---

① "When warned not to despise an enemy who could command the services of such men as 谢安 Hsien An and 桓冲 Huan Ch'ung, he (苻坚) boastfully replied: 'I have the population of eight provinces at my back, infantry and horsemen to the number of one million; why, they could dam up the Yangtze River itself by merely throwing their whips into the stream. What danger have I to fear?' Nevertheless, his forces were soon after disastrously routed at the 淝 Fei River, and he was obliged to beat a hasty retreat." (Giles, 1910: 25)

而知己"的结果，熔具有东方特色的学术性、知识性、趣味性于一炉。

再次，译者、译本与源语的视域融合还涉及其他因素，如参阅典籍的历代注疏。通过与其他《孙子兵法》注疏本的视域融合，翟林奈看到先前的注疏怎样理解、表述源语，如何设定潜在读者。此外，译者可借此形成自己的译本特色。给读者定位时，要了解他们的认知水平，以更好地满足读者的要求，也能对读者进行适当引导。据此，翟林奈考据了《北堂书钞》版"必败"原文字样，提出了不如"殆"字更符合历史文化语境的观点，肯定了另一名注疏家张预有关"知彼知己"的注疏。

四、典籍英译"东方情调化"倾向的若干思考

当今世界的全球化是一个文化扁平化、单一化的过程，此现象不限于东方国家，如美国近邻加拿大的自身文化、语言等早已统统被"美化"了。在势不可当的全球资本主义向外扩张潮流的裹挟下，古老文明与传统文化渐渐被同化，进而被抹去，如同自然界濒临绝迹的珍稀物种一样，逐渐剩下的或许只是一些文化符号。文化全球化把发达国家的文化、信息单向地倾入发展中国家，其结果是，弱势文化国家充当信息、文化等传话游戏的他者，进入前者的文化想象。面对这样的 21 世纪语境，我们不禁要真心地问：那些素有悠久文化传统的国家或地区，怎样在当下严峻的文化夹缝里求得生存？经历文化杂交，本土文化将走向何处？是文化融合，还是保持原生特质？

探究翟林奈《孙子兵法》英译本的东方情调化翻译倾向，可给我们一些启示。文化交流是一把双刃剑，既可促进世界文化的多样化，也能加速全球文化的同一化，其间，译者发挥着举足轻重的作用。如果他"设身处在作者的地位，透入作者的心窍，和他同样感，同样想，同样地努力使所感所想凝定于语文"（朱光潜，2009: 537），就能根据文本追溯历史的语境，实现译者当前视域与作者历史视域的双重融合，从而彰显异国情调，繁荣世界文化。

参考文献

Genette, Gerard, 1997. *Paratexts: Thresholds of Interpretation*. Trans. Jane E. Lewin. Cambridge: University of Cambridge Press.

Giles, Lionel, 1910. *Sun Tzu on the Art of War: The Oldest Military Treatise in the World.* London: Luzac & Co.

曹操，等注，1962. 十一家注孙子. 郭化若，译. 北京：中华书局.

陈鼓应，1992. 老庄新论. 上海：上海古籍出版社.

蒋骁华，2010. 典籍英译中的"东方情调化翻译倾向"研究——以英美翻译家的汉籍英译为例. 中国翻译(4): 40-45+95.

鲁迅，2009. "题未定"草//罗新璋，陈应年. 翻译论集（修订本）. 北京：商务印书馆: 370-375.

吴如嵩，2008. 孙子兵法新说. 北京：解放军出版社.

詹绪左，朱良志，1994. 汉字的文化功能. 天津师大学报(1): 74-80+24.

朱光潜，2009. 谈翻译//罗新璋，陈应年. 翻译论集（修订本）. 北京：商务印书馆: 529-537.

[本文系国家社科基金项目"20世纪《孙子兵法》英译研究"（14BYY028）的阶段性成果]

试论典籍英译与中国英语关系

引 子

如果说全球化与本土化是中国英语产生的宏观环境与间接因素，那么英译则是导致中国英语的微观环境与直接因素。翻译是跨语言、跨文化的交际，中国英语主要是汉译英的产物，尤其是在英译典籍这种富含中国传统文化特质的语料时，中国英语更具典型意义。

2001 年，国内资深翻译家林戊荪出版了《孙子兵法》英译本（外文出版社出版，以下简称林译本），这是 21 世纪初在中国大陆诞生的首个英文全译本。这个"文化型"译本可提供丰富的译学课题，我们将着重探究中国英语问题，在中国文化"走出去"的背景下，考察其学术理据与价值，发掘该译本里中国英语的特点、功能与传播意义。

一、"中国英语"的提出、演进与界定

1980 年，葛传椝率先提出了"中国英语"（China English）与"中国式英语"（Chinglish）这对概念："中国英语"是专门用来表达中国特有事物的词汇，虽会引起交际困难，但经解释不影响沟通；就我国而言，表达或书写英语会涉及我国所特有的人与事（1980: 3）。他着眼于翻译角度，将中国人使用的"不合英语民族的人所用的英语词语"归类为"中国式英语"。

四十多年来，国内学者就"中国英语"与"中国式英语"的定义展开了探讨。譬如李文中较早从语言学角度区分了二者的内涵：中国英语用来表达中国社会特有的事物，指通过音译、译借等途径进入英语、具有中国特色的语汇；

中国式英语指国内英语学习者因受汉语影响而产生的不合规范英语的表述
（1993: 19）。谢之君从文化冲突、语言交际等角度修订了"中国英语"的概念，
认为这是一种干扰性英语变体，表现在语言、思维与文化等层面（1995: 10）。
金惠康指出，从狭义的角度讲，中国英语指在描述中华文明、中国社会及汉语
言时被拓展了的那部分英语（2004: 5）。可见，国内学者已从若干视角触及这对
概念的一些本质问题了。其实，英语与汉语的接触会产生本土化（nativization /
indigenization / hybridization）现象，进而演绎出"中国英语"与"中国式英语"，
它们分属不同系统，前者可进入规范英语的词库（lexicon），而后者大多是学习
者的"过渡语"（interlanguage）。

综合上述探究与辨析，结合林戊荪的《孙子兵法》英译本，我们认为，
"中国英语"是汉语言文化借助翻译而产生的"杂合英语"，它以标准英语为语
汇、语法基础，以表达中国社会特有事物为语义载体，借助英译（主要是意译、
音译、仿译）等手段融入主流英语，是经过时间与实践的考验而获得英语母语
者认同的英语变体。

二、《孙子兵法》林译本与中国英语

诞生于春秋战国时期的《孙子兵法》是我国迄今为止最古老、最完整、最
著名的兵学典籍，其英译涉及与中国英语有关的诸多问题。就《孙子兵法》英
译如何逼近原义、突显翻译信度而言，中国译者大有潜力可挖：他们善于准确
理解与总体把握中国传统文化，拥有丰富的学术成果与翔实的参考资料，可更
好地向世界展现典籍英译的最新研究与实践成果，进而在典籍新译或复译方面
展示中国译者得天独厚的解读路径、英译策略及方法。

总体而言，《孙子兵法》林译本属推广性的典籍英译，因此，译介重点在于
尽量传达孙子富于汉文化的特色。其实，主张保持源语文化魅力的中外学者并
不少见。中国英语恰好是推进汉文化向外传播的重要媒介，是确保孙子兵学思
想"高保真"地进入英语强势文化的通行证。

如前所述，就中国英语的概念而言，无论是四十多年前葛传椝"用来表达
中国特有事物的词汇"论，还是二十年前李文中具有中国特点的词汇、句式与
语篇的主张，都侧重于语言学的角度。但实际上，《孙子兵法》林译本中的中国

英语除了体现在词语、句式与语篇等层面外，还包含了译语模拟汉语的气势、修辞、思维等。

1. 包含传统文化负载词的中国英语

综观全书，《孙子兵法》富含中国传统文化负载词（culture-loaded words），其英译可直接催生中国英语。如《作战篇》里谈到远征军队如何有效地解决军粮补给问题，提出"因地制宜，就地取材"的原则，向敌方夺粮，以一当十。孙子指出：

> 故智将务食于敌。食敌一钟，当吾二十钟；其秆一石，当吾二十石。（曹操等，1962: 28）

这段话语提及"钟"与"石"两个古代的度量衡单位。曹操曰："六斛四斗为钟……石者，一百二十斤也。"（曹操等，1962: 28）这是据姜齐量制的说法，一钟等于六十四升；另据出土衡器，战国时期的石相当于三十千克（李零，2007: 15-16）。度量衡是动态变化的，在不同历史时期众说纷纭，难以把握确切含义。

林译文：

> Therefore, a wise general does his best to feed his troops on the enemy's grain, for one *zhong* (tr. 1,000 liters) of grain obtained from enemy territory is equivalent to 20 *zhong* shipped from home country, and one *dan* (tr. 60 kilos) of fodder from enemy territory to 20 *dan* from home. （2001: 16）

林戊荪采取音译（transcription / transliteration）策略，再辅以文内夹注说明，参照现行国际度量衡"升"与"千克"，也算是"语际翻译"里的再度翻译——"古文今译"。因此，用音译保留了古代汉语的计量单位，英语读者可借此稍稍了解中国古代的度量衡。这样的"中国英语"既体现了东方异国情调，也丰富了英语语言与文化，较好地实现了文化传播功能。我们可以从翻译发挥的功能去推断翻译目的，也可通过译文本身去揭示翻译宗旨。

林译本里但凡涉及中国文化负载词，除了音译，还采用其他译法，往往省去与原文相关的注释，借助注释、直译与意译等手法。例如《计篇》里，林戊苏将庙算时预测战争形势的"五事"英译为 the way（dao 道）、heaven（tian 天）、earth（di 地）、command（jiang 将）、rules and regulations（fa 法），按英译、夹注（含拼音与汉字）顺序处理；《地形篇》里，译者动用了拼音、汉字加英语解释的综合法，英译了六种军事地形：tong（通）——that which is accessible、gua（挂）——that which enmeshed、zhi（支）——that which is disadvantageous to both sides、ai（隘）——that which is narrow and precipitous、xian（险）——that which is hazardous、yuan（远）——that which is distant。这样的"中国英语"既帮助读者了解原文的内涵，偶以汉字为媒介，又传递了某些汉语言信息。汪榕培结合自己英译《诗经》的实践，提出了典籍英译的策略："我们的译文不是以西方的学者或研究者为主要对象，而是以当代西方普通读者为对象，所以没有任何考证和注释，以便西方普通读者能够顺利阅读。"（2007: 33）中国译学研究者侧重于有效地传播典籍文化，因为过多的注解不仅会打断普通读者阅读的连贯性，还会增加其心理负担，影响他们对中国传统文化的理解和欣赏。

勒菲弗尔（André Lefevere）将典故（allusion）比作源语文化所特有的印记：一个词或短语可以唤起一种场景，它象征着某种情感或是某种事物状态（A word or phrase can evoke a situation that is symbolic for an emotion of a state of affairs）。由此可见，如果源语文本里涉及诸如历史人物、文化典故、神话故事等特有的背景知识，再加上译语读者缺少与此相关的共有文化背景，就会造成"文化空白"（cultural gaps），给理解原文、表述译语带来很大的困难。

《九地篇》有这样一句话：

> 投之无所往者，诸刿之勇也。（曹操等，1962: 196）

林译文：

> Yet when they are thrown into a situation where there is no way out, they will be as courageous as Zhuan Zhu, Cao Gui and other heroes of ancient times.（2001: 103）

林戊荪采取直译方法，原文中没有的 and other heroes of ancient times 却出现在译文里，以解释"专诸、曹刿"的出典，说明身处绝地的士兵会像古代英雄"专诸、曹刿"那样冲锋陷阵，突出重围。一旦出现"文化空白"，且仅用直译法又不足以解决这一问题时，林译本常以解释性翻译做补偿。

2. 彰显古代兵学语言铿锵有力特色的中国英语

林戊荪在理解《孙子兵法》的文化内涵上占有优势，汉语母语的意识会影响到他对该典籍的态度，他比外国译者更尊重原文，不会轻易对原文做出调整。譬如，为保留孙子铿锵有力、朗朗上口的兵语特色，推介中国情调，他力求还原汉语辞格，彰显《孙子兵法》排山倒海、恢宏大气的兵语气势。

《孙子兵法》具有用词凝练、节奏感强的特点，其主要原因之一是运用了众多辞格。顶针（thimble），也称"顶真、联珠、蝉联"，是一种前后句子首尾相连的修辞方式，很能体现汉语的特色。林译本里的英译顶真辞格，虽然在语言、文化层面是个不小的挑战，但其结果通常是典型的中国英语。

《形篇》有一则很具代表性的顶针辞格：

地生度，度生量，量生数，数生称，称生胜。（曹操等，1962: 62）

林译文：

Measurement of space **refers to** the difference in the territories of the opposing parties; **from that** derives estimation of quantity, **which refers to** the difference in the resources; **from that**, calculation of numbers, **which refers to** the difference in the size of their troops; **from that**, comparison of the relative strengths of their armies and finally, assessment of the material base for the chances of victory. （2001: 35）

孙子用顶针的修辞手法把双方战场地幅、战役容量、兵力数量、力量强弱之间的内在连锁关系清晰地展现出来。林戊荪借助三个（which）refers to 结构与三个 from that 介词结构搭配，较好地体现了这种富于汉语言魅力的修辞格。

此外，孙子借助辞格连用手法，让《孙子兵法》文采飞扬，颇具斩钉截铁般的兵语气势。所谓"辞格连用"，就是将多种辞格交错使用，珠联璧合，达到浑然一体的艺术效果。

《势篇》有一个语段是两个排比的连用：

乱生于治，怯生于勇，弱生于强。治乱，数也；勇怯，势也；强弱，形也。（曹操等，1962: 74-75）

林译文：

To simulate disorder, there must be strict organization. To simulate fear, there must be great courage. To simulate weakness, there must be strength. Order comes from organization, courage from momentum, and strength from disposition.（2001: 43）

林戊荪在翻译时都保留了原文的特点与意象，显化了汉语里的隐含意义。如何便于读者欣赏《孙子兵法》，这是译者需认真考虑的问题。

3. 顺应中国思维的中国英语

译者在阅读、理解、翻译源语的过程中经历了复杂的审美过程。审美主体即译者必须先分析原文的审美表象要素，进而才有可能把握诸如神韵、意境等非表象要素。刘宓庆指出，文章的气质如意境、神韵、气势、情态、风貌等审美构成属非物质形态，这些在总体上是可感知的；语汇、场景、事件、叙事风格等构成文本的"文化气质"（2007: 63-64）。语汇是第一要素，是体现"文化气质"的关键指标。《孙子兵法》既是古代重要的兵学典籍，也是一部具有很高文学语言价值的元典，其优美的语言、高超的修辞无疑增强了传播的力度，同时也是中国思维的重要载体。

古汉语语义高度简洁，一个语言单位所容纳的信息量往往比英语要密集得多，这是汉译英的一大困难。英译时，通常为减少信息难度而增加信息长度。孙子在《形篇》第一段开门见山地指出"可胜"与"不可胜"的关系：

孙子曰：昔之善战者，先为**不可胜**，以待敌之**可胜**。**不可胜**在己，**可胜**在敌。故善战者，能为**不可胜**，不能使敌之**可胜**。故曰：胜可知而不可为。（曹操等，1962: 53-54）

林译文：

Sunzi said: The skilled commanders of the past first made themselves **invulnerable**, then waited for the enemy's moment of **vulnerability**. **Invulnerability** depends on one's own efforts, whereas **victory** over the enemy depends on the latter's negligence. It follows that those skilled in warfare can make themselves **invincible** but they cannot be sure of **victory** over the enemy. Therefore it is said that **victory** can be anticipated but it cannot be forced. （2001：31）

孙子通过分析敌我双方的形势对比，阐明了如何"取胜"的哲理，具有鲜明的辩证色彩。其中的"胜"与其他汉字搭配，形成"不可胜""可胜"等概念，在不同的语境里含有不同的蕴意。林戊荪在深刻领会"胜"的丰富内涵的基础上，分别用 invulnerable、vulnerability、invulnerability、victory 与 invincible 等富于变化的英语单词对译，而且英语句式错落有致，顺着中国思维创造出中国英语，展示了中国译者驾驭古汉语、英语的娴熟程度与游刃有余的翻译水平。

《行军篇》有一段话语，分析如何根据敌情判断当前形势，这是一组节奏明快的排比句：

辞卑而益备者，进也；辞强而进驱者，退也；轻车先出居其侧者，陈也；无约而请和者，谋也；奔走而陈兵车者，期也；半进而半退者，诱也。（曹操等，1962：155-157）

林译文：

If his emissaries sound humble and yet he steps up his readiness for war, he plans to advance; **if** their language is belligerent and they put on an aggressive air, he plans to retreat; **if** his light chariots move out first and take up position on the flanks, he is moving into formation; **if** he has suffered no setback and yet sues for peace, that means he has something up his sleeve; **if** his troops move rapidly and his chariots are in formation, he is anticipating a decisive battle; **if** some of his troops advance and some retreat, he is seeking to lure you forward.（2001: 81）

上述的孙子原文排比句，由六个判断句组成，属典型的兵学语句，节奏明快，既充满质感，又如行云流水，汪洋恣肆，跌宕跳跃，具有诗性语言（poetic literariness）的特征。林戊荪英译排比句采用了六个 if 引导的条件状语从句，主语大多为单数第三人称，用来描述对方的几种情形。总体看来，这组排比句在追求译文形似、神似的同时，还给读者带来神韵与美感兼具的体验。当英语缺乏与汉语文化中的特有现象相对应的语汇时，可考虑适当调整句子，顺应中国思维，满足文化交际需求。

审美过程包括激活审美信息、厘清汉英思维模式。由于汉英两种语言的概念系统与表达系统都有较大差异（如审美信息结构及其激活途径的差异），因此，能激活汉语民族审美的信息未必也能激活英语民族，反之亦然。这就要求译者深刻了解英汉民族的审美信息特征与结构，适度调整译入语思维。

有学者指出："强势文化总是试图把它们的文化价值和美学原则通过翻译强加给弱势文化。"（王宁，2006: 149）其实，这只是揭示了一部分规律，翻译实践证明未必如此，弱势文化借助翻译也可将自己的语言特征、诗学等渗透进强势文化，进而对其产生影响。

中国译者与外国译者翻译同一部文化元典时，东西方思维差异自然会在译本里表露无遗，这是由他们不同的思维定式所决定的。对此，林语堂也深有感触地指出："我的译文以翟理思的译本为蓝本。我翻译时很快便发现，在容易且可能译得确切之处，翟理思的译文都是意译。他的风格不假思索，爱用口语体，这可能被认为是一个瑕疵。结果，几乎没有一行不是如此，所以我只得自己动手翻译……他译得好的地方，我没做什么改动。在此意义上，这个译本可视为是我本人的译作。"（2006: 65）林语堂虽声明以外译者的译本为底本，但看到"不顺眼"的地方，还是忍不住去修订，以顺着中国思维表达。

让西方读者领略到孙子语言的写实之美以及中国古代兵学丰厚的文化底蕴，是文化型译本着力观照的重要因素，林译本显然注意到了这一点，其中，借助中国英语去传达孙子思想是其成功的翻译策略。

三、有关中国英语的若干思考

考察《孙子兵法》林译本，我们得知，中国英语的内容涉及中国社会（其中典籍文化是不可或缺的部分）的特有事物、概念，还包括中国思维。一方面，中国英语跟其他国家与地区的"各式各样英语"一起，会消解英语的权威性，挑战"国王的英语"（King's English）或者"女王的英语"（Queen's English）[①]；另一方面，它在促进英语全球化方面也发挥着某种作用，使"钦定的英语"演变成"世界性英语"（world Englishes）、"全球英语"（global Englishes）或称"变体英语"（English variations）。

有学者提出两个问题：第一，中国英语文化归属权利问题，中国英语既然是为表达中国社会文化诸领域的特有事物而存在，那么，不容忽视中国英语表达中保证中国文化的归属权利。第二，中国英语是一种英语变体，还是以英语表述的汉语？这是"中国英语"最根本的哲学问题（韩玲，2007: 32）。

要回答这两个问题，我们先来阅读一下这则名人趣事吧。钱锺书利用牛津大学霍克斯（David Hawkes）《红楼梦》英译书名 The Story of the Stone 里 story 与 stone 两个单词，再巧借罗马史家苏维托尼乌斯（Suetonius Tranquillus）在《罗马十二帝王传》里描写罗马皇帝奥古斯都（Caesar Augustus）的一句话"他开始看见的是砖头，离开时却已成了大理石"，进而得出这个颇有意味的评语："David Hawkes 以所译 The Story of the Stone 新出第三册相赠，我看了一些，觉得文笔远胜另一译本。我回信中有云：All other translators of the 'Story' found it 'stone' and left it brick."钱氏的这几句评语不仅到位、幽默，颇得机趣，而且更喻说了翻译的常量与变量。中国英语看起来是英语，但表述的内容是中国文化，更确切地说是中国文化特有的内涵。如此说来，中国英语既是东西方文化调和的产物、典籍英译的结果，又是英汉两种语言"杂合"的混血儿，融合了二者的优势与营养，因而，"杂合"的英译文最逼近中国典籍要义。就像加拿大英语、澳大利亚英语等变体英语，中国英语理应为全世界拥有。

[①] 据 2012 年 6 月 11 日《文汇报》报道，随着美式英语的大举"入侵"，致力于规范本国英语使用的英国女王英语协会将于当年 6 月底关门。语言学家指出，"英式英语"或许将成为明日黄花。据悉，几十年以来，该协会在英国一直倡导与推广正确使用英式英语，严格区分英式英语与美式英语，规范英国学校教育大纲里的英语拼写、读音与语法等内容。

参考文献

曹操，等注，1962. 十一家注孙子. 郭化若，译. 北京：中华书局.

葛传椝，1980. 漫谈由汉译英问题. 中国翻译(2): 1-8.

韩玲，2007. "中国英语"研究现状分析. 外语与外语教学(10): 28-32.

金惠康，2004. 中国英语. 北京：外语教学与研究出版社.

李零，译注，2007. 孙子译注. 北京：中华书局.

李文中，1993. 中国英语与中国式英语. 外语教学与研究(4): 18-24+80.

林语堂，2006. 中国印度之智慧·中国卷. 杨彩霞，译. 西安：陕西师范大学出版社.

刘宓庆，2007. 文化翻译论纲. 北京：中国对外翻译出版公司.

孙子，2001. 孙子兵法. 林戊荪，译. 北京：外文出版社.

汪榕培，2007. 《诗经》的英译——写在"大中华文库"版《诗经》即将出版之际.
    中国翻译(6): 33-35.

王宁，2006. 文化翻译与经典阐释. 北京：中华书局.

谢之君，1995. 中国英语：跨文化语言交际中的干扰性变体. 现代外语(4): 7-11+72.

《孙子兵法》在英语世界的行旅与接受

一、《孙子兵法》及其英译研究意义

典籍是中国传统文化的重要资源，探讨其英译西传具有十分重要的学术意义。成书于春秋战国时期的《孙子兵法》系我国流传至今最古老、最完整的兵学著作，有"兵学圣典"之誉，"前孙子者，孙子不遗；后孙子者，不遗孙子"。其版本包含三大流传系统：一是"武经七书本"，二是《宋本十一家注孙子》，三是"汉简本"。

《孙子兵法》在世界军事史上也享有盛誉。美国战略学家柯林斯（John Collins）曾这样评价："孙子是古代第一个形成战略思想的伟大人物。孙子十三篇可与历代名著包括 2200 年之后的克劳塞维茨的著作媲美。今天，没有一个人对战略的相互关系、应该考虑的问题和所受限制比他有更深刻的认识。他的大部分观点在我们的当前环境中仍然具有和当时同样重大的意义。"（1978: 序言）欧洲著名战略理论家哈特（Liddell Hart）与富勒（John Frederick Charles Fuller）潜心研究《孙子兵法》。哈特说："《孙子兵法》是世界上最早的军事著作，其内容之博大，论述之精深，后世无出其右者。"（见：Sun, 1963: 5）由此可见，西方世界认识、了解、研究与应用《孙子兵法》，很大程度上应该归功于《孙子兵法》英译本。据不完全统计，就"子书"外译而言，翻译语种最多的是《孙子兵法》，已有 20 余种外国文字翻译的数百种译本（马祖毅、任荣珍，2007: 87）。虽然迄今为止英语世界翻译《孙子兵法》才一百多年的历史，但因为英国、美国代表着当今世界的强势文化，它们在国际社会上发挥着举足轻重的话语作用，所以，我们要想知道西方世界如何理解、传播、接纳《孙子兵法》，就不妨从研

29

究其英译本入手。

考察国内外《孙子兵法》最重要的英语全译本，我们发现，它经历了从外国译者到中国译者、从军人到学者的主体身份演变，走过了军事型文本—学术型文本—文化型文本的历程，映照了最近一个世纪以来中外兵学文化的交流史。1905 年英国的首个英译本，开创了《孙子兵法》英译的先河；1910 年英国的第二个英译本，是严格遵循汉学规范的"学术范本"；1961 年美国的英译本，极大地推动了世界范围内的"孙子热"；2001 年国内的英译本，旨在主动向外传播传统兵学哲学思想，是 21 世纪中国的"文化型译本"。在历史的流变过程中，这些英译本代表了不同时期、不同国籍、不同身份的文化互动成果，经受了时空的考验与选择，为推动《孙子兵法》在英语世界广泛而深入的传播发挥了不可或缺的作用。

二、国内《孙子兵法》英译传播回溯

从理论上讲，我国历代研究孙子的文献可谓汗牛充栋，但实际存世的是另一番景象。据目前国内较权威、较全面的孙子学成果《孙子学文献提要》统计，共有 1849 种文献，上至两千多年前的先秦，下迄 20 世纪 90 年代初。其中，"国内著作类文献 519 种，论文、记载类 978 种，合计 1497 种；国外著作类文献 237 种，论文、记载类 115 种，合计 352 种"（于汝波，1994：9），虽然这可能是目前收录孙子学文献最多的著述，但可以十分肯定地认为，这至多是所有文献的底数，并"足以证明孙子学文献源流之长、数量之大、分布之广、著述者之多"（于汝波，1994：10）的事实了。

根据国内学界《孙子兵法》研究分类体系，其翻译研究归属于"文献研究"，从已掌握的资料看来，它只占极其微小的比例，而有关英译研究的更是少之又少。在 1849 种文献里，把涉及不同语种译本流传、同一语种不同版本传播、译本点评、译介对其他学科影响等内容全部统计在内，共有 50 多种与此相关的文献。并且，有些文献介绍少数民族文字翻译，如国内最早译成少数民族文字、出现于宋代的西夏文译本（原本现存俄罗斯，篇数与《宋本十一家注孙子》同），流播于清朝的满文译本、蒙古文译本、满汉文对照译本及满蒙汉三语对照译本；还有的文献勾勒其他语种翻译、传播、接受与影响等概况，如日语、法语、俄语、朝鲜语、德语等译本及其在相应国家的流播；有些文献描述不同英语译本（主要是美英诸国译者）的特点与得失。除去上述文献，真正涉及《孙子兵法》英译研究的文献不足 10 篇。

这些有限的文献合在一起，大致描摹了《孙子兵法》英译本的传播图景，这是我们深入研究的基础。在《孙子学文献提要》里，于汝波收录了《孙子兵法》8 种英译本，附有其版本、作者、内容介绍。该书虽然给研究者提供了十分宝贵的现存文献目录，但其时间下限是 1992 年底，还有一部分英译本未能收录；另外，因受写作体例限制，每篇文献基本按照"篇名、朝代、编著者/注释者/译者、版本、编著者/注释者/译者简介与内容概要"的格式呈现，不可能提供更为详尽的资料，所以难以深入了解各种英译本具体的传播情况。

另外，英国汉学家鲁惟一（Michael Loewe）主编、李学勤等翻译的《中国古代典籍导读》提到 4 种《孙子兵法》英译本；吴如嵩主编的《孙子兵法辞典》介绍了 4 种英译本，然而，因限于图书体例、编著侧重等客观因素，都只是稍微提及《孙子兵法》英译本。

令人欣慰的是，于汝波主编的《孙子兵法研究史》增补了许多文献，时间跨度是从 1993 年至 2000 年底，正好是《孙子学文献提要》的延续。该书收录的孙子学论著分"著作"类，共 308 部，"文章"类，共 612 篇。其中与《孙子兵法》翻译研究有一定关联度的著述共计 11 部、文章共计 8 篇；如果再细分与英译研究相关的文献，则只有 7 部英译本；与英译研究有关的论文仅收录了 5 篇。

这里需要特别指出的是，《孙子兵法研究史》增加了不少《孙子兵法》翻译研究的篇幅，如第十一篇较详细地介绍了 7 世纪以来该兵学典籍东传日本、西渐法国的简要历程，尤其是第十二篇"传播及影响不断扩大时期——20 世纪"，较为系统地描述了 20 世纪初《孙子兵法》第一个英译本的问世、其他主要英译本陆续诞生的历史轨迹，有一定的广度与深度，是其他类似文献所不能企及的。另外，书里还涉及了西方世界有关该兵法军事思想的应用研究，并介绍了日本率先将兵法付诸商界的非军事领域研究情况，即第十三篇"20 世纪国外关于《孙子兵法》的应用理论研究"。但由于作者同时讨论多语种译本，因此未能很好地叙述 20 世纪《孙子兵法》英译本的整体情况。

古棣主编的《孙子兵法大辞典》以较多的篇幅论述了《孙子兵法》在国外

的影响，还分别介绍了《孙子兵法》在英国、美国的翻译与研究状况。该书在论述《孙子兵法》在美国的传播时称"鉴于英美语言文字的同源，阐述《孙子兵法》在美国的传播，离不开对于历史上出现的主要英译本的考察"，但作者没有深入发掘该英译本的宏观层面如文化传播的意义。

我们综合《孙子学文献提要》与《孙子兵法研究史》这两部重要著作，可以摸清孙子研究的粗略情况：前者收录文献的上限是 2500 多年前的战国至先秦，下限到 1992 年，共计 1849 种文献；后者汇集了 1993 年至 2000 年 920 种孙子学文献。这样，至 20 世纪末，在绵绵两千多年的历史长河里，据文字记载的《孙子兵法》研究文献至少有 2769 种。笔者进一步统计与《孙子兵法》外译有关的文献，放宽标准，把有一丁点关联度的、连同各语种翻译介绍（其中不少是相同语种译本）的文献也计算在内，合计有 60 多种，低于文献总量的 3%，而与英译研究有关的约 20 种，不足 1%。由此可见，一方面，英译研究成果在早已成为"显学"的孙子学里可谓"微乎其微"；另一方面，这些现状表明，《孙子兵法》英译与传播研究具有广阔而诱人的前景，有多少富于学术价值的选题召唤学者不断探索、不断研究。

统计至 2000 年底，名副其实的、专门探讨《孙子兵法》英译与传播研究的论著真可谓"凤毛麟角"。从我们所能掌握的文献看，它们大多从文本翻译角度对《孙子兵法》的某些英译本提出批评意见，如刘桂生的《十一家注〈孙子〉献疑——兼谈英日译文中的一些问题》、罗建平的《〈孙子兵法〉Giles 译本译误分析》，还有其他一些相关论文。罗建平通过 16 个例子，分析了英国汉学家翟林奈（Lionel Giles）译本中的一些不当之处，指出翟林奈虽较好地掌握了古汉语，原文理解也很到位，但因过于追求形似的直译反而损害了原义，导致其译文有些地方明显欠妥，此外，作者还归因于东西方的文化差异。此类文章重在就文本的某些细节问题献疑商榷，并不涉及英译本的整体特点、视角等。另外，尽管在讨论翟林奈与美国军事家格里菲思（Samuel B. Griffith）英译本的同时，还简单提到了《孙子兵法》的其他英译本，但都显得零星孤立，难以涵盖 20 世纪英译本研究的总体情况。

自 2001 年以来，尤其是近三年内，《孙子兵法》英译与传播研究文献发生了新的变化，主要是集中出现了一些关于该选题的本体论研究论文，这是 20

世纪《孙子兵法》英译研究少见的学术气象。按时间顺序排列，较典型的单篇论文有：商海燕的《美国学者对〈孙子兵法〉的翻译与研究》(2007)，黄海翔的《论典籍翻译的历史忠实与阐释辩证观——基于〈孙子兵法·计篇〉两个英译本的描述性研究》(2008)、《从语内翻译到语际翻译：典籍翻译译者主体性之辨》(2008)、《〈孙子兵法〉复译中的文化误读与译者身份之辨——基于副文本描述的 Minford 译本个案研究》(2009)、《典籍英译的认知心理框架解读——基于〈孙子兵法〉英译的历时研究》(2009)、《论典籍中意识形态的翻译与文化功能对等——基于〈孙子兵法〉两个英译本的比较为基础的翻译批评研究》(2009)，庞冬和毛忠明的《主体间性与〈孙子兵法〉军事译本的诞生》(2009)等。这些论文从不同视角考察《孙子兵法》英译的许多问题，已不同程度地触及其英译研究的深层次问题。

综上所述，如果我们对《孙子兵法》英译与传播研究进行历时剖析，就可大致将其划分为三个阶段。第一阶段为先秦至清末(1904)，在这漫长的两千多年时间里，宋代出现了《孙子兵法》的西夏文译本，清代出现了蒙古文、满文等少数民族文字译本，大约 7 世纪，日本出现了日语译本，1772 年，西方出版了第一个法语译本，但还没有英译本，所以不存在《孙子兵法》英译研究。本文暂且称之为"英译研究准备期"。第二阶段为 1905 年至 20 世纪 90 年代，这是《孙子兵法》英译与传播研究的关键时期，该时期具有里程碑意义的事件是，1905 年诞生了第一个英译本，由英国卡尔斯罗普上尉从日语转译了《孙子兵法》，并于 1908 年出版了修订本，紧接着英国、美国与中国本土相继推出了一系列《孙子兵法》英译本，为英译研究者提供了研究对象与研究目标，但真正意义上的英译研究成果依然"乏善可陈"。我们称之为"英译研究起始期"。第三阶段自 20 世纪 90 年代末起，《孙子兵法》英译领域开始涌现一批本体论研究成果，从一定程度上拓宽了包含在传统"孙子学"里的"文献研究"，而且，其英译研究逐步开垦出自主的学术势力范围，但仍然未见《孙子兵法》英译研究专著。我们称之为"英译研究独立期"。

三、国外《孙子兵法》英译传播概况

自 1905 年卡尔斯罗普《孙子兵法》首个英译本问世以来，在国外至少已有

15 个英语全译本，孙子研究在境外英语学界的影响集中于部分翻译家、汉学家、历史学家与哲学家。

西方世界开始强烈关注《孙子兵法》并将其运用于各个领域，还是近一百年的事情。一方面，20 世纪是战争频发的时代，人类经历了两次世界大战，随即进入 40 余年的"冷战"阶段；另一方面，这是人类社会空前发展与繁荣的时期，或称为"和平与发展"的新时期，东西方文化交流日益频繁，极大地促进了以《孙子兵法》为代表的中外军事文化交流。

根据文字记载，《孙子兵法》最早流传到国外，可追溯到 1300 多年前。日本佐藤坚司考证，至少在 663 年前由百济（朝鲜古国）人引进了《孙子兵法》，只是迄今未见 14 世纪前在朝鲜翻译、传播的任何记载。就英译本而言，1910 年英国翟林奈的《孙子兵法：世界最古之兵书》与 1961 年美国格里菲思的《孙子兵法》为海外的学术型范本与军事型模本。

自 20 世纪 50 年代起，西方军界尤其是美国军界对《孙子兵法》极为重视，推动了《孙子兵法》的翻译与传播研究。80 年代起，随着世界范围内《孙子兵法》研究热潮的蓬勃兴起，孙子思想在非军事领域的应用逐渐推广，渗透到企业管理、商业竞争、股市投资、人才择用、信息情报、外交谈判、交际处世、思维科学、教育科技、医学诊治等领域。从某种程度而言，"孙子热"已成为一种国际文化现象，这一切都与《孙子兵法》在英语世界的广泛传播有着密切的联系。但是，少有学者追踪《孙子兵法》英译本在英语世界的传播、接受与影响，造成了中国传统文化影响研究的不平衡状态，导致长期以来中外文化交流"逆差"严重的局面。

1905 年是《孙子兵法》英译与传播研究史上具有划时代（epoch-making）意义的一年，因为日本东京出版了英国皇家野战炮兵上尉卡尔斯罗普翻译的《孙子兵法》。这个英译本尽管是根据日文转译而成的，但它开启了《孙子兵法》西行英语世界的大门。

该首译本几度阐释，几度变异，充溢着挥之不去的"日式风格"，书名是按日语假名发音、按罗马字母书写的 Sonshi（日语的当用汉字"孫子"，按音读念作そんし），将吴王阖闾与孙子变成了大和民族的帝王将相。卡尔斯罗普可能当时已经意识到这些问题，经过三年的不懈努力，1908 年他根据汉语底本，重译出版了《孙子兵法》英译本，取名为《兵书——远东兵学经典》（*The Book of War: The Military Classic of the Far East*），封面上附有 Translated from the Chinese by Captain E. F. Calthrop 的注释。译著包括《孙子语篇》（*The Articles of Suntzu*）与《吴子语录》（*The Sayings of Wutzu*）两部分。综观全书，英译本大致顺着原著13 篇的顺序与内涵阐释，基本上抹去了因转译而带有的浓重"日本味"。

1910 年，翟林奈翻译、出版了《孙子兵法》英译本，该译本对《孙子兵法》在西方世界的广泛传播起到了关键性的作用。翟林奈以清朝学者孙星衍的《十家孙子会注》为底本全译了孙子十三篇，第一次比较准确地用英语译介了中国兵学元典的基本原则与哲学思想，并为其他西方文字翻译《孙子兵法》夯实了语言、文化基础，为该典籍进一步西传铺平了道路。

哈佛大学江忆恩（Alastair Iain Johnston）多年来潜心研究《孙子兵法》，他在《孙子研究在美国》（"Sun Zi Studies in the United States"）一文里扼要地介绍了美国学界、商业教育与培训、军界等领域孙子研究及其具体应用的情况，指出越来越多的美国人开始认识《孙子兵法》及其价值。

江忆恩还介绍了《孙子兵法》在美国的英译历程。20 世纪 80 年代至 90 年代，美国出版了 5 种较有影响的英译本。第一种是格里菲思英译本，首版于 1961年，当时就被联合国教科文组织列入"中国代表作丛书"，多次重版，其特点是：第一，较好地参照了中国权威注疏本《宋本十一家注孙子》，译文颇具"历史感"；第二，英国战略学家哈特为该译本作了精彩的序言，客观上陡增其价值。第二种是 1988 年哈佛大学克利里（Thomas Cleary）英译本，克利里关注兵法的防御性特点，译文带有鲜明的"宗教"痕迹，因内容明显偏离孙子源语而屡遭汉学家的批评，很少用于军事院校的教学与研究。第三种是 1983 年克拉维尔（James Clavell）编辑、作序的翟林奈英译本，实际上只是翟林奈 1910 年英译本的重版，添加了一些脚注与点评。第四种是 1993 年索耶（Ralph D. Sawyer）翻译出版的"武经七书"，其中包含《孙子兵法》英译本。索耶第一次全面地将宋本"武经七书"译介给英语读者，填补了东西方军事文化交流史的空白，标志着"中国兵学西渐"进入了新的阶段，具有十分重要的学术意义。第五种是1993 年埃姆斯（Roger Ames）英译本，他从哲学的角度阐释《孙子兵法》，认为军事哲学思想是中国政治性哲学典籍探讨的普遍主题。

另外，20世纪70年代至90年代，美国有5篇关于中国古代军事思想的博士论文[①]，有的涉及战国时期墨子围城的战略、战术，有的首次英译并研究了孙膑作品，有的分析"武经七书"及其对明代外交政策的影响，也有的探究唐代初叶军界借鉴古代兵学的概况。这些博士论文虽各有侧重，但有一个共同的特点，即在某些章节直接或间接地论及孙子或《孙子兵法》。

我们将中美《孙子兵法》图书文献进行比较研究，可以大致了解到美国人研究《孙子兵法》的情况与特点：一是他们有关《孙子兵法》的图书出版数量较多，有一批具较深造诣的研究者；二是他们的应用研究大多偏重于工商管理及军事领域。

四、《孙子兵法》英译传播研究小结与展望

综观国内外《孙子兵法》英译传播历史，我们发现该领域的成果还比较单薄，有关英译的本体论研究更是寥若晨星，主要原因是跨学科的复杂性让人望而生畏，难以展开深层次的探究。事实上，无论是语言文字学，还是典籍外译传播学，都忽略了诸子典籍翻译研究。

展望《孙子兵法》英译传播研究，我们还可深入探讨以下几个问题：（1）《孙子兵法》的每个英译本不仅是独立文本的操作，而且是多文本的整合过程，也表现为对前译文本的综合性创造。典籍译者必先进入与原文注疏者、前译者的无限交流过程，进而产生符合自我价值系统的新译本。（2）《孙子兵法》译者的思维与表达方式表现为译入语对译出语概念、表述的借用与词法、句法的变异。事实证明，现代汉语形合性日趋增强的现象，跟翻译与中国传统文化的碰撞、冲突、接受与融合有很大的关系。（3）译入语文化的丰富与发展是典籍翻译的高层次诉求。就《孙子兵法》英译本而言，无论是中国译者，还是外国译者，

---

① 这5篇博士论文分别是：Christopher Rand, "The Role of Military Thought in Early Chinese Intellectual History" (PhD, Harvard University, 1977); Robin Yates, "The City Under Seige: Technology and Organization as Seen in the Reconstructed Text of the Military Chapters of Mo-Tzu" (PhD, History, Harvard University, 1980); Edmund Balmforth, "A Chinese Military Strategist of the Warring States Period: Sun Bin" (PhD, Rutgers University, 1979); Alastair Iain Johnston, "An Inquiry into Strategic Culture: The Parabellum Paradigm and Strategic Choice in the Ming Dynasty" (PhD, Political Science Department, the University of Michigan, 1993); David Graff, "Early Tang Generalship and the Textual Tradition" (PhD, History Department, Princeton University, 1995).

他们往往立足于一定的文化立场去阐释、吸收、传播《孙子兵法》的精华，所以其英译本总是汉英两种文化视野融合的产物。(4)在21世纪中国经济崛起的大好背景下，站在建设文化大国的战略高度揭示典籍英译与增强中国"软实力"之间的关系，以加强传统文化向海外传播的广度、深度与力度，具有当下与长远的意义。据此，研究《孙子兵法》在英语世界的传播，可为目前学界中国文化"走出去"的热议话题添砖加瓦。

参考文献

Johnston, Alastair Iain, 1999. Sun Zi Studies in the United States. [2023-05-10]. https://hdcandela.webs.com/SunZi.pdf.

Sun, Tzu, 1963. *The Art of War*. Trans. Samuel B. Griffith. Oxford: Clarendon Press.

Sun, Tzu, 1908. *The Book of War: The Military Classic of the Far East*. Trans. E. F. Calthrop. London: John Murray.

古棣，1994. 孙子兵法大辞典. 上海：上海科学普及出版社.

黄海翔，2008a. 论典籍翻译的历史忠实与阐释辩证观——基于《孙子兵法·计篇》两个英译本的描述性研究. 天津外国语学院学报(2): 35-40.

黄海翔，2008b. 从语内翻译到语际翻译：典籍翻译译者主体性之辨. 洛阳师范学院学报(3): 144-148.

黄海翔，2009a.《孙子兵法》复译中的文化误读与译者身份之辨——基于副文本描述的 Minford 译本个案研究. 中州大学学报(2): 67-71.

黄海翔，2009b. 典籍英译的认知心理框架解读——基于《孙子兵法》英译的历时研究. 唐山师范学院学报(5): 126-130.

黄海翔，2009c. 论典籍中意识形态的翻译与文化功能对等——基于《孙子兵法》两个英译本的比较为基础的翻译批评研究. 合肥工业大学学报(社会科学版)(5): 125-130.

约翰·柯林斯，1978. 大战略. 中国人民解放军军事科学院，译. 北京：战士出版社.

刘桂生，2000. 十一家注《孙子》献疑——兼谈英日译文中的一些问题//刘桂生. 刘桂生学术文化随笔. 北京：中国青年出版社: 127-145.

鲁惟一，1997. 中国古代典籍导读. 李学勤，等译. 沈阳：辽宁教育出版社.

罗建平，1998. 《孙子兵法》Giles 译本译误分析. 钦州学刊(1): 53-56.

马祖毅，任荣珍，2007. 汉籍外译史. 武汉：湖北教育出版社.

庞冬，毛忠明，2009. 主体间性与《孙子兵法》军事译本的诞生. 南京理工大学学报（社会科学版）(3): 45-49+122.

商海燕，2007. 美国学者对《孙子兵法》的翻译与研究. 滨州学院学报(5): 101-104.

吴如嵩，1995. 孙子兵法辞典. 沈阳：白山出版社.

于汝波，1994. 孙子学文献提要. 北京：军事科学出版社.

于汝波，2001. 孙子兵法研究史. 北京：军事科学出版社.

《孙子兵法》英译本的回译性解读：激活与遮蔽

引 子

中国典籍蕴含着丰富而深厚的民族文化，其英译本的回译研究（back translation）与其文化的对外传播有着十分密切的关联度。《孙子兵法》是我国重要的诸子典籍，从事该文本的回译性研究，可以让我们换个角度考察典籍经过域外的"旅行"，吸取了多少营养，有了怎样的发展与生长。苏珊·拉米雷斯（Susan Ramírez）指出，回译可以让那些鲜为外人所知的文化更清晰地诠释自己，这样，"外人"便能洞悉那些异域文化的内涵，并称这是一种可以推广的方法（Ramírez, 2006: 366）。据此，我们不仅要有国际视野，"风物长宜放眼量"，而且必须借助域外资源重新认识中国，向国内学者移译海外西学，介绍海外的中学，所谓"西学中用"，回译"中学"再为"中用"。

美国海军准将格里菲思（Samuel Griffith）于 1963 年出版的《孙子兵法》英译本 *The Art of War*，被收入联合国教科文组织的"中国代表作丛书"，是当代最畅销的《孙子兵法》英译本，在英语世界产生了深远的影响。颇具趣味的是，2003 年国内出版了格里菲思英译本的汉语回译本《孙子兵法——美国人的解读》。我们将结合该回译本，探讨中国典籍回译所涉及的两个问题——激活与遮蔽之文化考量，挖掘回译文对典籍原文贡献了哪些新颖的解读，如何丰富或缩减了原文的内涵与空间。

英国中医翻译家与译论学者魏迺杰（Nigel Wiseman）在论及中国典籍英译时推崇"源语导向法"，该理论在其博士论文《中医术语翻译——源语导向的方法》（"Translation of Chinese Medical Terms: A Source-oriented Approach", 2001）

里有深入的阐述。中医是中国文化元典的重要组成部分，英译中医与英译《孙子兵法》具有许多共性。据此，我们可从"直译法的回译性""仿造法的回译性""造词法的回译性""比照西方军事法的回译性"（李英照、施蕴中，2008: 209）等方面探讨该《孙子兵法》回译本的回译性专题，具体从如何"激活"与"遮蔽"古代兵学文化的两个层面加以论述。

中国典籍英译需跨越时空、语言、文化、专业知识等多重困难，许多翻译大家都深有感受。钱锺书曾为李高洁（Le Gros Clark）的英译评注本《苏东坡的赋》撰写过前言，他在文中感叹道："If the English reader still cannot exchange smiles and salutes with Su across the great gulf of time so familiarly as the Chinese does, it is perhaps due to a difficulty inherent in the very nature of translation. It is certainly no fault of Su's accomplished translator."（时隔久远，如果英语读者看了译文依然不能像中国读者那样与苏东坡会心地微笑、寒暄，这可能与翻译本身的不容易有关，肯定不是这位优秀译者的过失。）（2005: 50）这段话表明，即使学贯中西的"文化昆仑"钱锺书也认为翻译绝非易事，而且他对自己的翻译也表示过不满。他借用亚理奥斯多（Ariosto）的话，"稍变希腊成谚，非谓驴不解听琴，而谓驴不解鼓琴、驴与牛不解奏弹乐器"，接着说"余译文不确"（1986: 244）。

回译兵学典籍成汉语，也同样会遇到上述挑战。回译涉及的不仅是静止的语言（static language），而且还有语言里承载的个性鲜明的民族文化，因此，回译的过程就包含不断解译（decode）文化与编译（encode）文化的双文化性（biculturism）。这就需要文化调适（cultural adaption），它指的是回译者跨越语言文化的国界，将顺译文里体现的文化因素设法向回译文转变、调节与整合，以顺应回译语的文化需求。要实现成功的回译，双文化能力比双语言能力更重要，这一点与顺译的情形一样。

一、直译法的回译性

所谓"直译法的回译性"，指直接移译原文字面含义的回译程度。因为源语与译语都是普通名词，所以具有较好的回译性。此类情形在《孙子兵法》回译文里最普遍。

《孙子兵法·行军篇》提到如何根据自然因素来判断敌情的段落是典型的"直译法回译"，孙子虽在这几段原文里很少提及兵学术语，但运用了一连串排比句，铿锵有力，体现出军旅群体那种恢宏阳刚的气势。

格里菲思的英译文：

> When the trees are seen to move, the enemy is advancing. When many obstacles have been placed in the undergrowth, it is for the purpose of deception. Birds rising in flight is a sign that the enemy is lying in ambush; when the wild animals are startled and flee, he is trying to take you unaware. Dust spurting upward in high straight columns indicates the approach of chariots. When it hangs low and is widespread, infantry is approaching. (Griffith, 1963: 118-119)

育委的回译文：

> 当看到众树摇动，则敌人正在行军。当杂草丛生之处设置有许多障碍物时，是为了欺骗我军。许多鸟儿飞起是敌人有埋伏的信号；当野兽受惊逃跑，是敌人正试图对我进行出其不意的袭击。尘土腾起高而直，表明战车的到来。当尘土低空笼罩并弥漫时，是步兵正在到来。（育委译，2003: 138-139）

孙子的原文：

> 众树动者，来也；众草多障者，疑也；鸟起者，伏也；兽骇者，覆也；尘高而锐者，车来也；卑而广者，徒来也。（曹操等，1962: 153-154）

孙子的原文颇有节奏感，采用了六个排比式的判断句，从"我方"的视角观察"树动""草丛""飞鸟""惊兽""尘土"等变化，用以侦察、判明相应的敌情。自然界的风吹草动成了军事行动的重要侦察依据，这生动地描摹了2500多年前春秋战国时期的行军场景，富于兵学文化特色。

格里菲思英译文的第一句与第三句说明了侦察敌我的视角，与孙子本义相吻合；但第二句与第四句出现了变异，关键是谁设置了 deception、将出现哪方的 chariots 与 infantry，这些重要元素均语焉不详。再看育委的回译文，第二句修订了英语，加上了"敌人有埋伏"与"敌人正试图"的主语，第四句则还是顺着英语直接译出。因此，"直译法的回译性"有可能"激活"兵学文化的主体部分，而同时会"遮蔽"某些细节，可是如果回译者深入参照孙子原文，还是有补救措施的。

文化传播的效果如何，主要取决于译文质量，有些译文可能将文化因素恰如其分地传递出去，有些可能会出现文化零译，甚至文化误译的现象。当然，在有的情况下，采用文化勿译的策略也未尝不可，而要对这一切做出检验，回译是有效的手段。

二、仿造法的回译性

"仿造法"指顺译文里借用已有的译入语（汉语）单词来表达《孙子兵法》特有的概念，重新排列组合相关源语（英语）单词，组成新的概念与表述。由于在词语层面上具有明显对应的关系，因此也较容易回译成汉语。

回译具有定向性，所以顺译文中的定向参数越多，顺译文的回译度就越高。充当定向参数的因素有直译中的关键词、音译、解释、标注等，通常具有两个或两个以上定向参数的顺译文，回译性就较强。例如，有些引文采用了直译加音译的原则，具有较高的回译度。

《孙子兵法·地形篇》有涉及治军的语段，阐述了将领与士兵之间强势、弱势的对比关系会影响军队作战的原则。

格里菲思的英译文：

> Now when troops flee, are insubordinate, distressed, collapse in disorder or are routed, it is the fault of the general. None of these disasters can be attributed to natural causes. … When troops are strong and officers weak the army is insubordinate. When the officers are valiant and the troops ineffective the army is in distress. (Griffith, 1963: 125-126)

育委的回译文：

> 所以，当士兵逃跑、不顺从、军队陷入困境、在混乱中崩溃或被击溃时，都是将帅的过失。这些灾难中没有一个是能够归咎于自然因素的。……

当士兵强悍而将领懦弱，则军队就是不顺从。当将领勇敢但士兵无能时，则军队陷入困境。（育委译，2003: 152-154）。

孙子的原文：

> 故兵有走者、有驰者、有陷者、有崩者、有乱者、有北者。凡此六者，非天之灾，将之过也。……卒强吏弱，曰驰；吏强卒弱，曰陷。（曹操等，1962: 172）。

孙子原文有一组兵学术语，包括"走、驰、陷、崩、乱、北"等表示士兵出现六种特殊情形的表达式，这些是名词性术语。其英译文是 flee、insubordinate、distressed、collapse in disorder 与 routed，变成了动词与形容词，充当谓语，不仅改变了源语词性，而且也不符合术语译名的原则。回译文是"逃跑、不顺从、军队陷入困境、在混乱中崩溃或被击溃时"，经再度变异，只是解释性翻译。

三、造词法的回译性

何谓"造词法"？它指这样一种情形：根据源语（英语）的概念去对应相关的汉语概念，但因缺乏字面意义的直接提示，回译性比仿造法要弱一些。虽然汉语的内涵与英译文在语义场上有交叉重叠，但语言的规约性等因素使得回译文很可能不是源语，而是接近源语意思或有语义重叠的语汇。

汉语文化成分通过各种方式借入外语，回译这些文化成分主要靠译者的知识储备，必要时查阅有关资料，一般不允许含创造性因素。

《孙子兵法·势篇》介绍了一个重要的概念"势"，很能体现当时的兵学文化特色。黄朴民认为："在孙子看来，所谓'势'，就是'兵势'，它作为中国古典兵学的一个重要范畴，主要是指军事力量合理的组合、积聚和运用，充分发挥其威力，表现为有利的态势和强大的冲击力。"（2003: 46）格里菲思将《势篇》标题译为 energy，还提到汉字"势"的英语内涵，可以用 force、influence、authority、energy、potential、situation 等不同单词来英译（Sun, 1963: 90），在翻译中显示出其职业军人的专业素养。

此处选自《势篇》结尾的段落，通过描述水的冲击力，突出了"势"的"动力，动量"（momentum）。

格里菲思的英译文：

He who relies on the situation uses his men in fighting as one rolls logs or stones. Now the nature of logs and stones is that on stable ground they are static; on unstable ground, they move. If square, they stop; if round, they roll. Thus, the potential of troops skillfully commanded in battle may be compared to that of round boulders which roll down from mountain heights. (Griffith, 1963: 95)

育委的回译文：

在作战中依据形势来用人就如同滚动圆木或石头。圆木和石头的本性是在平地上是静止的，而在不平的地面上，它们就会滚动。如果其形状是方的就会静止，如果其形状是圆的，就会滚动。因此，善于指挥作战的人所造成的部队的潜能可以比作从山坡上滚下的圆石。（育委译，2003: 81）

孙子的原文：

任**势**者，其战人也，如转木石。木石之性，安则静，危则动，方则止，圆则行。故善战人之势，如转圆石于千仞之山者，**势**也。（曹操等，1962: 79）

"任**势**者，其战人也，如转木石"一句，格里菲思将"势"英译为 the situation，表示"态势"，显得缺乏字面意义的直接提示。"如转圆石于千仞之山者，**势**也"一句，既包含了速度，也包含了自高而下产生的力量。用物理学转述，它指"动能"与"位能"或称"势能"。因此，巨石的冲击力就等于巨石的重量与动能、位能相乘之积（古棣，1994: 3），对应的英译语为 the potential。这里，借助现代科学的术语描述，澄清了"势"的速度与冲击力的含义。而回译文则把关键术语译成"形势"与"潜能"，"遮蔽"了兵学文化里该体现的"态势、能势、威势"等要素，难以"激活"孙子借助"木头、石头与高山滚圆石"等鲜明而生动的文化内涵。

四、比照西方军事法的回译性

什么是"比照西方军事法的回译"？它指参照现代军事学的表达方式，绕着弯子翻译孙子兵学思想的策略。综观孙子十三篇，这部分回译度不高，时常还会出现因"欠额翻译"（under-translation）而产生"文化亏损"（cultural deficiency）的现象，涉及文化负载词语的英译尤其明显。

有学者从语言关联理论考察回译后指出，"回译本身也是一种交际，真正的回译必须是复制原交际，而那些为了研究两种语言结构差异的回译只能是一种新交际的产生，充其量能起到一定程度上反映原文结构的作用"（王建国，2005：83）。回译不仅限于复原部分语言结构，还应着力于复原一定层面的文化元素。与顺译者一样，回译者同样受到一定时间与空间等多种因素的制约，而不仅是一种新的翻译交际行为。为此，在利用回译进行相关领域的研究时，不仅要认真审视顺译文、回译文，还必须考察顺译者与回译者、顺译文读者与回译文读者，这样才能真正认识到回译在相关领域中的文化价值。

《孙子兵法·计篇》里有一段学界一直以来颇有争议的文字，很能反映春秋战国时代的社会文化与兵学体制。

孙子的原文：

> 将听吾计，用之必胜，留之；将不听吾计，用之必败，去之。（曹操等，1962：10）

梅尧臣曰："武以十三篇干吴王阖闾，故首篇以此辞动之。谓王将听我计而用战必胜，我当留此也；王将不听我计而用战必败，我当去此也。"（曹操等，1962：10-11）梅氏说得十分清楚，把"将"字当作连词用，意为"假如"。但也有学者把上句的"将"字当作名词"将军"解。梁代孟氏曰："将，裨将也。听吾计画而胜，则留之；违吾计画而败，则除去之。"（曹操等，1962：10）

格里菲思的英译文：

> If a general who heeds my strategy is employed he is certain to win. Retain him! When one who refuses to listen to my strategy is employed, he is certain to be defeated. Dismiss him! (Griffith, 1963: 66)

育委的回译文：

> 使用听从我的计策的将领，作战必胜。留住他！使用拒绝听从我的计

的将领，作战必败。赶走他！（育委译，2003: 19）

考察回译文，"将"字的理解走了第三条道路，同时采纳了上述两家之言：既作假设连词"如果"解，又作名词"将军"释；"我"成了孙子，似乎在决定第三者（将领）的去留，而且用了两个祈使句。这是回译文顺着英译文理解之故，格里菲思把"将"英译成 If 与 a general 两个语言单位，误读了孙子原义。

我们探讨一下春秋战国时期孙子生活的时代背景，以论证"将听吾计"之"将"宜作假设连词。"春秋列国不像现代的民族国家，更不是不同阶级专政的国家，这一国人到那一国去当大臣大将的很多。"（曹操等，1962: 20）当时，怀抱旷世之才的孙子不堪家族争斗，毅然离开了齐国。他研究了春秋末年的形势，认定吴国是最有希望施展自己才能、实现理想的地方。所以，上句的古文今译宜为"如果能听从我的计划，用我指挥军队打仗，一定能胜利，就留在这里；如果不能听从我的计划，虽用我指挥军队打仗，一定会失败，就告辞而去"（曹操等，1962: 11），这是孙子充满自信的告白，也是向吴王阖闾提出的用人前提。如此看来，回译文"遮蔽"了春秋战国时期军事家可以选择国君发挥自己才能的社会现实，掩盖了孙子"良禽择木而栖"的心路历程与远大的军事抱负。学术如果说，对于熟悉的文化成果，回译主要是检验文化传播的效果，那么，对于淡忘的文化成果，回译的意义则在于激活。但如果顺译出现了文本理解或表达的问题，其回译文可能会丢失一部分文化元素，制造新的文化"隔阂"。如果再度审视回译文，就可以追溯历史，借以补救亏损或被忽视的民族文化。

结　论

人类翻译学史已经历了神话与习俗时代、哲学时代与科学时代，21 世纪则迎来了文化时代。如果说，典籍顺译文受译者所处的历史环境、文化背景等因素的影响，反映出特定的时代、文化特征，而且不同时代的顺译文呈现出不同的历史特色，浸染了不同的文化色彩，那么，回译经过长途跋涉，一路颠簸，经受了异域文化的排斥与接纳、冲突与融合、传播与洗礼，依然能在什么方面还原多少的本土文化呢？

通过分析《孙子兵法》英译的回译情况，我们大致将文本回译性分为两种情形，它们在不同层面有不同的表现，有时"激活"了已被淡忘的中国传统文化，有时却"遮蔽"了部分核心文化因子。据此，我们认为，通过检验回译，典籍文化里那些长期固定的概念虽已没有了新鲜的解读空间（遮蔽），却能借助翻译在英语文化体系里增添崭新的思想内涵（激活），从而拓展源语的文化影响力，提升典籍在英语世界里的传播价值。

参考文献

Sun, Tzu, 1963. *The Art of War*. Trans. Samuel B. Griffith. Oxford: Clarendon Press.

Ramírez, Susan, 2006. From People to Place and Back Again: Back Translation as Decentering—An Andean Case Study. *Ethnohistory* 53(2): 355-381.

曹操，等注，1962. 十一家注孙子. 郭化若，译. 北京：中华书局.

塞缪尔·格里菲思，2003. 孙子兵法——美国人的解读. 育委，译. 北京：学苑出版社.

古棣，1994. 孙子兵法大辞典. 上海：上海科学普及出版社.

黄朴民，2003. 大话孙子兵法. 济南：齐鲁书社.

李英照，施蕴中，2008. 回译性与魏迺杰的中医术语翻译模式. 辽宁中医药大学学报(11): 208-210.

钱锺书，1986. 管锥编. 北京：中华书局.

钱锺书，2005. 钱锺书英文文集. 北京：外语教学与研究出版社.

王建国，2005. 回译与翻译研究、英汉对比研究之间的关系. 外语学刊(4): 78-83.

第二部分

翻译与文化

从格义看佛教中国化过程中翻译策略的演进

小　引

根据中国古代佛经翻译史，佛经翻译一般分为三个历史时期：第一阶段是从东汉至西晋的翻译早期，共译出近 570 部佛经，主要译经大师有安世高、支谶、支谦、竺法护等；第二阶段是从东晋至隋朝的翻译中期，共译出 3155 部经书，杰出的翻译家包括鸠摩罗什、彦琮、道安、慧远等；第三阶段是唐初至唐中叶的翻译后期，系佛经翻译的鼎盛时期，涌现的翻译大师有玄奘、实叉难陀、义净、不空等高僧（梁启超，2005: 167-174）。翻译策略格义在上述三个时期佛教中国化的进程中发挥了不同作用，既有积极的贡献（这是主要的一面，它扫除了异质文化传入中国时在语言、概念、思想等方面的障碍，为外来宗教本土化铺平了道路），但也有一定的局限性（这是次要的一面，具体表现在儒释道互相交融，创立禅宗以后，格义在诠释佛教理念时呈现牵强附会的倾向）。

一、何谓格义

汉魏时期，佛教在中国传播过程中采取了一种有效的策略，就是千方百计地与当时社会盛行的主流思想——玄学相融合。玄学是魏晋时期取代两汉经学思潮的思想主流，以《周易》《老子》《庄子》为根本，以研究玄远幽深的学问为主要特征。印度佛学要在中国求得生存与发展，就必须寻求与玄学相结合的最佳切入点。佛学、玄学的互动促使学者努力观照这两种学说更多的同一性，翻译策略格义在这种双方互需的交流共生中发挥了至关重要的作用。

什么是格义呢？追溯格义的渊源，梁朝慧皎在其著作《高僧传》里提到：

"法雅，河间人，凝正有器度。少善外学，长通佛义。衣冠士子，咸符咨禀。时依门徒，并世典有功，未善佛理。雅乃与康法朗等，以经中事数，拟配外书，为生解之例，谓之格义。"（转引自：何锡蓉，2004: 120）文中的"外书"指佛经以外的中国书籍，"经中事数"指佛经里的名词、概念，"拟配"意为对比，换言之，表示用中国传统的哲学术语比照印度佛教的概念。由此可见，所谓格义，就是指"比较对应观念或名词意义的一种方法或手段，意指用一种系统的概念来类比另一种概念体系，或延伸其意义"（何锡蓉，2004: 121）。采用格义的直接原因可以归结为初学佛经的弟子"世典有功，未善佛理"，格义的好处是根据中国传统哲学的名词、概念与术语去翻译佛经，可以消除因梵语文字隔阂、佛理艰深玄奥而造成的交流困难，为早期佛教顺利输入中国，并为中国人理解、接受与信仰这异质宗教夯实了理论基础。

用翻译学的术语来表述，"格义"是一种翻译策略或方法，即在佛经翻译中名词对名词、概念对概念的转换策略，相似于比附连类的解说或阐释。这种翻译策略在佛经翻译的三个历史时期有着不同的表现，其间虽有反复，甚至在中期褒贬不一，但总体而言，"格义"的演进呈现出从低级向高级的"递进"态势。

二、格义在筚路蓝缕的翻译早期功不可没

梵语是印欧语系里一种古老的语言，艰涩难懂，跟属于汉藏语系的汉语有极大的差异。佛经的内容结构、思想方式、概念范畴与中国传统的学术迥异，佛经翻译是"从盘古开天以来"亘古未有的伟大事业，没有任何先例可以参照，作为拓荒者的翻译先辈们凭着"筚路蓝缕，以启山林"的精神，开创了中国翻译之先河。于是，格义这种翻译策略在中国佛经翻译早期就应运而生，应势而出，并发挥了不可替代的译介作用。

根据梁启超考证，"初期所译，率无原本，但凭译人背诵而已。此非译师因陋就简，盖原本实未著诸竹帛也"（2005: 138）。该时期的译经大师以外国高僧为主，因"无本可写"而只能"师师口传"，由中国僧人执笔记录，这就是所谓的"笔受"。中外经师精诚合作翻译佛经，宋代赞宁在《宋高僧传》里有这样的描述："初则梵客华僧，听言揣意。方圆共凿，金石难和。椀配世间，摆名三昧。咫尺千里，觌面难通。"这是早期佛经翻译的形象描绘。当时的情况是，既

缺乏梵语佛经原本，又没有同时通晓梵语、汉语的双语译才，其起步之艰难可见一斑。中外高僧在翻译时斟酌词义、语义的表达，往往采用格义的翻译策略，即借助中国传统哲学里固有的词语比附佛经名词、概念，根据口授内容来解释、翻译佛经。根据古籍记载，译事的一般程序是先由"梵客"背诵口授，然后由"华僧"揣摩意义再做笔录。

　　汉朝正是黄老学说盛行之时，译师们大多借用该学说来比照佛经。例如，袁宏所撰《后汉记》云："浮屠者，佛也。西域、天竺有佛道焉。佛者，汉言觉，其教以修慈心为主，不杀生，专务清净。其精者号沙门，沙门者，汉言息心，盖息意去欲，而欲归于无为也。……所贵行善修道，以炼精神而不已，以至无为而得佛也。……有经数十万，以虚无为宗，包罗精粗，无所不统，善为宏阔胜大之言，所求在一。"（转引自：何锡蓉，2004: 123）在这段介绍佛教的语料里，袁宏用中国固有的"觉"来翻译"佛"（梵语为 Buddha），用"息心"翻译"沙门"（梵语为 Sramana），并借助"无为""以虚无为宗""归于无为"等黄老学说里的术语来翻译佛教教义、教理与教律，尽量类比、附会二者的相似之处，"以我说彼"，达到通俗易懂、便于传播的目的。

　　另外，格义翻译法还用于比照佛经里的一般词语。如用"非常""非身"译"诸行无常""诸法无我"，用"无行"译"五蕴"，用"本无"译"真如"，用"大明"译"般若"，用"度无极"译"波罗蜜"等。译师们不但用黄老学说翻译佛经，而且还采用儒教术语诠释佛教教理。如康僧会拿孟子的"正心论"比附佛教的"心性论"；翻译理论家支谦主张用中国固有的语汇去翻译佛经里的名词，"弃文存质"，即所谓的不重文辞，只求本意，不得求助于胡音。支谦博览佛典，通六国语言，用格义方法译出了《大明度无极经》《大阿弥陀经》等 36 部佛经。他是我国翻译史上最早的直译论代表。支谦在《法句经序》中阐述了上述翻译原则，这是我国迄今所见的第一篇翻译学论文。梁启超称赞他的译木"其文最为流便晓畅，然喜采老庄理解以入佛典，在译界中实自为风气"，"其抽象语多袭旧名，吾命之曰'支谦流'之用字法"（2005: 155）。

三、格义在翻译中期会通佛学与玄学

　　"般若"系梵语 Prajna 词语的音译，意为"妙智妙慧"。般若学因研究佛经

《般若经》而得名，其思想主张"我法两空"，导致"诸法本无自性"，即"人无我""法无我"，它与魏晋时期流行的玄学有许多相同之处，并与玄学倡导的"以无为道本"有异曲同工之妙。例如，佛经里的"智""寂""方便"等概念自然地跟玄学里"圣""虚""无""静""无为"等理念很接近。对此，道安（312—385）在《二教论》中明确指出："西域名佛，此方云觉；西言菩提，此云为道；西云泥洹，此言无为；西称般若，此翻智慧"，此乃"借此方之称，翻彼域之宗，寄名谈实"（转引自：何锡蓉，2004: 126）。

借助玄学在当时中国社会所占据的主导地位的优势，般若思想很快在东晋之初成为士大夫阶层中间流行的普遍思潮，这种结果在很大程度上得益于翻译策略格义。高僧朱士行因不满足于已有的梵文经典，"以魏甘露五年，西渡流沙"（转引自：何锡蓉，2004: 107），从西域携回梵本九十章，他采用老庄学说的术语翻译了这些佛经。特别值得一提的是，他用格义的方法翻译出的《放光般若经》一时间成为士大夫们争相传阅的宝书。这股印度般若学思潮虽然在不少方面与其原意存在一定的距离，但在客观上有力地促进了佛学与玄学的融合。

翻译中期是外国高僧与中国高僧共同合作的时期，"次则彼晓汉谈，我知梵说。十得八九，时有差违"（梁启超，2005: 137），这是当时佛经翻译的真实写照，遥想当年，已是佛经翻译人才辈出的时代。这时期的译经大师道安特别推崇般若学，同时，他深谙中国哲学，所以在翻译佛经时会不可避免地求助于老庄玄学的术语及思想方法，其格义法的突出成就在于会通般若学与玄学的领域里，他也因此成为"本无宗"的代表，他的本无论比较接近大乘佛教有关"性空"的原旨。他在《安般经》《道行般若经序》等译经或序文中阐述了般若思想的本质，"地合日照，无法不周，不恃不处，累彼有名。既外有名，亦病无形，两忘玄漠，唱然无主，此智之纪也"，他还说"无在万化之先，空为众形之始"，"一切诸法，本性空寂，故云本无"（转引自：何锡蓉，2004: 132）。由此可见，这时期的格义，显然已不仅仅是两种体系之间名词与概念的对应比附，而是带有基于佛学理解的诠释与补充，它在融合佛学与玄学的进程中依然坚持佛学的立场，因而赋予格义方法新的发展、新的意义。以道安为代表的译经大师无论是在具体的翻译实践操作层面，还是在抽象的翻译理论层面，已经逐渐认识到格义法在佛经翻译过程中所存在的局限性，如语义的模棱两可，佛教名词与黄老学说概念虽有相同之处，但相异点也日益凸显出来等，于是他们转而借助当时盛行的社会思潮来诠释佛教理论。

道安主持佛经译场，审定已译佛典，经过长期的摸索、研究，在格义的基础上提出了著名的"五失本，三不易"的翻译理论，这是他对我国传统翻译思想的一大贡献。道安的理论富于辩证的哲理，"五失本"指译家在翻译过程中应意识到梵语、汉语在语言与思维方式上的很大差异而拟作的译文变通；"三不易"指译家在深究梵语与佛典玄奥理义之后，努力把汉译佛经化难为易，做到"洞入幽微，能究深隐"，挖掘梵典教义与教律深层次的含义。道安"五失本，三不易"的主张，不仅为促进佛教中国化提供了理论示范，而且在方法论上指明了求真务实的实践方向。

这时期，一方面，以道安为代表的译经大师们虽仍然借助中国传统哲学思想的名词与概念翻译佛经；另一方面，他们也已开始意识到从全局、整体、系统的高度把握佛教本义的重要性，努力使汉译的佛经既深蕴佛教之本旨，又包含中华文化之要义。

四、格义在探究佛学真谛的进程中继续完善

自唐朝初期起，佛经翻译进入了鼎盛时期，通晓梵汉双语的高僧挑起了佛经翻译的大梁，并且，以玄奘为杰出代表的高僧不畏艰险，历经磨难，从西域取回大量的佛典真经，为梵典汉译提供了真实可靠的原本。"后则猛、显亲往，奘、空两通，器请师子之膏，鹅得水中之乳……印印皆同，声声不别"，"我邦硕学，久留彼都。学既邃精，辩复无碍。操觚振铎，无复间然。斯译学进化之极轨矣"（梁启超，2005：137）。这里记录着令人鼓舞的翻译场景。由此可见，该阶段的佛经翻译，无论是译才的汉梵双语言、双文化能力，还是他们对佛经的精通程度，都是前所未有的，这为译家保证传递佛经真谛打下了坚实的基础。

应该说，格义是印度佛教中国化的必经过程与必需的翻译手段。但要寻求佛学真谛，理解一种中国向来没有的思想，还得恰如其分地揭示其差异性，以促进佛经的本土化进程。进而言之，如果异质文化要对本土文化产生深刻的影响，那么它至少在某一方面胜过本土文化，才能具备足够的吸引力，促进、刺激本土文化的繁荣发展。随着中国学者对佛典翻译与研究的深入，他们已认识

到格义方式的不足之处。第一，从理论层面上讲，佛教与中国传统哲学之间存在着不少差异，单纯借助格义难以准确理解与掌握佛经的经义奥旨；第二，从实践层面上讲，当时已出现曲解般若学说的现象，有人开始批评格义的缺陷，即造成佛经的失真与教理的混乱。道慈在《中阿含经序》里评述道，"昔释法师于长安出《中阿含》《增一》《阿毗昙广说》……经律凡百余万言，并违本失旨，名不当实，依稀属辞，句味亦差。良由译人造次，未善晋言，故使尔耳"（转引自：何锡蓉，2004：148）。僧睿则严肃地批评了格义给佛经翻译带来的弊端，因"讲肆格义，迂而乖本"，认为格义之法是对佛教理念做出了"恢之"与"迂之"的诠释，其结果是"但改梵为秦，失其藻蔚，虽得大意，殊隔文体，有似嚼饭于人，非徒失味，乃令呕哕也"（转引自：何锡蓉，2004：148）。这种拘泥于以概念为主要翻译单位的格义方法势必使佛教难以走上独立化的道路。

玄奘（602—664）是中国古代佛经翻译的四大译家之一。他天资聪颖，被誉为佛门"千里驹"；他熟读经典，但常困于宗派有别，义旨有殊，感觉无所适从，于是抱着"宁可西进而死，决不东归而生"的信念，于627年踏上探求佛本法源的艰难西征长路。西行求法十几年后，玄奘带着几百卷梵语佛典回国，并翻译了《大般若波罗蜜多经》等主要佛经。他在汲取前人首倡的格义精华的基础上，提出新的翻译理论，"既须求真，又须求俗"。这既不同于道安等人的直译，也有别于鸠摩罗什（344—413）为代表的意译。玄奘努力寻求直译与意译的和谐统一，他翻译的佛经以"朴素的通俗文体真实传达出佛经的内容和风格，大大影响了唐代文体的改革"（何锡蓉，2004：158）。玄奘的"和谐"翻译策略在中国翻译史上被称为"新译"。

梁启超指出："翻译事业，至玄师已达最高潮，后此盖难乎为继。"（2005：179）玄奘在深刻领会初期、中期格义翻译策略的基础上，集历代前辈译学之精髓，善于把自己丰富的佛经翻译实践经验提升到理性的高度，提出了"五不翻"的思想，这极大地推动了格义方法的进一步演进，充实、扩展了格义操作的具体内容。他的"五不翻"原则包括"一秘密故，如陀罗尼。二含多义故，如薄伽，梵具六义。三此无故，如阎净树，中夏实无此木。四顺古故，如阿耨菩提，非不可翻，而摩腾以来，常存梵音。五生善故，如般若尊重，智慧轻浅"（转引自：王秉钦，2004：15）。可见玄奘进一步发展了格义之法，他提出的"五不翻"策略的实质是保留了佛经里所特有的差异性与"异域的风姿",并使音译有了明确的理论界定。在翻译实践中,假如勉强用汉语词汇去翻译这"五不翻",很多新概念、新观念就会因此而淹没于非愚即妄中,使读者不解原义。玄奘借用梵语音译,就可让后来学者搜寻语源,而且这些外来的"新词汇"可以丰富汉语语汇。如梵语 ksana 意为"无法用比喻等方式来表达的非常短暂的时间",被音译为"刹那","刹"在汉语里就表示"快得无法计算";kalpa 指"无限长的时间",被音译为"劫波",汉字"劫"符合佛教有关时间之长与劫数环绕宇宙跟人生的说法①。这样的音译既熨帖切合,又形象生动。

此外,玄奘还提出了"正翻"与"义翻",进一步提升、丰富了早中期的格义方法。具体而言,"正翻"指针对中国与印度共有某一事物,仅仅因称呼不同的场合,汉译时就采用汉语名称。例如,梵语里的"莽荼利迦"对应的就是中国的"白莲花",拟用中文名。"义翻"是指"彼无我有"或者"彼有我无"的情形,汉译时就用汉语创造新词汇来表达。如"梵"字系新造的汉字,据《说文解字》,"梵,出自西域释书,未详意义"。佛教内典说,佛陀逝于裟罗双树之下,后来僧侣常自称"双林"或"双树",这正合乎"梵"字的笔画结构。由此看来,"正翻"与"义翻"是格义的高级形态。

玄奘的翻译原则加上其他众多译家的翻译思想,使佛经译师从以往借鉴中国传统老庄等哲学的视野之外找到了新的格义方法,这无疑拓宽了译名确定的视域,促成了新佛典的诞生,加快了寻求佛学原旨的进程与步伐,促进了佛教朝中国本土化的转向。于是,出世、思辨、神秘、烦琐的印度佛教在格义的层层演进中成为入世、实用、平和、简捷的中国化佛学。

结　语

综上所述,我们可以认识到,格义包含两方面的内容:一是指译家借助中国传统的哲学,如《老子》《庄子》《周易》等著作里的词汇、术语、概念翻译佛经;二是指译家凭借中国传统的哲学思想体系去解读佛教,从系统的高度把握佛教理论,促使佛教中国化。前者是词对句当的粗浅格义,难免有牵强附会、

---

① 佛教认为,世界要经历很多劫,一个劫相当于大梵天的一个白天,即人间的四十三亿两千万年,劫末会出现劫火,之后再创新世界。

生搬硬套、生吞活剥之嫌，但这是翻译初期不可逾越的阶段；后者是从理论体系的角度高屋建瓴诠释佛学思想，发挥佛教的微言大义，逐渐阐发自己的理论要旨，使佛学脱离中国传统哲学的依附而走上相对独立的发展之路，最终形成了中国古代社会意识形态里儒释道"三分天下"的新局面。

我们从历时的维度回顾了印度佛教中国化的历史进程，着重剖析了翻译策略"格义"在三个佛经翻译时期里所起到的不同作用及其演进脉络，既强调格义在儒释道互相交融过程中起到的积极作用，又指出格义在佛教本土化过程中所显现出的诸多不足之处。总体而论，格义的演进是一个漫长而复杂的渐变过程，融汇了各个翻译时期中国古代社会盛行的主流思潮，糅合了中国传统哲学思想与印度佛教理论，贯穿了"千年译经活动"的始终。它最先由安世高、支谦等早期译经大师们创造，继而由鸠摩罗什、彦琮、道安等中期翻译大家发扬、改进、广大，最终经玄奘为代表的鼎盛时期的译界宗匠"圆满调和"（regulation to perfection）。玄奘的翻译风格在中国翻译史上被誉为"新译"一派。

需要特别指出的是，随着格义的演进，三个时期的众多佛经翻译家提出了许多宝贵的翻译思想，出现了"百家竞辩，九流争川"的可喜局面，各个时期最有代表意义的如支谦主张的"凡所出经，类多深玄，贵尚实中，不存文饰"（"心无"宗创始人东晋高僧支敏度语），道安提倡的"五失本，三不易"原则，玄奘立的"五不翻"等思想，都是从不同时代、不同角度、不同层面对格义的补充、修正、提高与完善。佛经翻译思想是我国传统翻译思想不可或缺的精神财富，也是新世纪我国构建译学的理论源泉。

参考文献

何锡蓉，2004. 佛学与中国哲学的双向构建. 上海：上海社会科学院出版社.

梁启超，2005. 佛学研究十八篇. 天津：天津古籍出版社.

王秉钦，2004. 20 世纪中国翻译思想史. 天津：南开大学出版社.

[本文系 2007 年度浙江省社科联资助项目（编号：07N94）的阶段性成果]

我国传统文化海外传播路径探析

典籍是我国传统文化的重要载体。什么是典籍？汉朝学者许慎在《说文解字》里的解释是："典，五帝之书也。"换言之，它是很久以前五帝如尧舜禹等传承卜来的典册文献。许慎进一步认为："籍，簿书也。"清代段玉裁注解："簿当作薄。"这里可以引申为"凡著于竹帛皆谓之籍"。这样看来，典籍就是指从远古时代流传而来的、具有神性或者权威性质的竹帛记载。《孟子·告子下》云："诸侯之地方百里；不百里，不足以守宗庙之典籍。"上述观点着重说明了前人对"典籍"的大致理解，虽然比较宽泛，也是我们认识典籍的出发点与学术理据。

在中国长达几千年的传统学术体系里，典籍一直充当着中华文化原型（cultural archetype）符号的重要角色，蕴藏着能连绵不绝、不断再生的文化基因（cultural gene）。此外，典籍构成了中国传统文化的核心（kernel）内容，它既是每个历史时期主流文化的载体与代表，又是传统文化关键符号的组成规范。

当今，中国出版业一定要高度重视典籍英译工作，这将有利于增强我们在国际舞台上的话语影响力，有利于促进我国传统文化在海外的接受与传播。在此过程中，中国出版业可以为加速东西方文化的接触、融合与共荣做出更大的贡献。异质文化之间的有效交流，必须借助翻译来实现，而典籍是传统文化的重要载体，典籍英译无疑成为中国文化输出的主要渠道。

一、我国重要典籍的价值及英译难点

典籍具有非常宝贵的价值，它经受了漫长而广袤的时空检验与筛选，在推进中华文明甚至世界文明的过程中发挥过举足轻重的作用；其内容博大精深，主要涵盖了我国历代文史哲、宗教、科技等经典著述；经历过无数次的选择而传播到当今世界，具有"披尽泥沙始见金"的永恒价值。

学界认为，就研究对象而言，典籍英译属于学术型翻译，明显要难于其他类型的翻译。典籍是国学的文化元典，是古代文化的承载者，因其语言晦涩难懂、意义朦胧飘忽而被视为研究畏途。汉语作品翻译成外语，一定得考虑中西方的巨大文化差异性，着力传达出源语作品的文化实质，因为典籍包含的古代思想与当代理念相距甚远，面对这样的作品，即使是当代中国人也有学习、理解的重重困难，何况是外国人呢？

典籍英译最突出的问题是语内阐释，即对典籍原义的理解，原因是中国重要的典籍都经过多少注疏者皓首穷经般的点校注释，为的是溯源查证，避免以讹传讹。这些典籍经历了世世代代的淘洗与沉淀，表述大都言简意赅，意蕴博大精深。

英国著名翻译理论家斯坦纳（George Steiner）在《巴别塔之后》（*After Babel*）中明确指出，要把汉语翻译成西方语言是非常困难的，因为像词汇、语法那样的资料根本起不了作用，译者一定得根据原文语境及其文化知识才能解释清楚（2001: 376）。例如，我们在翻译明代传奇《牡丹亭》这样的经典作品时，英译者还需要依靠相关的戏曲研究、大量的注解等手段，才可有效地向海外传播这部典籍的文学内涵、语言意蕴与文化意义。

二、我国重要典籍在英语世界的传播历史

典籍是中华民族几千年以来传承至今的无价财富。在当今全球化的语境下，我们如何实现典籍的宝贵价值呢？语际翻译，换言之，将这些宝贵的文化典籍翻译成英语是一条行之有效的途径。

中西方文化交流有着十分悠久的历史，从16世纪开始，中国典籍就经翻译传入欧洲大陆，西班牙传教士高母羡（Fray Juan Cobo）翻译的《明心宝鉴》，号称"中国文学译成欧洲文字的第一书"。据学者考证，英语词汇里有很多来自汉语的外来语，如Taoism与Confucianism等语汇早已收入英语权威词典，这是中国典籍在英语世界里传播、接受与认可的最好证明。文献记载表明，自明末清初至今，西方英译中国文化典籍已有400多年的历史。19世纪英国翻译家阿瑟·韦利（Arthur Waley）英译过《诗经》《九歌》《蒙古秘史》等中国典籍。

英国汉学家理雅各（James Legge）英译了《老子》《易经》《春秋》等众多典籍；20世纪英国著名翻译家、汉学家霍克斯（David Hawkes）教授毅然辞职、全身心投入翻译《红楼梦》（*The Story of the Stone*）的巨大文化工程。由此可见，西方翻译家是早期译介中国典籍重要的海外力量，他们取得的骄人成绩，为中国传统文化跨语言、跨疆域传播做出了开创性的贡献。

当我们梳理好传统典籍翻译、传播到海外的历史，可以看到这样一个现象：明朝来华的传教士是最早把中国典籍翻译成英语的西方群体，他们开创性的努力为更多、更好的典籍英译打下了坚实的基础。此外，20世纪初，晚清名士辜鸿铭开创了中国译者独立从事典籍英译的先河，他英译过《论语》《中庸》等，成为国人英译典籍初期最有代表性、最有影响力的翻译家。

三、我国重要典籍在英语世界的传播现状与问题

在当今经济全球化、文化多样化的大背景下，汉语作为源语的图书输出一直处于弱势地位（disadvantageous position）。中国近现代史上出现过两次翻译高潮，都是以大量引进西方科技、文学类图书为重要特征的。据学者粗略统计，在整个20世纪中国总计翻译、输入了约10万种西方图书，但是西方翻译、出版中国20世纪的著述还不到1000种（王岳川，2004: 215）。由此可见，文化输入与输出之比竟然如此悬殊！难怪有学者感叹："一百多年来，中国接受西方的文化很多，而中国文化流到西方则少得可怜。"（陈平原，1992: 269）究其主要原因，"自海禁开，西学东渐，遂启千古未有的变局……于是中外文化的交流，始肇其端"（邓子美，1994: 1）。考察改革开放几十年以来中外文化交流的情况，就图书内容而言，我国向来致力于翻译科技、管理、经济、文学等门类图书，向外输出翻译的大多集中于传统的文史哲典籍，如《孙子兵法》《黄帝内经》《论语》《水浒传》《红楼梦》等最具中国特色的文化资源。

据统计，成书于清末（1911）以前并流传至今的中国典籍达8万—10万种，无论是质方面，还是量方面，在世界上所有的文明大国里中国是都独占鳌头的；自2008年国务院批准公布首批《国家珍贵古籍名录》至今，一共已收录11375部典籍。就"经史子集"而言，仅《论语》《大学》《诗经》《楚辞》《孙子》《庄子》及部分汉赋、唐诗宋词、元曲杂剧、明清小说被翻译成英语，仅占

总数的千分之几。

国外读者是典籍英译的主要市场，美国亚马逊图书网（Amazon.com）是全球最大的图书销售网，年访问量超过 61 亿次。我们通过调查该网站，分析目前存在的主要问题，试提出以下相应对策：

从关联度看，亚马逊图书网上推荐中国典籍英译的太少，我们应采取措施提高网上搜索数量与质量，大力提高中国典籍在海外的知名度。从题材看，该网站展示的以文史哲图书为主，其他类型如科技、法律、宗教典籍很少，所以，我们建议在选题多元化方面大做文章，丰富其他类型的题材。

从翻译主体看，英译者大部分来自英美国家，像阿瑟·韦利、理雅各、霍克斯翻译的典籍在亚马逊图书网上唱主角，因此，我们应设法增强中国译者作品的销售力度。从出版社看，还是以英美国家居多，中国出版界有很大的潜力可挖掘，理应积极开拓业务，想方设法利用这个网络平台，极力拓展海外市场。

学者郑培凯和鄢秀（2013）指出，自第二次世界大战结束以来，欧美对中国的认识依然抱着说不清道不明的迷思，具体而言，是三分猎奇、三分轻蔑、三分怜悯，还有一分"非我族类"的敌意。如果有越来越多的中国文化传播到英语世界，那么将有助于改变西方世界里的中华形象，构建现代中国的新形象。

众所周知，从数量上看中国典籍汗牛充栋，典籍能够代代相传，生生不息，考察其原因，主要取决于两种独特的属性，第一是所谓的"超时间性"（supra-temporality），指典籍纵向的特征，它具有超越时间的历史价值；第二是所谓的"超空间性"（supra-spatiality），指典籍横向的特点，它具备跨越国界、疆域的普遍价值。典籍英译是一项充满荆棘但具有重要意义的宏伟文化工程，我们要面对不同的空间、时间、语言、文化、思维等多重挑战。

四、我国重要典籍在英语世界的传播意义

典籍富含中国传统学科的概念与理论，譬如《黄帝内经》的中国传统医学理论源于特有的概念，这些概念来自独特的中医术语，经过数千年的发展，古老的中医已成为富含"国情"的科学体系，中医术语与传统哲学、文化有很大的关联。中医要走出国门，就需借助翻译来阐述与传播，这将有助于传统中医学与当代主流学科对话，体现当代科学水平。

在当前国内学术界，无论是语言文字领域，还是典籍英译研究，中医典籍还是一个少有人问津的研究分支。这到底是什么原因呢？理由是中医学理论与中药学理论不容易理解，中医文献研究难度很大，善文者难以工于医科，工于医科者又少有擅于文，结果是文科与医科互不相通。欲改善目前的状况，各方学者一定要携手合作，互相学习，努力改变长期以来文科医科不通的局面。

从事典籍英译是一项学科跨度很大的课题，研究者不仅需熟练掌握英语、汉语、翻译学，还要通晓文言文、中国古代哲学。毫无疑问，典籍翻译研究，既是一个充满挑战、布满荆棘的领域，又是一项富于创新、极具诱惑的选题。典籍英译在英语世界的传播意义主要体现在以下几个方面。

典籍英译是实施中国文化"走出去"国策的重要举措，有助于增强我国文化软实力，实现"向世界发出中国声音"的宏伟目标。

典籍英译有助于构建中国文化在国际舞台上的话语权，重振中国声音的影响力与传播力，发现中国古代文化话语的价值。在当今多元化的语境下，我们应着力挖掘传统文化的现实价值，使之成为当今多元世界文化体系里不可缺少的有机组成部分。

从事典籍英译研究，有助于推进世界文化多样化发展。目前，全世界都在千方百计地扩大自己民族的影响力与传播力。要达到这个目标的途径有千条万条，其中最有效的途径非语际翻译莫属。因为借助翻译，我们能够最大可能地传播异质语言所蕴含的文化资源，所以我们应抓住当前经济全球化、文化多样化的大好时机，极力推介中国传统文化。历史经验表明，鸦片战争以来，欧美各类人文、科技思想经翻译如潮水般地涌入中国，大大推进了中国迈向现代化的进程。现在，我们应该在经济上已取得迅猛发展的基础上，转而致力于提升文化软实力的工程，将工作重心放到向西方译介、输出民族传统文化方面。

五、我国典籍英译的策略与建议

季羡林指出："在世界上所有的文明大国中，古代典籍流传下来在质和量的方面都独占鳌头的，只有中国一国……古代典籍是我们中华民族对世界人民，对世界文化一个伟大的贡献。"（2010: 104）进入 21 世纪以来，快速发展的中国已成为世界经济的引擎与领头羊，我们的全球影响力也稳步增强，这为推进文化产业走出国门提供了十分有利的国际环境，我们可以借此良机，不断增强文化软实力与话语权，努力将更多更好的文化典籍推介到海外市场，全面提升中国传统文化在新世纪的全球影响力。

我们发现，许多典籍在走向世界的过程中出现了两种不同的传播模式——西方汉学家、华裔学者采用的译入模式与国内学者采用的译出模式，这两种模式产生了各不相同的传播效果。译入模式是英美文化系统根据自身需求主动译介中国传统文化，译出模式是中国政府为了复兴传统文化、改变国家形象，着力向欧美世界传播优秀民族文化的国策。无论哪一种模式，都是推介传统文化的有效途径。为此，我们提出当今世界典籍英译的策略与建议。

首先，我们要努力探索汉英语际翻译传播的关键性要素是如何相互影响、相互促进的，探求学术性很强的典籍英译实践的规律性东西。研究诸如《牡丹亭》《孙子兵法》等我国重要典籍的英译本在英美图书市场、大型图书馆、文学批评界、高等教育界等领域的传播接受情况，多方面、多层次了解这些重要典籍在欧美国家的概况，可以为国内翻译实践提供有益的借鉴作用。

其次，政府应着力打造典籍英译的专业人才队伍，翻译的作品需要在有效传播中国传统文化与英语读者乐于欣赏、接受之间找到平衡点，这是典籍英译事业得以持续发展的人力资源因素。

再次，我们可以借鉴西方文艺经典在海外成功传播的经验。譬如与汤显祖同时代的莎士比亚戏剧在世界各地受到热捧，四百年经久不衰，就是值得关注的文化交流现象。我们如何传播自己的传统文化？第一是设法让经典出现在人们的日常生活里，第二是引领、提高大众的艺术欣赏水平。在欧美国家，学术、文学研究与剧本演绎之间已经形成了积极的互动关系，演职人员经常阅读学者有关莎士比亚的最新研究成果，再把新的感悟与理解融于舞台演出，赋予时代的意义。

还有，政府应在国家图书奖上增设"典籍英译奖"，既奖励杰出的译者，又奖励优秀出版社，借此大力扶持各大出版社推出更多更好的典籍英译图书，推销到广阔的海外市场。

英国第一位诺贝尔文学奖得主、著名诗人吉卜林（Joseph R. Kipling）在《东西方歌谣》里写道："东方是东方，西方是西方。东西方永不相逢，直到地老与天荒。虽然东西在两端，两个巨人面对时，不论种族与疆界，不分东方与西方。"典籍文化具有穿越时空的价值，因为它"不属一时，却归永远"。我们应该通过国内外优秀翻译家矢志不渝的努力，让"永不相逢"的东西方能够跨越千山万水，冲破语言、疆域的重重藩篱，架构起东西方文化交流的平台，让经典实现永恒价值，让"各美其美"的中华文化达到"美美与共"的理想境界，为促进世界文化多样化增添光彩。

参考文献

Steiner, George, 2001. *After Babel: Aspects of Language and Translation*. Shanghai: Shanghai Foreign Language Education Press.

陈平原，1992. 大书小书. 广州：广东旅游出版社.

邓子美，1994. 传统佛教与中国近代化. 上海：华东师范大学出版社.

季羡林，2010. 季羡林谈义理. 北京：人民出版社.

王岳川，2004. 新世纪中国文艺理论的前沿问题. 社会科学战线(2): 212-229.

郑培凯，鄢秀，2013. 妙笔生花史景迁（总序）//史景迁. 大汗之国：西方眼中的中国. 桂林：广西师范大学出版社: i-xiv.

[本文系国家社科基金项目"20 世纪《孙子兵法》英译研究"（14BYY028）的阶段性成果]

论后殖民语境下的译者主体性：
强势文化与弱势文化

引　言

翻译是两种异质文化的交流（communication）与协商（negotiation），但是，这种交流与协商绝不是在真空里进行的，因为与两种语言相关的社会、历史、经济、文化、宗教、道德等外部因素都会对翻译活动与翻译结果产生重要的影响。自 20 世纪 80 年代以来，许多学者从各自的文化研究角度深入翻译研究。如斯内尔-霍恩比（Mary Snell-Hornby）提出把"文化"而不是"文本"作为翻译单位，主张置文化研究于翻译理论研究视域内。接着，巴斯内特（Susan Bassnett）与勒菲弗尔（André Lefevere）从上述命题中发现了"划时代"（epoch-making）的意义，他们称这场变革为翻译研究的"文化转向"（cultural turn）（Bassnett & Lefevere, 2001: 123）。这表明，翻译研究不应再局限于封闭、狭隘、静态的从文本到文本的转换过程，不应仅仅追求译入语与译出语在内容与形式上对等的单一研究范式（paradigm），而是应该走出以译出语文本中心论与语言转换为核心的传统译论的窠臼，追问译本产生的文化与历史渊源，将翻译研究置于更为广阔、更为宏大、更为丰富的文化语境里。

就文学翻译而言，语言转换只是外在形式，因为翻译的根本目的是为潜在的译入语读者（implied reader）提供崭新的文学读本，使译出语文本在译入语语境中获得独立的"后起的生命"（afterlife）（本雅明语）；是借助译本给译入语提供新的话语，以期支持或者颠覆译入语社会的主流意识形态，强化或改革或破坏译入语固有的文学规范（查明建、田雨，2003: 22）。翻译研究的文化转

66

向，不仅大大拓宽了翻译研究的视野，而且把长期以来遮蔽（obscured）在中国文化多元系统中的翻译主体从边缘化状态推到了文化研究的前台。

漫长的中外翻译史证明，把作品从一个文化系统翻译到另一个文化系统，并不是价值中立的、动机单纯的、源语文本得到透明彰显的过程，而是一种带有强烈使命感的拓展行为。翻译作品与翻译活动所涉及的政治问题不应像以往那样不受重视。后殖民翻译理论（postcolonial translation theory）主要观照的就是政治与权力差异对翻译活动（具体落实在强势文化与弱势文化的较量）方方面面的操纵与挪用，如果从文化交流的维度来看，翻译过程的关键是译者主体性的发挥，即译者如何把握与处理源语呈现的语言差异、文学差异与文化差异。笔者试图借助当前国际学界勃兴的后殖民主义翻译理论的视域，着重分析译者借助异化与归化的翻译策略以及综合二者的"杂合化"在参与、构建（construct）译入语文化过程中起到的重要作用。

一、后殖民理论对当今翻译研究的启迪

根据罗宾逊（Douglas Robinson）的观点，后殖民主义（postcolonialism）主要指"起源于殖民主义经历及殖民主义终结之后的一种文化状况或文化研究状况；关注反映在语言、文化、法律、教育、政治等方面与群体身份有关的一系列问题；尤其关注所有类别之间的差异性，而对在绝对净化的基础上对复杂问题采取简单化的解决方法表示怀疑"（Robinson, 1997: 121）。他指出，有关后殖民研究领域的划分，学术界有多种说法。笔者采用"涵盖我们 20 世纪末叶对政治与文化权力关系的一系列看法，即囊括了整个人类历史"（Robinson, 1997: 14）作为研究对象的界定。后殖民理论（postcolonial theory）是对殖民主义的批判与反思，作为跨学科的文化理论与文化研究的组成部分，该理论深受福柯（Michel Foucault）权力话语理论的影响，在内容与形式上都试图打通学科间的樊篱，呈现出开放与包容的态势，同时吸收了文学批评、心理学、社会学、哲学、政治学等研究成果，因此是一种多元化的理论建构，聚焦弱势文化对强势文化的反抗、第三世界对第一世界的抵抗。它的重心落在文化地位的差异以及文化之间的话语权力争斗上。

后殖民理论的代表人物包括萨义德（Edward Said）、斯皮瓦克（Gayatri Spivak）

与巴巴（Homi Bhabha）。其中，以色列译学理论家萨义德于 1978 年出版的里程碑式的《东方主义》（*Orientalism*）标志着该"理论的自觉与成熟"（孙会军，2005: 26）。萨义德指出，东方简直就是历来被欧洲人臆想出来的、作为"他者"（Other）而存在的地方；长期以来，东方那充满异域文化的美妙色彩让帝国主义者垂涎欲滴，使之不断产生征服、占有"东方"的欲望；"东方"还作为"强大的西方"的陪衬而存在。一言以蔽之，萨义德研究的"东方主义"揭露了西方列强从物质与政治上控制东方的历史事实，究其实质，"东方主义"就是西方遏制东方的一种根深蒂固的认识规范。所以，《东方主义》具有"明显的意识形态分析和政治权力批判倾向。他在这个世界的话语—权力结构中看到了东西方的不平等关系，并进而对帝国主义和文化霸权主义进行了无情的声讨与抨击"（孙会军，2005: 29）。

借助后殖民理论这一多元化的批评工具可以给当今的翻译研究带来什么样的思考呢？一方面，翻译不再是文人雅士们躲在书斋里玩弄的文字游戏，事实上，它与意识形态、民族、种族、文化规范等因素密不可分；翻译在后殖民主义语境下大多表现为译者如何摆布译本以影响他/她所服务的译入语意识形态与诗学。另一方面，该理论"视翻译为殖民文化的产物，是帝国主义强权政治及文化帝国主义思想观念对外进行霸权扩张的工具，是强势文化和弱势文化在权力差异语境中不平等对话的产物"（王东风，2003a: 4）。此外，翻译也"成为弱势文化以其道还治其人之身、对强势文化进行抵制与反击的有力武器。在后殖民状况下回击强势文化的一个有效手段就是'杂合'"（孙会军，2005: 41）。因此，后殖民理论为我们提供了一种全新的视角，它揭示了权力话语是在一定的政治、文化、社会里殖民者与被殖民者不平等的关系中逐渐形成的，所以，它把翻译研究从传统的画地为牢的小圈子里解放出来，继而纳入更加广阔的研究空间，即把翻译"回置于它所产生的真实的文化历史背景之中"（王东风，2003a: 4）。在此语境下，笔者将从翻译策略具体操作的视角入手，深入探讨译者作为翻译主体如何在因强势文化与弱势文化不同地位带来的话语权力较量中摆布、操纵译本，并利用译本支持或颠覆译入语文化的"首要常规"（initial norms）、"初步常规"（preliminary norms）与"操作常规"（operational norms）（图里语）。

二、后殖民翻译理论语境下对译者主体性的考察与厘定

基于翻译本身的复杂性，国内译学界对什么是翻译主体的命题众说纷纭。许钧认为，译者是狭义的翻译主体，而作者、译者与读者均为广义的翻译主体（2003: 9）。杨武能坚持，就文学翻译而言，作家、译家与读者都是翻译主体（2003: 10）。笔者对上述观点表示异议。第一，德里达（Jacques Derrida）曾对由"在场（presence）的形而上学"与"语音中心主义"构成的"逻各斯中心主义"（logocentrism）进行了猛烈的抨击。德里达指出，文字使作者与作品相分离，封闭的在场就被解构（deconstructed）了（蔡新乐，2008: 172-173）。这就表明，文本一旦以文字形式固定下来，作者就失去了说话的当下性。由此看来，作者不能充当翻译主体。第二，尽管接受美学与读者反应论关注读者对文本的建构作用，但是这种作用是在译者所提供译本的基础上进行二度解读而产生的，其反拨作用十分有限。所以，我们认为，在翻译过程中译者是翻译的唯一主体，而作者是创作主体，读者是接受主体，它们三者之间呈现的是"一种平等的主体间性关系"（陈大亮，2004: 6）。

从哲学层面上讲，"主体性，是人作为主体的规定性……主体性最根本的内容是人的实践能力和创造力，简言之是人所特有的主观能动性"（陈先达，1991: 39）。这里有这样几层意思：首先，人并不是任何情形下都可以成为主体的，只有当他/她同时具备社会性与实践性时，才能被称作主体；其次，主体性最重要的因素是其主观能动性；最后，从辩证统一的角度看，主体性还应包含受动性。在具体的社会实践与思维活动中，主体性所包含的能动性与受动性在一定范围内互相作用、互相制约，二者呈互动、依存的关系。

鉴于上述分析，我们所理解的"译者主体性"可以这样表述，它指"作为翻译主体的译者在尊重翻译对象的前提下，为实现翻译目的而在翻译活动中表现出的主观能动性，其基本特征是翻译主体自觉的文化意识、人文品格和文化、审美创造性"（查明建、田雨，2003: 22）。这样看来，译者主体性虽然具有自主性、目的性与能动性，体现的是一种十分活跃的、个性化的创造意识，但同样需受到相应客体不同程度的制约。

由于后殖民翻译理论关注的焦点是翻译中的霸权主义以及强势文化对弱势

文化的控制、侵占与统治，因此，在此语境下可以看出，译者作为翻译主体在整个翻译过程的彰显作用特别醒目，他/她摆布译本的能力与分寸将直接影响到译入语的主流文学、主流文化与主流意识形态。因为从"翻译是改写（rewriting）与操纵（manipulation）"的观点来看，"翻译告诉我们更多的是译者的情况而不是译本的情况"（赫曼斯，2000: 13）。

在后殖民语境下，就文学翻译而言，译出语作品经过译者创造性的信息转换，译本这一产品不但已经改变了译入语的外在形态（主要指语言的转变），而且同时打上了译入语文化的种种烙印，最后进入译入语文学与文化的多元系统之中，并给新系统注入新鲜的血液。再者，后殖民翻译理论不只局限于后殖民社会环境里所产生的不同文本，它最终关注的是异质文化在接触与碰撞过程中所体现的权力差异及其对文化交往、意识形态的重要影响。

三、如何界定强势文化与弱势文化

一般认为，文化是以某一人类集团的哲学或者宗教为其核心与精髓的综合体。文化之所以有异同，是因为相应的哲学或宗教有异同。综观世界主要文化，它们大都以哲学或宗教命名，如儒家文化、基督教文化、伊斯兰文化等。在经济全球化、文化多样化的背景下，世界文化已形成多姿多彩的格局：以西方文化为中心的欧美文化区、以中国文化为中心的东亚文化区、以印度文化为中心的南亚文化区与以伊斯兰文化为中心的中东与北非地区。文化大都具有民族性与个体性，个体性中或多或少地含有某些共性，共性使文化交流成为可能，个体性使文化呈现多样性。

文化内涵不断地在变迁。周朝之前，中华民族信奉"天"的哲学，"天"是主宰万事万物的人格神，如"天命玄鸟，降而生商"（《诗经·玄鸟》）；春秋战国时期，因百家争鸣而未能形成统一的民族哲学；秦国奉法家为治国哲学，因此富国强兵，统一了中国；汉武帝"罢黜百家，独尊儒术"，儒家哲学从而成为随后几千年中华民族的哲学。所以，中国传统文化实质上是以儒家哲学为其核心与精髓的总和。

与此同时，在世界的另一端，以基督教为背景、理性为基础、法律为主要治理手段的西方文化经文艺复兴、宗教改革、启蒙运动、工业革命等一系列变革与洗礼逐渐发育、成长、完善，其强大性表现在物质、精神、学术、艺术等方面。西方文化从欧洲转移到美洲后，在美国继续发展、壮大，使美国成为现代世界强盛的国家。

就其本意而言，文化有先进与落后之分，但没有强势与弱势之说。文化的先进与落后，是基于人类文明发展历史演进的认识。而强势文化与弱势文化，则是学术界用来描述当前世界文化形势的一对新概念。所谓强势与弱势，是就某种力量的对比关系而言的，强势文化与弱势文化则反映了当下全球文化力量的对比关系及其导致的存在性状况。这种描述与表达，跟文化的历史是否悠久没有直接关系，主要跟文化在世界范围的传播力与影响力有关，与其当下的政治与经济有关。换言之，强势文化与弱势文化衡量的标准不仅是文化本身，而且取决于文化背后的政治、经济、生产力发展水平、文化传播力水平、文化影响力水平等因素。

一般而言，强势文化包含着或体现了普遍的人类旨趣与价值。同时，它不是可以独占的财富，不管发端于何时何地，它同样属于任何愿意提高自己的教养、文明水准的个人与群体。强势文化之所以强势，首先是其对受众或消费者具有强大的吸引力，是可以直接或间接满足接受者、消费者各个层次需要的服务，而且，这种服务是受众与消费者心甘情愿（起码看起来是心甘情愿）、主动接受的。

在西方强势文化的冲击下，弱势文化被迫采取了放弃传统、面向西方、欢迎西方强势文化进入的态度。弱势文化从此患上了"自卑症"，失去了对自己文化的欣赏能力与对西方文化的批判能力，导致了凡源自西方或源自强势文化里的事物都被"视为珍宝"的价值取向，强势文化成为弱势文化共同接受的普遍价值。

就当今国际局势而言，西方文化相对于其他文化是强势文化，其他文化相对于西方文化则是弱势文化。强势文化总是设法侵入弱势文化，弱势文化也在自觉不自觉中接受着强势文化，这是文化变迁的重要方式。文化的核心概念是"他者"，任何文化的发展都以"他文化"为依托，最能体现"他者"文化的正是传统文化。

四、处于强势文化状态的译者主体性的表现与作用

根据福柯的权力话语学说，翻译在后殖民视域里一般系权力操纵下对译出语文本的改写，也是对译者所服务的译入语文学传统、意识形态、文化、道德、宗教等方面的集中体现。

差异是翻译无法回避的核心问题。通常而言，强势文化在翻译来自弱势文化的文本时，大多采用"归化"策略，即译者借助"流畅"（fluent）与"透明"（transparent）的语言处理文本，其结果是译本虽然可读性较强，但弱势文化所固有的语言、文学与文化特征都在"归化"中被抹杀了。著名后殖民译论家韦努蒂（Lawrence Venuti）指出，强势文化面对弱势文化时往往采取俯视的态度，在处置异域的语言、文学与文化时常常比较随意。因此，译者注重如何使译入语顺畅而自然，如何使原作者的思想为译入语的意识形态所接纳，在大多数情形下，译者所做的大多是以掩饰甚至抹去译出语的差异性为代价的。

回顾中华文明史，在几千年的历史长河里曾涌现过三次外来文化的翻译高潮，第一次就是肇始于东汉、收尾于隋唐的佛经翻译。当时，中国"边缘"被很多其他民族所包围。其实，早在周朝就称周边的异族为"九夷百蛮"，仅此称谓即可窥见处于强势文化地位的周朝对处于弱势文化地位的"蛮夷之族"的鄙夷态度。佛经翻译给中国文化带来了深刻的影响。在"千年译经活动"期间，中国封建王朝对待佛经翻译采取一致的策略，将翻译置于自己文化主体意识的统摄下，以俯视的强势文化态势过滤、加工印度佛教文化。具体而言，佛教自传入中国起，中国文化就借助"格义"法，以儒教与道教来诠释各种佛教义理，"佛教在与儒道二教的长期对抗、妥协和相互利用之中，在意识形态上逐渐偏离原来的印度佛教，发展为具有中国特色的佛教"（王东风，2003b: 19）。融合的结果是，中国化的佛教成为自成体系的禅，进一步演进的禅"伴随着中国的主要意识形态儒道等衍变和发展，是中国传统文化精华之所在"（高令印，2004: 284）。

自古以来，翻译就是目的性很强的行为，尤其是当它与所处统治阶级的主流意识联系在一起以后，翻译便自然成为精英文化的组成部分。当时，参与佛教翻译的大多是学识渊博、精通汉梵双语的经学大师，最著名的翻译家包括支

谦、道安、慧远、鸠摩罗什、玄奘等，他们熟读孔孟黄老，熟稔中国传统文化。他们按照统治阶层的旨意，把儒家、道教的本土意识形态融入浩瀚的佛经译本里。首先，译经大师们从处理佛经的概念入手。他们经常改动梵文的原意，对佛经里的内容进行取舍调整。例如，三国时期的康僧会在翻译《六度集经》时，有意突出"孝"的概念，强调"布施一切圣贤，又不如孝于其亲""至孝之行，德香薰乾""至孝之子，实为上贤"。他还把尽孝与佛经里的守戒联系起来，宣扬戒酒就是"奉孝不醉"（张立文，2005：165）。鸠摩罗什倾向于对原作进行权力摆布，常用删削等手法"侵入"原文，"吸收"其有效成分，做一些适宜的"补偿"，接着产出译文，这样就可以实现"达旨"的意图，原因是"印度人著书最多繁复，正要有识者痛加删节，方才可读"（胡适，1999：146）。到了唐代，一代译经宗师玄奘将译者主体性发挥得淋漓尽致，他充分运用补充法、省略法、变位法、分合法、译名假借法、代词还原法等翻译策略摆布佛经，最终博得"圆满调和，斯道之极轨也"（费小平，2005：85）的盛誉。

支谦还借助归化策略，大胆善用中国固有的源自老子、庄子等哲学家的术语来阐释佛经里艰涩难懂的名词与概念。例如，他将"般若"译成"大明"，"波罗蜜多（意为到彼岸）"译成"度无极"，等等。鸠摩罗什是意译派的代表，"凡什公所译，对于原本，或增或删，务在达旨意"（梁启超，2005：145）；唐朝僧人道宣云："后秦童寿（作者注：指鸠摩罗什），时称僧杰，善披文意，妙显经心，会达言方，风骨流便。"他的译著"曲从方言，趣不乖本"（王秉钦，2004：11）。道安提出"五失本，三不易"的翻译辩证法，反映译家译梵典的"难易观"；彦琮主张"八者备矣，方是得人"，这是我国翻译史上最早论述译才素质的理论；玄奘倡导"五不翻"原则，要求译作"既须求真，又须求俗"。这些译经大师从各自的翻译实践出发，提出了弥足珍贵的翻译思想，既是中国传统译论宝贵的精神财富，又是译界宗匠各自主体性的彰显。

佛经译师们在翻译实践中除了语言、概念层面上的操纵与改写外，还得按照统治阶层在政治、法律、宗教、道德等方面的实际需要，面对汗牛充栋的佛经精心选择有利于巩固主流意识形态的梵文典籍，有时甚至不惜炮制"疑伪经"，即所谓的"非佛口授，而又妄称为经的"经书（何锡蓉，2004：235）。例如，佛法东传以后，佛教的一些道德思想如"众生平等""离家背亲"等与中国封建社会森严的等级制度与儒家伦理产生了尖锐的冲突。为了配合中国固有的伦理观念，也为了让中国人乐于接受佛教教义，译师们"制作"了《提谓波利经》《父母恩重经》等疑伪经，企图证明佛家与儒家在基本道德规范上是一致的。

综合上述分析可以发现，在印度佛经中国本土化进程中，历代译经大师呕心沥血，翻译出两万多卷佛经。他们以自己的聪明才智为中华文明这条"大河"注入了"活水"，使之继续蓬勃发展，不致"干涸"①。他们的译者主体性得到了很好的发挥，当然，这种主体能动性的发挥还是受到当时社会主流意识形态、传统文化、本土宗教等客观因素的制约的，并且，他们的译著归根结底还是为其相应的上层建筑服务的。

从历时的角度看，强势文化与弱势文化并非一成不变。原来的强势文化或因故步自封而停滞不前，或因沾沾自喜拒绝与外来文化交流而逐渐式微，或因其他文化迅速崛起被迎头赶上，强势文化不再强大，原来的弱势文化反而一跃成为强势文化。不管哪种情形，强势文化在翻译弱势文化的文本时往往缺乏应有的尊重，他们尽情施展权力，粗暴地占有、处置甚至抛弃弱势文化的文本。古罗马征服希腊后用拉丁语翻译希腊文学作品就是这样一个范例。

公元前4世纪末，强盛的希腊走向没落，而后于希腊发展的罗马实力日益壮大，不可一世。罗马人征服了希腊后，为了丰富与发展本民族的文化，从公元前3世纪起就开始了规模宏大的用拉丁语翻译希腊文化的活动，被誉为西方翻译史上第一次翻译高潮。

面对胜人一筹的光辉灿烂的希腊文化，以征服者姿态出现的罗马人并没有将其视为至高无上的精品，相反，他们把它当作可以随意"宰割"的战利品。这时期最有影响力的翻译家有西塞罗（M. T. Cicero）、贺拉斯（Q. Horatius Flaccus）、昆体良（M. F. Quintilianus）。他们主张，希腊文化是"公共的产业"，

---

① 季羡林先生指出："英国的汤因比说没有任何文明是能永存的。我本人把文化（文明）的发展分为五个阶段：诞生，成长，繁荣，衰竭，消逝。问题是，既然任何文化都不能永存，都是一个发展过程，那为什么中华文化竟能成为例外呢？为什么中华文化竟延续不断一直存在到今天呢？我想，这里面是因为翻译在起作用。我曾在一篇文章中说过，若拿河流来作比较，中华文化这一条长河，有水满的时候，也有水少的时候，但却从未枯竭。原因就是有新水注入，注入的次数大大小小是颇多的，最大的两次，一次是从印度来的水，一次是从西方来的水。而这两次的大注入依靠的都是翻译。中华文化之所以能长葆青春，万应灵药就是翻译。翻译之为用大矣哉！"（许钧等，2001: 3）

可以通过翻译变成罗马帝国的私有财富，为罗马统治阶级服务，因此，翻译时鼓励采取灵活、随意的态度，任意删改原作，很少顾及原作的完整性。在他们眼里，被征服者的作品已经没有了生命力，可以被任意践踏。于是，罗马译者在翻译作品里悉数抹去与他们无关的差异性，甚至把先于基督教的戏剧作品屡屡分解，然后重新组合，注入罗马帝国的意识形态、文学样式、道德说教等内容。这样，荷马的史诗，希腊著名戏剧家埃斯库罗斯、索福克勒斯等人的戏剧作品经过帝国译者的精心策划与翻译进入了罗马社会，成为强势文化的一部分。

罗马帝国后期的著名翻译家哲罗姆（St. Jerome）大力提倡采用意译法（sense for sense）来翻译希腊作品，他认为希腊语是不完善的，拉丁语要优于希腊语。所以，希腊文化"是罗马人的一个俘虏，罗马人可以随心所欲地对待它、处置它、占用它"（孙会军，2005: 76），帝国译者在翻译时对源语文本随意处理，有时"美化"一番，有时"丑化"一通。归根结底，在罗马帝国的译者眼里，翻译绝不是简单的语言层面与技巧层面的转换，而是一场强势文化与弱势文化的较量。这是一场不见硝烟、不见刀光剑影的话语权力的搏斗，可谓"胜者为王败者寇"。

德国学者赫尔德（Johann Gottfried von Herder）曾借助一个十分形象的比喻，批评法国人在翻译被征服后的希腊文化的价值取向：荷马一定要作为一个俘虏，让他穿着法国风格的衣服进入法国，要不，他会让法国人看了不顺眼；一定得剃掉他那令人尊敬的胡须，脱掉他那简朴的装束；他一定得学会法国人的举手投足，而每当他那农民自尊显露出来时，他们便把他当作一个野人来嘲笑。为此，哲学家尼采对罗马帝国在翻译希腊文化时所采取的"生吞活剥""肆意践踏"的态度给予坚决的谴责，认为罗马译者的做法"不仅省略掉了历史，而且还指涉现今"，透过翻译现象可以看出他们的实质是"忠实于罗马帝国的良心使他们这样做的"。

总而言之，强势文化在翻译弱势文化的文本时，归化是译者常用的翻译策略，因为强势文化总认为自己的文化更具有普遍性，总想抹去弱势文化中的差异性，以张扬强势文化的体制、惯例、规范等。所以，在此语境下译者具有更强烈的文化优越感，往往采取俯视的态度处置源语文本，其主体性发挥的余地较大。

五、处于弱势文化状态的译者主体性的表现与作用

就强势文化与弱势文化演变而论，纵观几千年东西方文化交流史，我们可以发现欧洲启蒙运动大致可作为一条分水岭：在启蒙运动之前，东方国家大体上处于强势地位，西方人对东方大都抱肯定的态度；启蒙运动之后，由于西方世界种族中心主义迅速膨胀，西方对东方世界开始持否定的态度，自此以后，在很长的历史时期内，东方总是作为西方的"他者"陪衬而存在，以证明西方世界的强大。

历史上，中国在很长的时期内一直处于强势文化地位，但自鸦片战争后就沦为半殖民地半封建社会，西方列强入侵，国家内忧外患，中华文化开始沦落为弱势文化。许多仁人志士主张变革，拯救民族危亡。自此以后，中国发生了维新变法，虽然这短短的"百日维新"没有取得成功，但也敲响了中华面临"亡国亡种"的警钟；接着爆发了震惊中外的辛亥革命，孙中山推翻了两千多年的封建帝制。这些重大的历史事件实质上都是中华民族渴望强大、学习认同西方的举措。毋庸置疑，在这一场场波澜壮阔的救亡图存的抗争中，翻译扮演了十分重要的角色。

在近代中国，思想家兼翻译家严复无疑是在引进西方思想、文化、制度等方面做出特殊贡献的典范。以严复为代表的文化精英分子意识到，可以通过翻译西方的著作来开启民智，以达到抵抗欧美强势文化的目的。严复认为，天学、地学与人学都很重要，"而三学之中，则人学为尤急切"；天学、地学指自然科学，人学则为社会科学。"西人之所以立国以致强盛者，实有其盛大之源泉"，这盛大之"源"即为"社会科学"（王秉钦，2004: 57-58）。另外，他很清楚，中国源远流长、博大精深的文明历史造就了其高度发达的文学系统，于是，他着力的重点是把西方著作里符合当时中国救亡图存需要的内容引进来，把西方民主思想悄悄地灌输给掌握着清朝权力话语的士大夫们。这样，他首先精选了反映当代资本主义国家社会、政治、经济体制方面的经典作品，旨在借助强势文化里宣扬"物竞天择，适者生存"的思想去颠覆没落腐朽的封建意识形态。同时，严复在翻译时采用精美典雅的桐城派古文，使得自己的"意向读者"在潜移默化中接受了"民主思想"。

严复翻译了许多"警世之作"，它们在中国翻译史上被称为严译"八大名著"，或"严译八经"①。这些经译者苦心"操纵"的西方作品为开启中国的维新运动夯实了思想基础、舆论基础与理论基础。我们暂且选取"严译八经"之一的《社会通诠》，通过将它与原作 *History of Politics*［系英国学者甄克斯（Edward Jenks）所著］比较、分析，揭示译者在翻译过程中所采用的策略。

《社会通诠》是一部在中国近代翻译史与思想文化史上具有重要意义的西方现代政治理论译作。全书的正文译文大约有 86000 字，其中至少有 19000 余字是英语原作里没有但由严复"擅自"加译的。据统计，严复增加的文字要超过正文译文的四分之一（王宪明，2004: 64）。例如，甄克斯提到"国家"概念时认为：

> But it is convenient to reserve the term politics for matters concerning one particular and very important class of societies, those communities namely, which are not formed for any special or limited objects, but which have grown up, almost spontaneously, as part of the general history of mankind, and which are concerned with its general interests. Men as a rule, live in these communities, not because they choose to do so, but because they are born into them; and, until quite recently, they were not allowed to change them at their pleasure. In their most advanced forms, we call these communities States.（Jenks, 1903: 1-2；转引自：王宪明，2004: 64）

经"改写"进入译入语后，在严复笔下"国家"变成了什么样的含义呢？严复告诉国人："然吾党必区治制之名，以专属国家者，以其义便，而国家为最大最尊之社会，关于民生者最重最深故也。夫国家之为社会也，常成于天演，**实异于人为，一也**；民之入之，非其所白择，不能以意为去留，其得白择去留，特至近世而后尔耳，**然而非常道，二也**；**为人道所不可离，必各有所专属，三也**；其关于吾生最切，养生送死之宁顺，身心品地之高卑，皆从其物而影响，

---

① "严译八经"包括《天演论》（*Evolution and Ethics*）、《原富》（*Inquiry into the Nature and Cause of the Wealth of Nations*）、《群学肄言》（*Study of Sociology*）、《穆勒名学》（*A System of Logic*）、《名学浅说》（*Primer of Logic*）、《社会通诠》（*History of Politics*）、《法意》（*De L'esprit des Lois*）与《群己权界论》（*On Liberty*）。

四也；为古今人类群力群策所扶持，莫不力求其强立而美善，五也。此五者，皆他社会之所无，而国家之所独具者。是故，国（单称则曰国，双称则曰国家）者，最完成尊大之社会也。"（甄克斯，1904: 1-2）（注：黑体系笔者所加）首先，黑体部分是严复增加了的词句；其次，他在理解原意的基础上拓展了"国家"的内涵与功能。这样"发挥"的结果是，严复眼中的"国家"并不完全等同于原作认为的"只有现代军国社会才可以称得上"的国家概念，它还包含中国传统的"天下国家"的理念，这很明显已偏离了甄克思的原意了。应该说，这部讨论人类社会从蛮夷社会向宗法社会、国家社会演变史的译著，其译者的主体性在译入语里得到了较大的发挥。严复译中有评、有释、有写、有编、有删削、有按语，其翻译透露出强烈的政治倾向。这种翻译策略成为他用心摄取西方强势文化精髓与"命脉之所在"（严复语）的有效手段。

韦努蒂的"抵抗式翻译"（resistant translation）理论是建立在针对强势文化翻译弱势文化文本时通常采用抹杀差异的做法而进行抵抗基础之上的，但事实上，弱势文化翻译者在处置强势文化文本时也采用归化策略，如严复所采取的就是"洋为中用"的翻译策略。对这种处于边缘的弱势文化时译者主体性"不同寻常"的表现，韦努蒂虽然没有进一步的诠释，但我们可以从译者在特定历史条件下所具有的文化心理、审美意识等方面找到答案。首先，在严复看来，中国最急于引进的是西方著作中的民主、科学、发展等现代思想，而其语言形式可以忽略；其次，翻译的社会价值要高于语言价值。毕竟，他的众多译著合在一起颠覆了当时社会的主流意识形态。

正因为强势文化与弱势文化是相对而言的，所以欧洲国家由于地区发展不平衡也会有强弱之分。例如，地处西班牙北部的加利西亚语承载的是一种弱势文化。有一位名叫佩德拉约（Otero Pedrayo）的翻译家就试图将晦涩的《尤利西斯》译成加利西亚语言。译者采用字当句对的异化翻译策略以努力保持原文形式，借此证明这种弱势语言的生命力。

同样是处于弱势文化的译者，中国的严复采用了归化翻译策略，而西班牙的佩德拉约借助的是异化策略。由于译者主体性比较复杂，既有主观能动性，又有客观受动性，处于弱势文化的译者在翻译强势文化文本时并非全都采用异化策略，这取决于译者认同的主流意识形态、文化观念、价值取向、审美态度、历史条件等诸因素。

六、"杂合化"：异化与归化的糅合，普遍性与差异性的包容

　　一方面，意识形态会对翻译产生深刻的影响；另一方面，翻译也会反作用于意识形态。翻译可以支持或颠覆译入语社会的价值系统，所以常常受到译入语国家或地区的抵触与反抗。早在 1865 年，法国大文豪雨果（Victor Hugo）就明确地指出："当你把一部译著献给一个国家时，那个国家几乎总是将这部译著视为对它的一种暴力行为……翻译一个外国诗人的作品就是要让他的作品加入你自己国家的诗歌行列；但以这种方式开阔视野并不能取悦于那些既得利益者，至少在开始阶段如此。他们的第一个反应就是反抗。"（见：Lefevere, 1992: 18）译者面对两种异质语言、异质文学与异质文化进行翻译时并非事先都跟译入语意识形态、诗学等方面"打过招呼"（即使"打过招呼"，也未必会怎么样），引起译入语系统的反抗似乎也无可指责。既然翻译是跨文化交际的一种有效方式，就必须寻求使异质文化融合与共生的途径。

　　根据韦努蒂的后殖民翻译理论，归化与异化是操纵意识形态不可调和的两个概念，它们体现了两种截然相反的翻译策略。无论是归化翻译，还是异化翻译，都分别借助了不同的话语策略来抹掉与存留原文本的外异性（foreignness or strangeness），但最后往往都导致强化与弱化种族中心（ethnocentric）的结果。另一位后殖民理论学者巴巴主张的"第三空间"可以较好地解决这对矛盾。

　　"第三空间"这一概念源于巴巴提出的"杂合论"。在社会与人文科学里，杂合系两种各具自身特点的事物经过有效交流而融为一体的混合物，它往往具有先前单一事物无法比拟的优点。

　　"杂合"（hybridization）一词源于生物学，指通过两种品种的合理杂交培育出优良的新品种。把这个概念引入翻译研究具有特别的意义。既然"杂合"可以把两种各具特点的事物经有效交流变成新的混合物，而且它往往具有先前单一事物无法比拟的优点，"杂合化"的翻译就可以模糊归化与异化、他者与自我之间的界限，平衡强势文化与弱势文化之间的权力之争；译者凭借"杂合化"有可能较好地发挥其主体性，让两种异质文化卸下民族主义（nationalism）的面具，一起创造性地构建译入语文化。

　　尽管景教与伊斯兰教在唐代已传入中国，但直到 16 世纪下半叶，中西两大文化才开始价值层面上的实质性交流，其标志性的历史事件是耶稣会士利玛窦（Matteo Ricci）于 1583 年进入中国传教。如果说这次中西文化交流的载体是基督教，那么如何恰当地翻译《圣经》无疑是传教士们面临的首要课题。

　　传教士在翻译《圣经》时，既要坚持基督教基本教义，又要避免与中国儒家思想发生冲突。于是，他们采用增删、变异等"淡化"处理手段，以便让经过严格的经典熏陶、长于思辨的士大夫逐渐理解、接受基督教。

　　1635 年，传教士艾儒略（Giulio Aleni）出版了《天主降生言行纪略》，这是首次用汉语翻译四福音书的出版物。译者删除了与"视家族和家庭为神圣的儒家语境中"容易"产生误解的"（夏元，2005: 52）语句，如耶稣对门徒说的"你们不要想，我是来叫地上太平；我来并不是叫地上太平，而是叫地上动刀兵。因为我来是叫人与父亲生疏，女儿与母亲生疏，媳妇与婆婆生疏。人的仇敌就是自己家里的人"等话语显然有悖于儒家思想，因而都被删去。再者，艾儒略对措辞也特别讲究。《圣经》里有这样一个句子"If any man come to me, and hate not his father, and mother, and wife, and children, and brethren, and sisters, yea, and his own life also, he cannot be my disciple"（Luke, 14: 26, King James Version），他对源语语义进行了"弱化"处理，其汉语译文为"若欲亲就我，而不谢父母妻子及轻生命者，非吾徒也"（转引自：柯毅霖，1999: 229）。其中的"谢"字翻译得很巧妙，该字表示"辞别"等含义，为了规避与当时中国主流意识的冲突，艾儒略故意绕过了 hate 一词表示"仇恨"等难以让中国士大夫接受的字面意义，真可谓"用心良苦"！

　　在这里，传教士的"杂合化"策略体现在"以耶易佛、以耶附儒"，借以缓解西方基督教与东方儒家思想在价值观等方面的直接冲突，为基督教的顺利传播铺平了道路。

　　综观世界文明发展史，每一种持久生存的文化都不是自足封闭的，它总是处在与外来文化不断地交流、接触、融合的状态中，以学习、消化、吸收外来文化的差异性，丰富自己，提高自己。例如，希腊文明学习埃及文明，罗马文化吸纳希腊文化，阿拉伯仿效罗马帝国，凡此种种，每一次重大的文化借鉴都把欧洲文明螺旋式地推向一个新的高度。中国也如此。国学大师季羡林明确指出，中华文化在历史上至少得益于两次外来的异质文化，一是印度的佛教文化，二是西方文化。季先生感叹道："中华文化之所以能长葆青春，万应灵药就是翻译。翻译之为用大矣哉！"（许钧等，2001：3）鉴于此，"我们仍然要以文化战略考量来给翻译定位：翻译是中国发展国力之所需，是中华文化复兴、中华民族复兴之所系"（刘宓庆，2005：1）。

翻译可以促进两种异质文化的理解、认同与互补。从翻译的最终产品来看，杂合可视作翻译的结果；从翻译的过程与策略来看，杂合也可作为翻译的手段。杂合是介于归化翻译与异化翻译的"中间道路"，译者在杂合中能更好地彰显在文化构建中的自身价值，其主体性也可以在杂合中发挥应有的作用。

当今世界全球化的进程正在进一步加快，以欧美为首推行的文化霸权、经济霸权与政治霸权几乎渗透到"地球村"的每个角落。他们大肆宣扬某干强势文化价值观的普遍主义，这种普遍性在"吞噬"弱势文化差异性的同时，正以前所未有的速度在全球传播。于是，翻译成了后殖民语境下的"竞技场"（battleground）与"试验场"（exemplification）。我们主张，杂合是包容普遍性与差异性的良好心态，它既不惧怕也不拒绝异质文化的输入。实践证明，适度而动态的杂合可以促进译入语文化与文明的发展、繁荣。

结　语

翻译研究这门"历史悠久，今日格外昌盛"的"年轻学科"在历经语言转向、文化转向、文化研究中的翻译转向后，已经吸引了许多学者的加盟，他们纷纷从哲学、人类学、文学、文化学、文学批评、心理学、美学、政治学、历史学等学科出发，潜心探讨翻译的内部因素与外部因素。其中特别值得一提的是，在西方文艺思潮不断涌现的大环境下，译者主体性研究已引起越来越多学者的兴趣与关注。译者，这个在中外文明史上被"遮蔽"了数千年的翻译主体终十从幕后走到了前台，从边缘步入了中心。一方面，译者"重见天日"就招引那么多学者的"关切"，这个现象本身就说明现在是应该重视译者及译者研究的时候了；另一方面，译者研究引起学界的广泛关注并非坏事，因为译者主体性毕竟是一个崭新的、开放的研究课题，它涉及译者的主观因素，如母语与外语水平、译入语与译出语文化能力、翻译策略、百科知识、审美意识、价值取向等，还包括客观因素，如意识形态、诗学、原作作者、读者反应、赞助人、出版人等。这些因素既体现了译者的主观能动性，又包含了译者的客观受动性，它们相互作用，相互影响，由此呈现出译者主体性研究的复杂性和研究范围的广阔性。

笔者借助后殖民翻译理论这个平台，着重探讨了身处强势文化与弱势文化的译者在不同语境下如何处置语言、文学与文化等方面的差异性以及在翻译主要环节如何发挥与彰显其主体性的问题。通过分析、归纳中国与西方典型的翻译历史事件，揭示了译者在翻译过程中采用归化与异化的策略构建译入语文化，支持或颠覆译入语主流意识形态（同时，意识形态也反作用于翻译）的事实，并提出，在 21 世纪全球化日益加深的背景下，"杂合化"是糅合异化翻译与归化翻译、包容普遍性与差异性的明智策略。高新技术日新月异的发展，迫使当今人类面临不可避免的全球化进程，在这个全球趋于"和而不同"的进程中，翻译可以而且应该为努力保持世界文化的多样化做出自己的贡献，各种文化不论强弱应该互相借鉴，取长补短，积极不断地吸纳异域文化的差异性，因为差异意味着多元，即所谓"异彩纷呈"，差异可以提供选择、竞争、渗透、混合与进步的平台，造成互补互利、交流融汇的共生环境，共同缔造辉煌，这不仅有利于强势文化的发展，也有助于弱势文化的壮大。

参考文献

Bassnett, Susan, and André Lefevere, 2001. *Constructing Cultures: Essays on Literary Translation*. Shanghai: Shanghai Foreign Language Education Press.

Jenks, Edward. *A History of Politics*. London: J. M. Dent, 1903.

Lefevere, André, 1992. *Translation/History/Culture*. London and New York: Routledge, 1990.

Robinson, Douglas, 1997. *Translation and Empire: Postcolonial Theories Explained*. Manchester: St. Jerome Publishing.

蔡新乐, 2008. 翻译与自我. 北京：中国社会科学出版社.

陈大亮, 2004. 谁是翻译主体. 中国翻译(2): 3-7.

陈先达, 1991. 关于主体和主体性问题. 求是(15): 37-44.

费小平, 2005. 翻译的政治：翻译研究与文化研究. 北京：中国社会科学出版社.

高令印，2004. 中国禅学通史. 北京：宗教文化出版社.

何锡蓉，2004. 佛学与中国哲学的双向构建. 上海：上海社会科学院出版社.

西奥·赫曼斯，2000. 翻译的再现//谢天振. 翻译的理论建构与文化透视. 上海：上海外语教育出版社: 1-20.

胡适，1999. 白话文学史. 合肥：安徽教育出版社.

柯毅霖，1999. 晚明基督论. 王志成，等译，成都：四川人民出版社.

梁启超，2005. 佛学研究十八篇. 天津：天津古籍出版社.

刘宓庆，2005. 中西翻译思想比较研究. 北京：中国对外翻译出版公司.

孙会军，2005. 普遍与差异：后殖民批评视阈下的翻译研究. 上海：上海译文出版社.

王秉钦，2004. 20 世纪中国翻译思想史. 天津：南开大学出版社.

王东风，2003a. 翻译研究的后殖民视角. 中国翻译(4): 3-8.

王东风，2003b. 一只看不见的手——论意识形态对翻译实践的操纵. 中国翻译(5): 16-23.

王宪明，2004. 混杂的译本——读严复译《社会通诠》. 中国翻译(2): 63-67.

夏元，2005. 价值冲突中的《圣经》翻译——明末清初耶稣会传教士的翻译策略和关键译名选择. 中国翻译(1): 51-55.

许钧，2003. "创造性叛逆"和翻译主体性的确立. 中国翻译(1): 6-11.

许钧，等，2001. 文学翻译的理论与实践——翻译对话录. 南京：译林出版社.

杨武能，2003. 再谈文学翻译主体. 中国翻译(3): 10-13.

查明建，田雨，2003. 论译者主体性——从译者文化地位的边缘化谈起. 中国翻译(1): 19-24.

张立文，2005. 空镜——佛学与中国文化. 北京：人民出版社.

甄克斯，1904. 社会通诠. 严复，译. 上海：商务印书馆.

操纵学派视角下旅游文本汉译英思维探幽

小 引

中国已跻身世界旅游大国之列，并正走向旅游强国。在这由"大"变"强"的过程中，对外旅游宣传无疑将发挥不可或缺的作用。但是，目前政府有关部门、涉外旅行社、涉外饭店等以正式、非正式出版发行的旅游手册、旅游指南等汉译英文本普遍存在着不利于跨文化交际的翻译问题，它们正不同程度地影响着泱泱大国的国际旅游形象，不利于中国旅游业的国际化进程。因此，翻译界应责无旁贷地履行其义务，为进一步拓展中国旅游业的国际市场做出应有的贡献。

一、翻译"操纵学派"简述

20 世纪 70 年代西方翻译研究出现的"文化转向"使翻译研究不再局限于语言层面的对等与"忠实"，而将翻译置于广阔的文化语境里。这一转向进一步拓宽了译学研究领域，其结果之一是它为不同类型的文本翻译实践找到了有力的理论依据。

"操纵学派"是文化转向思潮中较有影响的译学流派，其代表人物包括勒菲弗尔（André Lefevere）、巴斯内特（Susan Bassnett）与赫曼斯（Theo Hermans）。他们认为，翻译是一种"改写"（rewriting）与"操纵"（manipulation）；"翻译告诉我们更多的是译者的情况而不是译本的情况"（赫曼斯，2000: 13）。由此可见，源语文本（source language text）经过译者创造性的劳动变成译入语文本（target language text），不仅改变了原来的语言形态，而且也因翻译的文化目的而打上了译入语文化的烙印；进而言之，翻译过程中出现的有意增译、删改、误译等"创造性叛逆"行为大多是译者为适应译入语文化要求的体现。

翻译是两种语言与两种文化的协商过程，主要涉及作者、译者与读者等三方面的关系，译者是整个翻译过程的关键主体（subject），其价值取向会在译入语里留下个性化的烙印。对此，勒菲弗尔进一步指出，意识形态、诗学与赞助人是"操纵"翻译的三种主要因素。但是，这些因素最终都要通过译者的判断与抉择来体现，具体表现在译者在翻译过程中所采取的翻译策略、对文本的阐释等方面。因此，就文化语境与文本类型而言，评价译入语就不能仅凭类似于字当句对等标准来得出忠实与否的结论。其理由是显而易见的：翻译过程出现的"创造性叛逆"是十分普遍的现象，而且通常是译者为使译入语更利于跨文化交际而付出努力的集中体现，更是译者负责、严谨的职业态度的证明。

二、文本的分类

根据哈蒂姆等学者（Hatim and Mason, 1990）的研究成果，在翻译研究中，通常把文本分为议论文本、说明文本与指示文本等三类。赖斯（Reiss, 1989）提出了四种文本类型与功能的分类标准，即以信息功能为主的信息文本、强调表情功能的表情文本、侧重祈使功能的祈使文本以及偏重视听功能的视听文本。国内有学者在此基础上把信息文本功能再细分为叙述、描写、说明、指示等，叙述功能指传达动作、活动、事件等动态形象信息，描写功能指传达外表、态貌等静态信息，说明功能指阐释各种概念、观点和程序，指示功能主要指发出指令性或诱导性信息，并产生明显的语后效果（perlocutionary force）。就文本与翻译而言，文本类型与翻译策略之间存在着一定的对应关系。

文本通常具有多种功能，而且，较长篇幅文本更有可能混合几种交际功能。但在多功能的文本里，一般至少有一种功能起主要作用，它在宏观上主宰整个文本，其他功能大多为辅助功能。在汉语文本英译实践过程中，应该先对文本功能、类型做出正确的分析、判断，接着确定相应的翻译策略。

三、旅游文本是以指示功能为主的信息文本

旅游文本（tourism text）主要指有关旅游景点、旅游产品、旅游资源以及

各种与旅游业相关的服务设施等情况的文字陈述与介绍，它涉及面十分广泛，内容包罗万象。总体而言，旅游文本通过向旅游者介绍景点地理位置、文化历史典故、行程线路、服务设施等丰富的旅游信息，让潜在的旅游者（potential tourists）产生旅游的冲动，或者给他们带去对被介绍的旅游景点的美好憧憬，让他们感受人文与自然之美，从而达到推广与促销的最终目的。由此看来，根据文本功能分类，旅游文本虽然具有多种功能，但是其主导功能则是指示功能，即文本旨在发出指令性或诱导性信息，并产生"语后效果"，激发潜在旅游者"先睹为快"的消费欲望。由此看来，指示功能控制旅游文本的始终，处于主导地位，其他如描写功能、叙述功能等则处于从属地位。

勒菲弗尔等学者倡导的"翻译是改写"的"操纵学派"论点为旅游文本汉译英策略提供了有力的理据（theoretical justification），即译者可以采取以译入语读者为中心（target language-oriented）的翻译原则，充分发挥英语译文文本的指示功能，最大限度地考虑到英语读者的文化背景、思维习惯、求知心态、审美情趣，参照英语文本侧重传递信息的客观性与可靠性等社会功能，在翻译时采取增减、改编等变通的策略，以实现"打动"更多欧美国家旅游者，吸引其来华旅游的目的，为宣传、推动中国旅游业国际化助一臂之力。

四、旅游文本汉译英的思维探析

根据汉语旅游文本译成英语文本应该主要彰显其指示功能的原则，针对目前国内涉外旅游文本英译中普遍存在的问题，翻译实践宜采取相应的"以译入语为中心"的总策略，以"操纵学派"的翻译理论为指导，发挥译者在构建英语文本时的主观能动性。

导致英语文本失误的因素虽然是多方面的，但主要是翻译时忽略了汉语与英语在语言、文化上的差异性，忽略了译入语读者的文化心理与审美情趣，只是按汉语思维习惯英译旅游文本，拘泥于对汉语文本的字面意思（literal meaning）与语法结构（grammatical structure）的一一对应，所以产生的英语文本往往语义模糊、结构杂乱、文化误解、信息误导，很难起到对外宣传的作用。

1. 重新组织句子结构，注意语言衔接与连贯

译例 1："上有天堂，下有苏杭"，逛湖滨路，游西湖，不要错过湖边礼品风情街。

原译文："Up there is heaven, down there is Suzhou and Hangzhou." No missing when you wandering about Hubin Road and on the West Lake, there must be some gift suitable for you.

上面的译文存在不少语法错误（包括动宾搭配、语义理解等），语句间衔接（cohesion）不顺，连贯（coherence）不当，英语表达不够地道，让人费解。

拟译为：As the Chinese proverb goes "There is paradise in heaven, so there are Suzhou and Hangzhou on earth." You may not miss the gift street while wandering around the West Lake.

2. 注重专有名词的内涵，充分发挥译文的指示功能

译例 2：前些年，虹口区人民政府投入大量资金，请设计师规划，决定把多伦路建为"名人文化街"，再现 20 世纪二三十年代上海的人文风情。

原译文：Several years ago the People's Government of Hongkou invested a lot of money, asked planners and decided to reconstruct Duolun Road into a "street of famous cultural persons" and reappears the fashion of culture and humanity of Shanghai in 1920s and 1930s.

英语译文看似字当句对，但从跨文化角度来看，源语里的许多文化信息不见了，因为译入语（英语文本）不但没有传达出"名人文化街""人文风情"等确切内容，反而让英语读者看了不知所云，难以理解区政府不惜投入大量资金、人力与物力建设文化工程的良苦用心。

实际上，既然"翻译是改写"，那么为实现旅游文本英译跨文化交际的最终目的，可以适当调整源语形式、结构，灵活采用恰当的翻译策略，尽量向译入语靠拢，设法让外国游客在喜闻乐见中获得旅游信息。

拟译为：Several years ago after investing a lot of money and adopting planners' blueprint, the People's Government of Hongkou decided to reconstruct Duolun Road into a "street with cultural celebrities' relics and cultural characteristics" in order to reproduce the human culture of Shanghai in the 1920s and 1930s.

3. 源语有时蕴藏着至关重要的文化信息，译成英语时应做出合适的解释与补充

汉语属于汉藏语系，英语属于印欧语系，两种语言、文化之间存在巨大的差异，给文本翻译带来了不少困难，所以，仅限于语义对等通常不能体现汉语文本的指示功能，应该适当调整汉语文本里蕴藏的与文化有密切关系的信息量，以更好地弥补因文化背景引起的某种信息缺失。

某省旅游局在向外推介自己的旅游产品时，有这样两段介绍该地区特色茶叶的中英文文本，源语的目的显然在于说明"茶叶质量如何如何上乘，喝了对健康如何如何有益"。但读了英语文本，感觉难以达到推销目的。

译例 3：有机绿茶产自高山云雾，谷雨前精心采制。茶香宜人，富含各种人体所需的营养素，常年常喝，包您健康。

原译文：The organic green tea grows on the mountain peak in the cloud and mist and is carefully collected and prepared before Guyu Day. The tea has a good smell with a variety of nutrients, which prove to be effective to your health. So keep drinking all the year round, and you will enjoy good health.

这段英语文本存在的问题主要在于对几个关键概念的翻译上：第一，译者对重要节气"谷雨"的音译处理显然欠妥，其结果是严重影响译入语读者理解关键词语"谷雨"的真正含义；第二，了解中国茶叶文化者一般会知道，生长在"高山云雾"的茶叶质量上乘，虽然该词语的英译与汉语"字当句对"，但英语文化背景的读者恐怕难以接收到与汉语读者相似的"劝说效力"，原因是 on the mountain peak 不能充分传达源语里所蕴藏的深层次的"言外之力"，这会直接削弱茶叶对外推销的力度与外宣效果，因而将大大影响旅游英语文本的指示功能。为此，需要对译文所承载的信息进行适当调整，可以将"翻译"与"解

释"结合起来。

奈达（Eugene Nida）指出，如果译者不向假想读者调整信息负荷量，那么接受者就可能因失去信息中的一些关键因素，或者觉得译文太难懂而停止阅读（谭载喜，1987: 95）。根据这一观点，我们在总体把握汉语文本语义的基础上，可对英语文本做一些合理的"操纵"或"改写"。

拟译为：The organic green tea is planted on mountain slopes nourished in clouds and mist. Thanks to its slow growth at this high altitude it is endowed with unique quality and health preservation elements.

What is more, the green tea has full grains of baked tea leaves because they are picked in early spring and every drop of essence is retained in the much tender leaves. The fragrant smell and everlasting aftertaste will give you enjoyment to the very last sip. You are advised to drink it all the year round so that you may keep fit.

4. 因文化差异，源语会存在对译入语价值不大的信息，拟做省略、删译处理

这里有一段介绍杭州郊区景点大清谷的旅游宣传文字，它在介绍了富于浓郁地方特色的农家风味与农家乐之后，有一段田园风光的描写。

译例 4：阡陌纵横，鸡犬相闻，风和日丽，鸟语花香。这边山坡上种满了桃花，犹如一片红云当空，真可谓"人间四月芳菲尽"，此时的大清谷正是"风景这边独好"；那边山脚下是一望无际的油菜花，黄灿灿的，简直是缀满了诱人的金子！

其相应的英语译文通俗易懂，直截了当，发挥了较好的指示功能：

This land is featured by crisscrossed fields, bright sunshine, gentle breeze, cocks' crowing, dogs' barking, birds' singing and flowers' booming. The slope is planted with peach trees, whose blossoms look like an expense of pink clouds in the sky. At the foot of that hill a huge patch of cauliflower extends further and further as if it were covered with shining yellow gold, which is so enticing and tempting.

就汉语与英语这两种文本的特点而言，汉语旅游文本倾向于借用一些富有表现力的诗句、优美的散文片段等来描写与景点有关的人文、历史与社会方面的信息，以增强景区的文化积淀与欣赏韵味。英语文本往往简洁明快，逻辑严谨，措辞直白，侧重传递旅游资源的外部信息。所以，翻译实践时必须高度重视汉英文本的这种差异，最大限度地实现跨文化交际的目的。

上面这段文字间接援引了陶渊明《桃花源记》中某些朗朗上口的句子，以描摹大清谷迷人的四月春景，接着，直接引用了古典诗句，烘托此地美景的特点，即在四月的山谷"桃花依旧笑春风"。中国读者看了这些描述文字，会感到赏心悦目，脑子里很快浮现出山区里春光醉人的画面，给人以美不胜收的享受。译者考虑到文本面对的是英语读者，因此删除了不适宜于译文读者需求的古诗，免去了不必要的解释；译文开门见山，直奔主题，突出重点，简明扼要，很好地起到了跨文化信息传递的预期效果。

结　语

国内有学者曾对大量的汉英旅游文本进行过跨文化对比研究与分析，他们得出以下结论：汉语旅游文本一般侧重于介绍旅游资源、旅游产品的社会身份（包括历史沿革、发展成果、社会影响力度等），往往凸显景点自然风光的优美与人文历史的积淀，并不惜重墨引用经典的史书与古典文学名著来赞美、褒扬介绍对象，文本措辞华丽、凝练、含蓄，景物刻画不求明晰，讲究"情景交融"与"诗情画意"，呈现出意象的朦胧之美。相比之下，英语旅游文本着力于推介旅游产品的实用功能，陈述景点的地理环境、服务设施等纯信息，而且描写景物时大多客观具体、直接明了，注重旅游资源与旅游产品的理性与写实，其结果是给读者以一种重形象而非意象的感觉，文本主要发挥传递旅游信息、提供旅游咨询的社会功能。

鉴于汉英旅游文本本身存在着很大的语言、文化差异，以及国内眼下许多英语旅游文本普遍出现的语用失误（pragmatic mistakes）已经严重影响了我国旅游业国际化进程这一严峻现实，笔者剖析了几个典型的译例（既有正例，也有反例），试图从具体的翻译实践出发，主张旅游文本汉译英是一种跨文化的再创作，认为译文通俗易懂、便于传播比传统的忠实、优雅论更为重要，更为切合实际，所以翻译操作时应该把努力实现跨文化交际放在首要的位置，以"操纵学派"代表人物勒菲弗尔提出的"翻译是改写"为实践理据，以译入语读者为中心，实现旅游文本的指示功能，采取灵活多样的翻译策略，创造出既传达源语（汉语）信息，又有利于对外旅游宣传的译入语（英语）的翻译文本，这对进一步开拓与发展目前我国的国际旅游市场将具有十分重要的现实意义与长远的战略意义。

参考文献

Hatim, Basil, and Ian Mason, 1990. *Discourse and the Translator*. London: Longman.

Reiss, Katharina, 1989. Text Types, Translation Types and Translation Assessment. In Andrew Chesterman (ed.). *Readings in Translation Theory*. Helsinki: Oy Finn Lectura Ab: 105-115.

西奥·赫曼斯，2000. 翻译的再现//谢天振. 翻译的理论建构与文化透视. 上海：上海外语教育出版社: 1-20.

谭载喜，1987. 奈达论翻译. 北京：中国对外翻译出版公司.

［本文系 2007 年度浙江省社科联资助项目（编号：07N94）的阶段性成果］

第三部分

翻译与文学

佛经翻译对中国古代文学创作的影响

引 子

我国有文字记载最早的笔译始于战国时期，最早的翻译作品是西汉刘向在《说苑·善说》里收录的诗歌《越人歌》①，涉及源语越语、目标语楚语。楚越虽是邻国，可方言不通，需要翻译才能实现沟通。但是，历史上大规模的翻译活动则起源于汉朝的佛经翻译，继而导致了来自异域的宗教——佛教的盛行。

佛教既是宗教，又是哲学，其思想博大精深，其体系涵盖人类社会、自然界与思维活动。佛教自汉朝从印度传入中国以降，经历了冲突、依附、交流与融合，与儒教、道教互相交融，逐步演变为左右中国文化史、中国学术史发展的三大思想支柱之一，成为中国长达两千多年的封建社会主流意识形态的重要组成部分。

在肇始于西汉末年、收尾于北宋年间的"千年译经运动"里，中国涌现了一大批杰出的译经大师，包括早期的安世高、支谶、支谦、竺法护，中期的鸠摩罗什、彦琮、道安、慧远以及后期的玄奘、实叉难陀、义净、不空等，他们皓首穷经，呕心沥血，共译出两万多卷佛经。在这些浩如烟海的经书里，文学成分较浓的有以下两类作品：第一类是有关佛及其著名弟子的生平事迹。释迦牟尼放弃王位出家修道，传教四十几年，有关他的故事颇具传奇色彩。僧人根

---

① 《越人歌》："今夕何夕兮，搴舟中流。今日何日兮，得与王子同舟。蒙羞被(pī)好兮，不訾(zǐ)诟耻。心几烦而不绝兮，得知王子。山有木兮木有枝，心悦君兮君不知。"现代汉语译文："今晚是怎样的晚上啊，河中漫游。今天是什么日子啊，与王子同舟。深蒙怜爱啊，不以我鄙陋为耻。心绪纷乱不止啊，能结识王子。山上有树木啊，树木有了枝，心中喜欢你啊，你却不知此事。"这是我国历史上流传下来的第一首译诗，《越人歌》与楚国的其他民间诗歌一起成为《楚辞》的艺术源头。

据佛教发展的需要将许多想象加到释迦牟尼身上，如四部《阿含经》有声有色地描绘了无所不能的佛，是可读性很强的文学作品。再者，佛的大批著名弟子有着曲折的皈依佛门的经历，他们的身世进入佛典，很多演绎成引人入胜的文学作品。其中最有文学影响力的是由鸠摩罗什翻译的《金刚经》《法华经》与《维摩诘经》。第二类是本生经，即有关佛的前世、为人或为兽时修行的传说。印度僧侣利用广为流传的民间故事添附佛教教义，描述释迦牟尼出世之前经历的许多生命过程，因其内容大多取材于古印度民间文学，所以汉译的本生经具有高度的文学价值。

佛经是佛教教义、教规、教理的主要依据，佛经的译介对中国社会政治、经济、文化诸多方面产生了非常深刻的影响。胡适明确指出，佛经翻译"给中国文学史上开了无穷新意境，创了不少新文体，添了无数新材料"（2009: 115），它"抬高了白话文体的地位，留下无数文学种子在唐以后生根发芽，开花结果"（2009: 123），并且富于想象力的佛教文学"对于那最缺乏想象力的中国古文学却有很大的解放作用。我们差不多可以说，中国的浪漫主义的文学是印度的文学影响的产儿"（2009: 123）。笔者力图从佛经翻译对中国古代文学创作带来革命性变化的角度探讨翻译于民族文化构建与创新的功能。

一、佛经翻译拓宽了古代文学的创作思想

佛教从人本主义的大慈大悲、普度众生的博爱精神出发，探讨人生的意义与生命的价值。提出"人生痛苦，无穷无尽"，告诫人们如何转迷成悟、离苦得乐、获得身心自由与解脱。这些教义也是佛教思想理论体系的基础与出发点。

小说属于通俗文学，在中国古代向来不受重视，一贯被精英阶层称为"街谈巷语，道听途说"。中国早期的小说大致为"六朝志怪小说"，描写鬼神故事，其中不少取材于汉译佛典。鲁迅认为，"还有一种助六朝人志怪思想发达的，便是印度佛教思想之输入。因为晋、宋、齐、梁四朝，佛教大行，当时所译的佛经很多，而同时鬼神奇异之谈也杂出，所以当时合中印两国底鬼怪到小说里，使它更加发达起来"（2015: 318）。综观中国古代小说史，唐朝的传奇、宋朝的平话以及明清时期的小说等都与佛教有缘。

在佛经本土化过程中，特别是向民间传播时，作为通俗文学形式的小说可

以抛开许多清规戒律，不承担传道的任务，主要定位于为民众提供娱乐消遣，这使得佛教思想对小说（与其他文学形式如诗歌、散文相比）创作产生了更大的影响。中国古代很多时期的小说里都有与佛教思想相关的内容，因为百姓困于现世痛苦，只好寄希望于佛经所倡导的"来世"。佛经的这些思想容易让百姓产生情感上的认同与共鸣，给他们精神上的慰藉。高僧安世高翻译的佛经《十八泥犁经》《鬼问目连经》等为宣扬地狱思想的佛典，旨在通过鬼神故事来说明善有善报、恶有恶报。据此演绎的唐朝小说《大目乾连冥间救母变文》，讲述的是主人公目连出家前有一次出门经商，行前嘱咐他的母亲要在家供养佛。然而，他母亲因吝啬没有施舍供佛而坠入地狱。主人公皈依佛门后，以道眼看到自己母亲在地狱忍受百般痛苦，于是向佛求助。目连在佛的引导下建盂兰盆，拯救其母脱离苦海（张立文，2005: 285）。显而易见，这个故事就是作者把佛教中的因果报应论与中国传统的孝道思想糅合在一起的产物。佛教与中国鬼神观念相结合的结果是，到南北朝时期出现了颇具特色的"志怪小说"，虽题材大都为各路鬼神崇拜，但其主体多为佛教占据。代表作有晋代干宝著《搜神记》、晋代谢敷著《光世音应验记》、北齐颜之推著《冤魂志》、六朝刘义庆著《宣验记》等。佛教教义进入文学创作领域，不仅促进了佛教的中国化与通俗化，加强了百姓对佛教的信仰，而且最终还拓宽了古代小说的创作思想。

翻译佛经对古代文学创作思想的影响还体现在诗歌创作中，表现为"以禅喻诗"，具体指"以禅论诗""以禅悟诗""以禅比诗"。禅，也称"禅那"，是梵语 Dhyana 的音译。鸠摩罗什意译为"思维修"，玄奘译为"静虑"。反映到古代诗人创作方面就是追求一种淡泊宁静、回归自然的心态，诗歌风格多恬静淡泊、清幽旷远、含蓄平淡。许多官场失意的文人常常钻进佛教里去寻找精神寄托，他们的诗歌创作多半与禅宗密不可分。

魏晋时期的谢灵运是中国山水诗的开山人物，他因厌倦宦海沉浮而潜心研究佛教，其诗作常寓禅意于恬静的景物描写，表现出强烈的出世色彩。例如他在《石壁精舍还湖中作》中写道："昏旦变气候，山水含清晖。清晖能娱人，游子憺忘归。出谷日尚早，入舟阳已微。林壑敛暝色，云霞收夕霏。芰荷迭映蔚，蒲稗相因依。披拂趋南径，愉悦偃东扉。虑澹物自轻，意惬理无违。寄言摄生客，试用此道推。"谢灵运"以佛对山水"，于诗情画意里体验禅悟的愉悦，在刹那间顿悟"无我"的永恒（黄河涛，1995:104），以求得经历仕途坎坷后的心理平衡。唐朝"诗佛"王维平生信佛，曾拜南宗道光禅师为师，与禅宗关系密切，他的禅宗信仰对其山水诗创作有很大的影响。因禅宗主张自性清净，借助本心的自觉来改变对世界的看法，故王维一生创作了许多糅佛理于诗境、诗情、诗意的杰作，如他在《终南别业》里写道："中岁颇好道，晚家南山陲。兴来每独往，胜事空自如。行到山穷处，坐看云起时。偶然值林叟，谈笑无还期。"诗作明显地流露出佛教的出世态度。还有，他在《鹿砦》中吟唱道："空山不见人，但闻人语响。返景入深林，复照青苔上。"他还在《鸟鸣涧》里自语："人闲桂花落，夜静春山空。月出惊山鸟，时鸣春涧中。"这些都是诗人对心灵与大自然空寂的精彩描述，无不洋溢着绵绵禅意，流露出禅家参禅话语。由于诗歌言简意赅，不能光看字面含义，这与参禅要脱离具体形象、不拘泥于佛说与佛理、追求言外之意的道理一样，参禅与赏诗就会产生内在一致性的艺术效果。继王维之后，这种富于佛教色彩的山水诗创作传统一直薪火相传，源远流长。

二、佛经翻译丰富了古代文学的创作手法

魏晋时期，散文因受辞赋影响而逐渐倾向骈俪的体裁，这个时代"可以说是一切韵文与散文的骈偶化的时代"（胡适，2016:111）。结果是文学成了少数人的特权，作品充斥着对仗骈偶的陈词滥调，文学远离平民，渐渐僵化。佛经翻译给当时陈腐的文坛带来了生机与活力，因为汉译佛经"重在传真，重在正确，而不重在辞藻文采；重在读者易解，而不重在古雅"（胡适，2009:116）。以鸠摩罗什为代表的译经大师本着"不加文饰，令易晓，不失本义"的原则，开创了一代新文风与新文体。

《维摩诘经》是一部富于浓厚文学趣味的佛经，译成汉语后对文学界产生了巨大的影响，维摩诘成为许多文学作品中经久不衰的形象。这部作品描述的是居士维摩诘生病，释迦牟尼嘱咐众多弟子前往探病的故事。弟子们都因害怕维摩诘的辩才而不敢问病，只有文殊师按佛祖的嘱托照做。下面摘录的由鸠摩罗什翻译的一段就是写弟子阿难向释迦牟尼转述维摩诘如何能言善辩的场景：

佛告阿难，"汝行诣维摩诘问疾。"阿难白佛曰："世尊，我不堪任诣彼问疾，所以者何？忆念昔时，世尊身有小疾，当用牛乳，我即持钵，诣大婆罗门家门下立。时维摩诘来谓我言：'唯，阿难！何为晨朝，持钵住此？'我言：'居士，世尊身有小疾，当用牛乳，故来至此。'维摩诘言：'止，止！阿难！莫作是语！如来身者，金刚之体，诸恶已断，众善普会，当有何疾？当有何恼？默往阿难，勿谤如来，莫使异人闻此粗言；无令大威德诸天，及他方净土诸来菩萨得闻斯语。阿难！转轮圣王，以少福故，尚得无病，岂况如来无量福会普胜者哉！行矣，阿难！勿使我等受斯耻也。外道、梵志，若闻此语，当作是念：何名为师？自疾不能救，而能救诸疾人？可密速去，勿使人闻。当知，阿难！诸如来身，即是法身，非思欲身。佛为世尊，过于三界；佛身无漏，诸漏已尽；佛身无为，不堕诸数。如此之身，当有何疾？'时我，世尊！实怀惭愧，得无近佛而谬听耶！即闻空中声曰：'阿难！如居士言。但为佛出五浊恶世，现行斯法，度脱众生。行矣，阿难！取乳勿惭。'世尊，维摩诘智慧辩才，为若此也，是故不任诣彼问疾。"（《维摩诘经·弟子品第三》）

上面这段文字是阿难回忆自己领教过维摩诘辩才后的对白。就语言风格而言，已很接近当时的白话文体，亲切自然，质朴无华。就创作手法而言，中国古代散文说理时倾向于罗列事实，而佛经立论与驳论比较重视逻辑的推演，这一点从上文维摩诘高超的辩论中可窥见一斑了。他从"如来"乃"金刚之体""当有何疾"讲到"转轮圣王"也"尚得无病"，进而推断出"佛身无为""当有何疾"的结论，论证逻辑严密，层层紧扣，鞭辟入里，使得阿难无以应对，阿难以此为理由推脱问疾之事。佛学传入之前，中国散文的概念分析比较薄弱，只有先秦的墨家与名家在此方面有过论述。而佛经里反映教义的篇章特别注重逻辑性，汉译佛经给中国的僧人与文人提供了很好的学习、借鉴模本，自此，中国说理散文增添了崭新而有效的创作手法。如韩愈撰《原道》就是长于分析推理的散文，他从儒家、道家与佛教的"道"的概念入手，经缜密的论证与推演，最终确立儒家"道"的地位。

另外，佛经使用大量的比喻，这也大大丰富了古代散文的创作手法。据北本《大般涅槃经》卷二十九，佛经大致采用了八种比喻方法："善男子，喻有八种：一者顺喻，二者逆喻，三者现喻，四者非喻，五者先喻，六者后喻，七者先后喻，八者遍喻。"佛经常常使用一连串比喻，如《金刚经》有六喻："一切有为法，如梦幻泡影，如露亦如电，应作如是观。"还有，《大般若经》卷一提到"大乘十喻"："解了诸法如幻、如焰、如水中月、如虚空、如响、如乾闼婆城、如梦、如影、如镜中像、如化。"（张立文，2005：282-283）这些表现力很强的创作手法给中国古代散文注入了新鲜血液，给中国文坛带来了勃勃生机。

诗歌是中国古老的文学体裁，从《诗经》到唐诗，文脉绵长，底蕴深厚。佛经翻译对诗歌的贡献主要体现在音韵学方面。史学家陈寅恪指出："据天竺围陀之声明论，其所谓声 Svara 者，适与中国四声之所谓声者相类似。即指声之高低言，英语所谓 pitch accent 者是也。围陀声明论依其声之高低，分别为三：一曰 udatta，二曰 svarita，三曰 anudatta。佛教输入中国，其教徒转读经典时，此三声之分别当亦随之输入。……故中国文士依据及模拟当日转读佛经之声，分别定为平上去之三声。合入声共计之，适成四声。于是创为四声之说，并撰作声谱，借转读佛经之声调，应用于中国之美化文。"（1934：275-276）宋朝文学家沈约受佛经转读与梵语拼音的启发，把汉字的声调高低分成平上去入四声，创立了中国诗歌创作的格律理论，并创造了"永明体"，主张诗歌创作要注重格律、讲究平仄，这为唐朝律诗的繁荣昌盛打下了理论基础。

三、佛经翻译为古代文学提供了不竭的创作题材

鲁迅指出："魏晋以来，渐译释典，天竺故事亦流传世间，文人喜其颖异，于有意或无意中用之，遂蜕化为国有。"（1998：30）两万多卷佛经涉及了印度的哲学、文学、逻辑、医药、天文、文法、声韵、音乐、舞蹈等诸多内容，给中国文化带来了发展的活力与清新的风格。其中不少是极具文学价值的经典作品，它们是中国古代文学创作题材不朽的源泉。

译经大师康僧会译有《旧杂譬喻经》，该经文原文摘录如下：

> 昔有国王，持妇女急。正夫人谓太子："我为汝母，生不见国中，欲一出，汝可白王。"如是至三。太子白王，王则听。太子自为御车出，群臣于

道路奉迎为拜。夫人出其手开帐，令人得见之。太子见女人而如是，便诈腹痛而还。夫人言："我无相甚矣。"太子自念："我母当如此，何况余乎。"夜便委国去，入山中游观。时道边有树，下有好泉水。太子上树，逢见梵志独行来，入水池浴；出饭食，作术，吐出一壶；壶中有女人，与于屏处作家室，梵志遂得卧；女人则复作术，吐出一壶；壶中有年少男子，复与共卧；已，便吞壶。须臾，梵志起，复内妇着壶中，吞之；已，作杖而去。太子归国，白王，请道人及诸臣下，持作三人食，着一边。梵志既至，言："我独自耳。"太子曰："道人当出妇共食。"道人不得止，出妇。太子谓妇："当出男子共食。"如是至三，不得止，出男子共食，已，便去。(《旧杂譬喻经·第十八篇》)

中国有　则著名的阳羡书生故事，就是根据上述佛经内容创作的。这个故事的开头几句及相关情节是这样的："东晋阳羡许彦，于绥安山行，遇一书生，年十七八，卧路侧，云脚痛，求寄彦鹅笼中。彦以为戏言……彦曰甚善，乃口中吐出一铜盘奁子……酒数行，乃谓彦曰：'向将一妇人自随，今欲暂邀之。'彦曰甚善。又于口中吐一女子，年可十五六，衣服绮丽，容貌绝伦……女人于口中吐出一男子，年可二十三四……男子又于口中吐一女子，年二十许，共燕酌，戏调甚久……复吞此女子。诸铜器悉纳口中，留大铜盘，可广两尺余。与彦别曰：'无以藉君，与君相忆也。'"经比较，就创作题材的相似性而言，阳羡书生与《旧杂譬喻经》之间的传承关系是十分明显的。

佛经里文学性很强的篇章不少是中国古代长篇小说不朽的题材。如中国古典四大名著之一《西游记》讲述的故事的原型正是唐朝高僧玄奘历经磨难、誓向西域求取佛经的曲折历程。据陈寅恪的系统考证，该小说作者吴承恩在加工创作时借用了相关佛典里的许多情节。陈寅恪指出，孙悟空大闹天宫出自《贤愚经·顶生王缘品》里争夺王位的故事，沙和尚的很多情节源自《慈恩法师传》，猪八戒来自义净翻译的《毗奈耶杂事》第三《佛制苾刍发不应长缘》(1930:157-160)。此外，孙悟空从须菩提祖师那里半夜得到法术的故事，就是佛经里禅宗五祖弘忍夜半传衣钵给六祖慧能传说的演变；《西游记》着力描写的九九八十一难取材于《严华经》里善财童子的五十三参的情节。另据胡适考证，由"文学天才自然流露"的鸠摩罗什翻译的《法华经》里"有几个寓言,可算是世界文学里最美的寓言,在中国文学上也曾发生不小的影响"(2009: 118-119)。

结　语

梁启超认为,"凡一民族之文化,其容纳性愈富者,其增展力愈强,此定理也。我民族对于外来文化之容纳性,惟佛学输入时代最能发挥。故不惟思想界生莫大之变化,即文学界亦然,其显绩可得而言也"(2005: 154-155)。他还进一步断定,"我国自《搜神记》以下一派之小说,不能谓与《大庄严经论》一类之书无因缘。而近代一二巨制《水浒》《红楼》之流,其结体运笔,受《华严》《涅槃》之影响甚多"(2005: 158)。梁氏站在翻译事业影响国家文化昌盛的历史高度,从历时的维度客观而中肯地评述了佛经翻译的巨大作用。

回顾印度佛教中国化的历史进程,我们可以发现,佛经翻译确实给中国文学之源——古代文学创作产生了深远而积极的影响。为此,瞿秋白也给予佛经翻译很高的评价:"佛经的翻译的确在中国文化史上有相当的功劳。第一,佛经的翻译是中国第一次用自己的'最简单的言语'去翻译印度日耳曼语族之中最复杂的一种言语——梵文。第二,佛经的翻译事实上开始了白话的运用——宋儒以来的语录其实是模仿佛经而来的。不但如此,照现在已经发现的材料来说,中国最早的白话文学也是在佛经影响之下发生的。……佛经的翻译从汉到唐的进化,正是从文言到白话的进化。"(2009: 357)

本文主要从创作思想、创作手法与创作题材等三方面探讨了汉译佛经对中国古代诗歌、散文与小说(事实上,受影响的文学体裁及受影响的范围远不止这些,如它们还应包括宋元明时期的杂剧、传奇、弹词等形式,还包括诸如"境界说"等古代文学理论)起到的积极作用,梳理了佛经这种外来宗教兼哲学如何给中国古代文学带来深刻变化的脉络,说明翻译在接纳、吸收外来文化过程中所发挥的不可替代的作用,旨在彰显佛经翻译在中华民族文学、文化构建与创新事业中曾经做出的不可或缺的贡献,并借此说明翻译在21世纪正在且一定会对中华文化的繁荣与发展做出更大的贡献。

参考文献

陈寅恪，1930. 西游记玄奘弟子故事之演变. 国立中央研究院历史语言研究所集刊，2(2): 157-160.

陈寅恪，1934. 四声三问. 清华学报，9(2): 275-287.

胡适，2009. 佛教的翻译文学//罗新璋，陈应年. 翻译论集（修订本）. 北京：商务印书馆: 114-125.

胡适，2016. 白话文学史. 北京：中国书籍出版社.

黄河涛，1995. 禅与中国艺术精神的嬗变. 北京：商务印书馆.

梁启超，2005. 佛学研究十八篇. 天津：天津古籍出版社.

鲁迅，1998. 中国小说史略. 上海：上海古籍出版社.

鲁迅，2005. 中国小说的历史的变迁//鲁迅. 鲁迅全集（第9卷）. 北京：人民文学出版社.

瞿秋白，2009. 再论翻译//罗新璋，陈应年. 翻译论集（修订本）. 北京：商务印书馆: 350-359.

张立文，2005. 空镜——佛学与中国文化. 北京：人民出版社.

［本文系 2007 年度浙江省社科联资助项目（编号：07N94）的阶段性成果］

译介汤显祖与《牡丹亭》在欧美的经典化

迈入 21 世纪以来，我国经济持续不断地向前发展，国际影响力与日俱增，文化输出呈现出前所未有的迅猛势头。在这样的背景下，我们应该如何高效地对外传播中国文化，增强传统文化的渗透力呢？如何努力讲好中国故事，向世界发出中国声音呢？由此看来，提升中国文化软实力是一个具有现实意义的文化传播课题。

季羡林指出，世界上所有的文明大国，唯有中国流传至今的各种典籍无论质与量，都独占鳌头，典籍是我们中华民族对世界文化的伟大贡献（2010: 104）。经济全球化，文化多样化，势必促进中外文化交流不断走向纵深。异质文化之间的交流必须借助翻译来实现，典籍是我国传统文化的主要载体，典籍英译是传统文化输出的重要渠道，借此可有效地增强传统文化在新世纪的全球影响力，因为文化的传播力与接受韧性要远远高于硬实力对世界的影响。

一、《牡丹亭》跻身世界名剧

明清时期是中国古典戏曲的高峰时期。然而，在近三百年的戏曲对外交流史上，仅有几十部作品经翻译、介绍传播到海外。《牡丹亭》与《紫钗记》《邯郸记》《南柯记》合称"临川四梦"，是明代戏曲家汤显祖在浙江遂昌任知县期间完成的传世佳作，它通过杜丽娘与柳梦梅离奇曲折的爱情故事，表达了主人公追求自由幸福、渴望个性解放的主题。《牡丹亭》已是昆曲的代名词，也是中国戏曲史上的"四大名剧"之一，几百年来历演不衰，可以说是浙江的重要文化代表，遂昌则成为汤显祖走向世界的起点。

诞生于四百多年前的《牡丹亭》是为数不多的西传戏曲名作，它经翻译进入了英美文化系统，逐渐成为文学经典，并已取得崇高的地位。西方汉学家宣立敦（Richard Strassberg）认为，倘若英国教授霍克斯（David Hawkes）英译的《红楼梦》代表了中国小说的最高成就，那么美国学者白之（Cyril Birch）英译的《牡丹亭》就是中国戏曲的里程碑（Strassberg, 1982: 278）。随着《牡丹亭》在英语世界的持续传播，其英文版已被收进了《中国文学瑰宝》《中国文学选集》《哥伦比亚中国古典文学选集》《诺顿中国文学选集》《简明哥伦比亚中国古典文学选集》等西方颇有影响力的英语文集，成为欧美读者学习、欣赏、研究中国文学的宝贵资源。值得一提的是，2008 年，美国丹尼·伯特（Daniel S. Burt）教授综合专业批评家、大众评价等要素推出了《戏剧 100：世界戏剧永恒经典排名》一书。根据他的研究，来自中国的《牡丹亭》列第 32 名，与汤显祖同时代的莎士比亚爱情名剧《罗密欧与朱丽叶》则排第 47 名。伯特评价道，《牡丹亭》融合了荷马《奥德赛》、维吉尔《埃涅阿斯纪》、但丁《神曲》、弥尔顿《失乐园》等作品的许多特征，达到了非凡的心理深度，展现了伟大而朴实的现实主义风格，为人们了解中国文化与古典戏曲提供了一个很好的窗口（Burt, 2008: 184）。在这份号称人类社会最伟大的 100 部戏剧排行榜上，只收录了 5 部东方戏剧（其中日本 2 部、印度 1 部、中国 1 部、南非 1 部）。由此可见，英语版《牡丹亭》已在欧美取得了很大的成功，已成为中国古典戏曲的文化符号。

二、《牡丹亭》英译历程概述

回顾《牡丹亭》的英译西传历史，1939 年英国学者哈罗德·艾克顿（Harold Acton）首译《牡丹亭》（*Mutan T'ing*），发表在当时中国最具学术品位的英文杂志《天下月刊》（*T'ien Hsia Monthly*）上，他选译了其中的《春香闹学》。迄今为止，国内外已出现了二十几种不同形式的英译本，但大部分是节译、选译、编译等。《牡丹亭》全剧共有 55 出，目前，世界上已有 3 种英语全译本问世。

首先是 1980 年美国汉学家白之教授翻译的全本，这是汤显祖《牡丹亭》第一次以完整全貌的形式进入英语世界。白之流畅地道的译笔、适度的异域风情，很快获得了西方学界的好评，引起了热烈的反响，几乎成为汤显祖《牡丹亭》在英美文化系统的象征。美国汉学家李德瑞（Dore J. Levy, 1982）认为，白之的翻译能让西方人很好地理解中国戏曲的内涵，深入了解中国明朝的文学、传说、诗歌及社会习俗。我们相信,随着市场、读者、机构、译者、评论者等因素的有机协调与融合,白之全译版《牡丹亭》将继续扩大我国戏曲文化的全球影响力,逐步占据英美经典文学系统的一席之地。美国汉学家认为,白之全译《牡丹亭》是美国汉学研究尤其是"中国古典文学研究的大事"。2002 年,印第安纳大学出版社重印了白之的《牡丹亭》全译本。

1994 年,张光前教授翻译出版的《牡丹亭》是世界上第二个英语全译本,也是中国译者完成的第一个英语全译本;2001 年,外文出版社再版了这个无韵体译本。译者注重传递源语文化的丰富内涵,面对具有浓郁中国传统色彩的典故、官职名、考试制度等,尽力传译这些元素的汉文化精髓。纵览全译本,译者努力保留原文的音韵、节奏与形式,尊重中国戏曲诗学,有利于传播传统戏曲文化。

2000 年,汪榕培教授翻译出版的《牡丹亭》是第三个全译本,也是目前海内外唯一的英文韵式全译本。译者主张"传神达意"的翻译理念,关注重塑原文的音韵、形式,采取泛化、抽象化的翻译技巧处理原文的文学意象。其创造性的劳动,受到了国内学者的称赞。刘重德认为,汪译《牡丹亭》更符合韵文性文学作品的翻译要求,达到了形、音、义三美的高度(2001: 52-55)。郭著章指出,该译本整体上达到了传神达意的目标,成为国内外令人满意的英语全译本(2002: 56-59)。

其他重要的英译本还包括,2009 年,中国对外翻译出版公司推出了许渊冲教授英译《牡丹亭》舞台本。许渊冲长期从事典籍英译,译著等身,2010 年中国翻译协会授予他"中国翻译文化终身成就奖"。他认为,译文应该与原文竞争,提出"美化之艺术,创优似竞赛"的中国式文学翻译理论,《牡丹亭》英语版就是这个翻译理论的产物。

另外,《牡丹亭》在国外的舞台演出同样取得了相当的成功。目前,至少已有四个演出版本在海外产生了广泛的影响,分别是彼得·塞拉斯(Peter Sellars)的"先锋派"《牡丹亭》、陈士争的"传奇版"《牡丹亭》、上海昆剧团的《牡丹亭》与白先勇的"青春版"《牡丹亭》。而且,2000 年美国《戏剧杂志》等重要学术期刊发表论文对《牡丹亭》给予深入探讨,2002 年美国《亚洲戏剧杂志》专门设置了《牡丹亭》论坛。

我们发现，汤显祖《牡丹亭》在走向世界的过程中出现了两种不同的传播模式——西方汉学家、华裔学者译入模式与国内学者译出模式，这两种模式产生了各不相同的传播效果。译入模式是英美文化系统根据自身需求主动译介中国戏曲，译出模式是中国政府为了复兴传统文化、改变国家形象，着力向英美世界传播优秀民族文化的国策。

三、中国戏曲英译与经典化

中国典籍要进入异域文化，一般需经过五个步骤：慎重考虑典籍底本的遴选及其翻译，开展译本进入异域文化圈内的市场调研，关注译语读者的接受与评价，熟悉英语国家对外来典籍的接受机制与传播体制，增强文化典籍输出的投入力度。考察国内《牡丹亭》英译本在英美图书市场、大型图书馆、文学批评界、高等教育界等领域的传播接受情况，我们欣喜地发现，经国家大力推介的上述译本正在进入英美主流市场的流通渠道，而且有些译本已经被大型图书馆收藏。但是，总体而言，综合《牡丹亭》英译本在英语世界传播的数量、质量与可接受程度，汉学家白之全译本《牡丹亭》一直是中国古典戏曲在英美文化系统传播的主要力量。因受译者身份、翻译文学体制、机构、市场、读者等因素影响，当前，国内《牡丹亭》英译本依然处于边缘化的地位，没有在英美文化系统达到理想的传播效果，而且在未来相当长的时间内，白之全译本仍将笑傲"牡丹亭"百花园。

英语 drama 是戏剧的统称，包括戏剧文学与舞台戏剧，如 closet drama 指汉语的"案头剧""书斋剧"，主要当作文学作品来阅读，不具有面向剧团的搬演性。另一词 theatre 大体指用于舞台演出的戏剧，拥有较强的演出实践操作性功能。西方学界一般把中国古典戏曲英译成 opera（如将京剧翻译成 Peking Opera），而不是 drama。将中国戏曲类比西洋歌剧，虽然不免有点牵强附会，好比是用西装革履替代了长衫马褂，有点不伦不类，相似于"格义"式的比照翻译，但实属无奈之举，同时说明中国戏曲有自己的独特性。其实，中国古典戏曲不同于西洋歌剧 opera，因为它既是剧（情节跌宕起伏），又是诗（语言诗情画意），是剧与诗的有机统一。王国维在《宋元戏曲考》中指出，中国戏曲起源于巫觋与俳优，巫觋用来乐神，以歌舞为主（1984: 6）。他还在《戏曲考原》

中指出："戏曲者，谓以歌舞演故事也。"（1984: 163）戏剧的功能是表演性叙述，叙事是戏剧的主要任务，所叙之"事"既包括现实世界里发生的真实事件，也包括作者想象世界里的虚拟情节，反映了虚实相生、变形取神、物意互化、形神兼备等系统化的戏曲美学思想与审美规范。要体现传统戏曲的这些特征，就关系到搬演性翻译的诸多问题。

施旭升认为，中国戏曲自古以来就有文学剧本与舞台台本之分。文学剧本主要由人物对话、唱词等组成，不适宜演出而专供阅读，也叫"案头剧本"。舞台台本包括台词、形体动作、舞美设计等，导演通常依据舞台台本进行二度创作（2006: 125）。清代戏曲理论家李渔指出："填词之设，专为登场。""传奇不比文章，文章做与读书人看，故不怪其深；戏文做与读书人与不读书人看，又与不读书之妇女小儿同看，故贵浅不贵深。"（《闲情偶寄》）曲家的最终目标是有朝一日能搬演自己的作品，舞台成了文人驰骋才情的平台。而舞台剧本糅合了诗歌、音乐、舞蹈等戏曲要素，《乐记》载："诗，言其志也；歌，咏其声也；舞，动其容也。三者本于心，然后乐气从之。"由此可见，戏曲翻译的特殊性与复杂性主要是如何区分剧本的二重性功能：一是用于阅读的文学剧本（所谓的"案头之作"），二是专供表演的舞台剧本（即"场上之曲"）。

从舞台表演角度看，中国古典戏曲的舞台文本既是"听觉媒体"，又是"视觉文本"，因而是"多媒体文本"，为此，应着重探讨"可唱性"（singability）这个课题。古典戏曲包含唱、念、做、打，"唱"排第一，可见其分量与作用。唱词翻译的关键是英译文需合辙押韵、平仄相间、句式规整，利于配乐。

"可唱性"是戏曲翻译的至要因素。唱是戏曲表演的主体，旧时称演戏为唱戏，看戏为听戏，可谓"无声不歌，无动不舞"。据元代燕南芝庵的戏曲声乐论著《唱论》，演唱有四点基本要求——"字真、句笃、依腔、贴调"（谭帆等，2005: 122）。唱可塑造人物形象，兼有抒情、叙事、状物、写景等功能，根据剧情需要安排不同的声腔、板式。

中西戏剧（戏曲）属于东西方两大文明、两大文化框架内的两个艺术体系，二者在叙事、表演、情境、主题、意象等方面的巨大差异源于英语形合（hypotaxis）、汉语意合（parataxis）的语系差异，源于东西方舞台表演艺术的文化习俗差异，而且还源于戏剧传统差异——西方戏剧崇尚模仿论，追求表演艺术的逼真性，让角色动作语言有条不紊地演绎事件过程，严格遵循所谓的"三一律"（时间、地点与动作三者一致）；中国古典戏曲历来注重意境、神韵，凭借歌舞化、虚拟化、程式化来演绎情节，属于线性艺术。陈寅恪指出："盖今世治学以世界为范围，重在知彼，绝非闭户造车之比。"（2001: 361）陈氏强调"重在知彼"，即注重吸收外来文化，强调世界各国文化的融合、吸收与繁荣。他是站在"西学东渐"的角度说这番话的，其道理同样适用于古典戏曲英译的"中学西传"，同样可丰富译入语的西方文化，推进传统文化"走出去"的国家战略。

如何处理观众接受、异域文化元素的保留，以及打造适合演出的译本，发挥原作文学性、诗情等，都是值得进一步探讨的课题。对干高要求的译者来说，他不能仅限于案头工作，还要具有现场观看翻译的戏曲的经历，增强在场的感性认识。这样的所谓"田野工作"（field work），将有助于加强舞台剧本翻译的表演视角意识，赋予译作以更多的"搬演性"。

中国古典戏曲所包含的诗词曲赋具有层出不穷的美好意象，因而呈现出很高的文学性，这就要求其英译本既要体现一定的文学审美性，又具备较好的舞台搬演性，附着许多专门面向的表演说明与提示。难怪特里·哈尔（Terry Hale）等学者不禁感叹道，（一方面，）从翻译学角度看来，翻译理论家大多还没有认识到戏剧传统的广度、深度与复杂性；另一方面，戏剧翻译人员虽然了解戏剧，可一般不熟悉翻译理论，因此，还没有从翻译学的视角深入探究以舞台表演为宗旨的戏剧翻译（Hale and Upton, 2000: 12）。理想的情形可以设想成这样：他既是戏曲翻译实践者，又是翻译理论研究者，还熟知舞台表演艺术，也可以是这几个领域专业人员的团队合作。

翻译戏曲语言的上口性还与角色关系、行当对白、指示系统之间的衔接等因素存在联系，需要综合考虑这些因素的相互关系，发挥英语的优势资源，创造出符合舞台表演、上口性强的理想译义。何塞普·马尔科（Josep Marco）在总结译者所面临的难题时，反复强调影响语言与动作匹配（matching the words to the action）的两个因素：上口性与节奏感（orality and rhythm of delivery）（2003: 54-58）。另外，由于戏曲翻译还涉及不同文化背景下观众的欣赏传统，因此，英译念白还要处理好英语观众的审美期待与明清传奇原剧美学风格之间的关系。

从文学剧本到舞台剧本的转换主要涉及的是"可唱性翻译"，即将语言符号变成具有可唱性的"场上之曲"。这是区分戏曲翻译与其他文学形式翻译的重要特征，是译者必须考虑的因素，因为戏曲翻译的最终目标是实现舞台表演、与英语观众进行面对面的交流。由此可见，戏曲翻译的搬演性要素——"可唱性"英译效果如何，自然就成为译者、批评家、创作者、观众等各方人士特别关注的问题了。

四、译介汤显祖与中西文化交流

我们粗略地梳理了《牡丹亭》在英语世界的传播历程，分析了国内译本与国外译本在英美国家的不同境遇，可以从中得到有益的启示：如果要讲好中国故事，就必须考虑传统文化借助现代语境进行国际表达的策略。因为在当今世界，很少有传统作品原汁原味地演出，所以要传播中国好声音，树立中国好形象，还需要世界语汇——采取外面世界能接受与理解的方式、话语来阐释中国古典戏曲，重新解读原著主题，阐发与时俱进的现代意义。

因此，为了讲好中国故事，提振中国形象，我们提出以下对策：

研究翻译传播的内在机制及相关传播因素之间的互动关系，揭示典籍英译活动的本质与规律；既可以是有关翻译规律性的宏观描述，又可以是翻译主要环节的微观描摹，从多角度探究典籍传播的外部世界，包括法律、文化、经济、道德等社会意识可能带来的影响。

政府应大力培养典籍英译的专门人才。英译典籍既要照顾中国人思维的特征，又要考虑欧美国家的语言表述习惯，这是典籍英译事业得以持续发展的关键。

掌握海外典籍接受者的特性、需求及接受机制。接受者因素是语际转换的重要功能机制，它与异域传播的社会群体有关。为有效而准确地传递信息，应关注读者的接受潜势、受教育水平、审美情趣、认知需求等要素。

2000 年，汤显祖与莎士比亚同时被联合国教科文组织列为世界百位历史文化名人。2015 年 10 月 21 日，国家主席习近平访问英国时提议："中英两国可以共同纪念这两位文学巨匠，以此推动两国人民交流、加深相互理解。"与汤显祖同时代的莎士比亚戏剧在世界各地受到热捧，四百年经久不衰，是值得关注与借鉴的文化交流现象。我们如何传播传统文化？第一是设法让经典出现在人们的日常生活里，第二是要引领、提高大众的艺术欣赏水平。在欧美国家，学术、文学研究与剧本演绎之间已经形成了积极的互动关系，演职人员经常阅读学者有关莎士比亚的最新研究成果，再把新的感悟与理解融于舞台演出，赋予时代的意义。

2016 年，中英政府携手举办一系列文化活动，隆重推出汤显祖与莎士比亚的英语版、汉语版作品集，让全世界的人民更多更好地了解同时出现于东西方的戏曲大师、戏剧大家，因为他们"不属一时，却归永远"，他们不仅是民族的，而且是世界的。国之交在于民相亲，民相亲在于文相通，文相通才能情相连。

英国第一位诺贝尔文学奖得主、著名诗人吉卜林（Joseph R. Kipling）在《东西方歌谣》里写道："东方是东方，西方是西方。东西方永不相逢，直到地老与天荒。虽然东西在两端，两个巨人面对时，不论种族与疆界，不分东方与西方。"汤显祖与莎士比亚两位文学巨人，就是东西方文化哺育出来的杰出代表，他们通过海内外优秀翻译家——文化摆渡人呕心沥血的创造性劳动，让"永不相逢"的东西方能够穿越千山万水，历尽千辛万苦，诉诸千言万语，丰富各自的精神生活，让经典实现永恒价值，让"各美其美"的民族文化达到"美美与共"的大同境界。

尼克松（Richard Nixon）在《1999 不战而胜》（*1999: Victory without War*）里写道："他们宏伟的经济改革目标不是为了改变其民族精神，而是通过吸纳有用的东西来壮大自己。这种力量来源于中国传统文化。几个世纪以来，中国从未长久地被外来入侵者、外来思想征服过。"（Nixon, 1990: 205）这样看来，在未来的国际竞争中，起决定作用的不再是一个国家的硬实力有多强，而取决于一个民族能否牢牢掌握传统思想精髓，并设法让它传播得更广更远。

参考文献

Burt, Daniel S., 2008. *The Drama 100: A Ranking of the Greatest Plays of All Time*. New York: Facts on File, Inc.

Hale, Terry, and Carole-Anne Upton, 2000. Introduction. In Carole-Anne Upton (ed.). *Moving Target: Theatre Translation and Cultural Relocation*. Manchester: St. Jerome: 1-13.

Levy, Dore J., 1982. Review of *The Peony Pavilion*. *The Hudson Review* 35(2): 314-318.

Nixon, Richard, 1990. *1999: Victory without War*. New York: Touchstone Books.

Strassberg, Richard, 1982. Review of *The Peony Pavilion* by Tang Xianzu, translated by Cyril Birch, *The Romance of the Jade Bracelet and Other Chinese Operas by Lisa Lu. Chinese Literature: Essays, Articles, Reviews* 4(2): 276-278.

陈寅恪，2001. 吾国学术之现状及清华之职责. 金明馆丛稿二编. 上海：上海三联书店.

郭著章，2002. 谈汪译《牡丹亭》. 外语与外语教学(8): 56-59.

季羡林，2010. 季羡林谈义理. 北京：人民出版社.

刘重德，2001. 《牡丹亭·惊梦》两种译文的比较研究. 外国语言文学研究(1): 52-55.

马尔科，2003. 戏剧翻译教学//王宁. 视角：翻译学研究（第1卷）. 北京：清华大学出版社: 52-65.

施旭升，2006. 戏剧艺术原理. 北京：中国传媒大学出版社.

谭帆，等，2005. 中国古典戏剧理论史. 上海：华东师范大学出版社.

王国维，1984. 王国维戏曲论文集. 北京：中国戏剧出版社.

习近平，2015. 共倡开放包容　共促和平发展——在伦敦金融城市长晚宴上的演讲. https://www.gov.cn/xinwen/2015-10/22/content_2951822.htm.

晚清翻译小说的误读、误译与创造性误译考辨

一、晚清翻译小说的"误译"导致的评价

中华文明史上曾出现过三次翻译高潮，即东汉至唐宋的千年佛经翻译、明末清初的科技翻译与晚清至"五四"前的文学翻译。就第三次文学翻译高潮而论，尤以晚清小说翻译最为繁荣，规模最大，影响最深，"光就推广而言，晚清翻译小说实在达到了空前的成功"（孔慧怡，1999：89），对中国文学现代性的发生、发展产生了巨大而深远的影响。其中，林纾翻译的小说（简称"林译小说"）代表了该时期翻译文学的最高成就。但是，无论当时的学术界，还是后来的研究者，对晚清翻译小说的总体评价基本上呈现出"毁多于誉"的态势。

虽然出现这种情况有多种原因，譬如说该时期的翻译小说因带有过多"工具主义与浓厚的政治色彩"（胡翠娥，2007：3）而削弱了作品的文学性；再者，很多译著不写明原著题名与原作者，译者往往署用笔名而隐匿其真名，这无疑给以文本对照分析为主的传统翻译研究增添了很大困难。然而，究其实质性原因，恐怕是历代评论者参照自"五四"以来建立起所谓"真正的翻译"（translation proper）的批评标准，指责晚清译者大都不忠于原著语言与情节，对西方文化与社会的了解过于粗浅，并据此把那一时代的翻译小说统统冠以"胡译""乱译"之名。朱光潜曾把林纾的意译斥为"不足为训"（2009：537）。于是，正如施蛰存所言，"五四运动以后翻译家及读者，对前代的翻译工作者，不免有些鄙夷不屑"，晚清时期的翻译小说"既无文献可征，又无从事研究，竟成为一片洪荒未辟的处女地"（施蛰存，1994：95）。

不过，我们也听到另一种声音，也有换个视角评价晚清翻译小说价值的学

者。钱锺书在《林纾的翻译》一文中说:"偶尔翻开一本林译小说,出于意外,它居然还有些吸引力……发现许多都值得重读,尽管漏译误译随处都是。"(1981:23)他接着说:"也恰恰是这部分的'讹'能起一些抗腐作用,林译多少因此而免于全被淘汰。"(1981:30)他又说:"我这一次发现自己宁可读林纾的译文,不乐意读哈葛德的原文。"(1981:45)很显然,在这里,钱锺书发现了"讹"的独特价值,赋予林译小说里烙有个性化的"讹"以肯定的意义。

究竟是什么因素驱使研究者对晚清翻译小说得出两种迥然不同的评价呢?可以这样认为,是不同的研究方法导致了相异的结论。前一种评价来自以文本阅读为主导的传统的规定性翻译研究,着眼于原作与译作的"字当句对"分析,它以语言为依托,仅从批评者的角度去评判译作得失,是翻译的内部研究,系文本内的阐释性翻译批评,批评者往往忽略原作与译作的历史与语境;后一种评价基于描述性的文化研究方法,把翻译研究置于视野更广阔、更宏大的历史与社会环境中,侧重关注晚清翻译小说特定的社会历史背景,考察影响晚清翻译小说的外部因素,推究译作如何在主体文化(host culture)里接受、运作、传播与影响,因为"翻译所造成的长远文化影响并不取决于原著或译作本身,而是取决于当时的文化环境会把外来知识引上什么道路"(孔慧怡,1999:2)。

综观古今中外的翻译史,传统的翻译研究方法在绝大部分时期占主导地位,所以,学界对晚清翻译小说成就的漠视与贬斥也就不足为奇了。所幸的是,20世纪80年代,翻译研究发生了"文化转向",把文学翻译研究带进了令人耳目一新的比较文学研究领域。

虽然钱锺书早就提出了翻译文学中"讹"(误译的另一种说法)的抗腐作用的问题,但"似乎尚未引起我国翻译界的广泛注意"(谢天振,2007:122)。笔者将立足于剖析晚清翻译小说成就最高的林译小说,试图从比较文学的维度探讨晚清翻译小说中屡遭后世评论者诟病的"误译"话题,继而提出"创造性误译"这个概念,以期挖掘"创造性误译"给晚清翻译文学所带来的意想不到的审美价值,阐明"创造性误译"对促进中国文学现代性发生与发展的历史作用。

二、从"误读""误译"到"创造性误译"

"诗无达诂"一语出自董仲舒《春秋繁露》卷三《精华》。"达诂"指"确切的训诂或解释"。这是古代诗论的一种释诗观念，涉及诗歌及文艺的鉴赏观点，实质上指文学艺术的审美差异性，也可看作中国古代学者对文学误读现象的朴素诠释。

国外较早关注误读的解构主义批评家布鲁姆（Harold Bloom）认为，由于阅读行为总是"被延迟的"，伴随着文学语言被愈加"多元地决定"，文学意义就愈显"证据不足"，因此那种旨在追求某个或某些固定不变意义的阅读是"根本不可能的"（Bloom, 1975: 3）。他又指出："阅读，……是一种异延的、几乎不可能的行为，如果强调一下的话，那么阅读总是一种误读。"（Bloom, 1975: 31）由此看来，"误读"（misreading）是一种主动的行为，旨在摆脱前人影响的巨大阴影，通过误读达到某种创新的境地。

在德曼（Paul de Man）看来，文学语言可导致阅读者的系列误读或误释，没有误读的文本很难说是一个文学文本，理由是文学性很强的文本允许且鼓励读者去误读（谢天振，2007: 110）。这就表明，文学语篇的意义是开放而难以穷尽的，不同读者可获得不同含义。

那么，什么是误读呢？比较文学研究者乐黛云指出："所谓误读是按照自身的文化传统、思维方式、自己所熟悉的一切去解读另一种文化。一般说来，人们只能按照自己的思维模式去认识这个世界！他原有的'视域'决定了他的'不见'和'洞见'，决定了他将另一种文化如何选择、如何切割，然后又决定了他如何对其认知和解释。"（1995: 110）

从比较文学角度看，文学作品创作本身可看作一种翻译，是创作者对人类社会、自然界等客体的"翻译"。所以，自作品诞生之日起，读者就开始对它进行各式各样的"翻译"，即读者对文本的形形色色的理解、接受与阐释。从阐释学视角看，误读与误译有许多相似之处。翻译始终是解释的过程，是译者对给予他的语词进行的解释过程。

文学翻译一般包括理解与表达两个过程。译者首先是读者，但他/她不是一般意义上的读者，因为他/她不仅要先阅读源语文本，而且还担负着用目标语解释其内涵的使命，而解释就是"阅读"源语文本，既然文本不存在精确无误的阅读，翻译的第一阶段就潜伏着误读的可能；表达可视为转述或再创作，即把理解的内容变成目标语文本，此过程同样存在"误释"的机会，这就是"误译"。

由此可见，文学翻译的第一个过程产生"误读"，第二个过程导致"误译"，每一次误读会引起其他更多的误读，它不但隐蔽地影响着译者的理解内容，还决定着翻译的最终产品。

可以这么认为，误译是源语文化信息在目标语文化语境里发生的变异，它包括信息在量方面的增加、减少、失落、扩展等情形。如果说误读一般是发生在语内的心理活动，那么误译通常是两种语言与两种文化在交流过程中所经历的理解与融汇、吸纳与排斥、比较与选择，它反映了外国文化在主体文化里传播过程中出现的碰撞、扭曲与创新等情形。

至此，笔者所涉及的"创造性误译"可以理解为，文学翻译中因译者有意或无意偏离源语文本的语义信息、文学意境、文学意象、叙事方式或文化信息等而造成主体文化对外来文化具有鲜明审美价值的变异。它会使译入语文化与译出语文化之间产生一种相互牵制的张力［tension, a combination of extension（外延）and intension（内涵）］。从比较文学维度看，把创造性误译看作一种既成的、客观的文学现象加以描述，具有特殊的学术研究价值。时代的变迁可以造成审美情趣与审美价值的差异、审美主体的变迁能引起审美情趣的不同、接受主体有限的认知水平与无限的艺术空间之间存在矛盾等因素都会造成创造性误译。

当我们把"创造性误译"引入晚清翻译小说研究领域时，会获得与传统翻译方法迥异的成果，可以为翻译文学批评开辟崭新的研究视野。

三、"创造性误译"在林译小说《茶花女》中的运作

晚清小说翻译是中国历史上第一次直面西方的大规模的文学交流。据樽本照雄统计，从1840年至1920年，总共有2504部外国小说被译成汉语（2000:163），其数量之众多、题材之广泛、影响之深远，在中国文学史上可算得上是空前的盛事。那么，在对欧美文学几乎一无所知的背景下，晚清译者如何接纳、消化并吸收外来文学呢？如果光从翻译角度看，这不仅是一个策略问题，还包括社会、文化、传统等多方面的因素。总而言之，以林纾、包笑天与吴趼人为杰出代表的文人翻译群体，主要采取了用中国传统的诗学原则去比附西洋小说的手段，努力在本土文学传统里为其设置相应的位置，借此来消解与接受外来文化的强烈冲击。

晚清小说翻译中，"译意不译词"是占主流的风气，大量"前现代"的叙事模式用来翻译重写"现代"的欧美作品，譬如说，用体现传统文史相通观念的"记""录""传"等来命名翻译小说。其结果是，晚清翻译文学的语言在很大程度上消解了中国古典文学话语的正统性与规范性，使之逐步"欧化"，并导致中国文学"现代化"的质的转变。

1922 年 3 月，胡适在《五十年来中国之文学》中称"严复是介绍西洋近世思想的第一人，林纾是介绍西洋近世文学的第一人"（1922: 18）。林纾翻译的小说代表了晚清翻译小说的最高水平。据郑振铎考证，林纾总共翻译了 156 种小说，最著名的是《茶花女》（林译书名为《巴黎茶花女遗事》）。胡适又指出，"平心而论，林纾用古文翻译小说的试验，总算是很有成绩的了。古文不曾做过长篇的小说，林纾居然用古文译了一百多种长篇小说，还使许多学他的人也用古文译了许多长篇小说"（1922: 24）。他盛赞林纾所译的《茶花女》为古文开辟了一个"新殖民地"；与原作相比，"林译的小说往往有他自己的风味；他对于原书的诙谐风趣，往往有一种深刻的领会，故他对于这种地方，往往更用气力，更见精彩"（1922: 23）。

通过剖析《茶花女》，"林译小说"的"创造性误译"大致体现在以下几个方面：1. 与人合作的口笔译方式；2. 叙事模式；3. 意识形态；4. 文学传统。

1. 与人合作的口笔译方式

因为林纾"不审西文"，所以"林译小说"实际上是林与其口译者"集体创作的结晶"。据考证，与林纾合作翻译的口译者大约有 20 人，其中《茶花女》的口译者是精通法语的王寿昌。林纾根据中国传统小说的叙述模式对原来的法文作品进行了阐释、改写、增减等再创造。客观而言，林纾不通外语，需依靠友人的口述进行翻译；主观而论，显示出他对中国传统叙述模式与美学观念的信心，同时也表明他对欧美"现代"形式与观念的改造与抗拒的决心。因此，也就不难理解为何他会将欧洲浪漫主义的爱情观念改写为儒家纲常伦理。这其实不只是一次误读、误译，更是在无数次的"创造性误译"中体现出的文化选择。

林纾以独特的方式翻译泰西小说，"听其朗诵西文，译为华语。畏庐则走笔书之"（林纾，2009a: 237）。我们可以想象，中外文化交流史上曾出现这样生动的情景：福建石鼓山边，微微晨曦照耀江面，两岸翠岚如诗如画，画舫缓行书香飘溢，三五知己共赏美文。王寿昌临窗手捧《茶花女》法语原本，一边从容浏览原文，一边用汉语口述大意。林纾则临桌运笔，挥洒成篇，真可谓"耳受而手追之，声已笔止，日区四小时，得文字六千言"（林纾，2009b: 240）。

林纾与王寿昌分别扮演汉语笔述润文与法语口译的角色。口译是对法语版《茶花女》的第一次翻译，笔述则是第二次翻译，而且出版方的编辑参与译文的润色也是常有的事。一方面，这是晚清文学界审美要求的倾向；另一方面，可读性要求驱使翻译小说顺应时代潮流，客观上使得译文笔调雅驯。这是译作"生产过程"的"创造性误译"。

2. 经过改译的叙事模式

林纾在翻译《茶花女》时对叙事模式也用心良苦。晚清时期，从事文学翻译人员之多是中国历史上前所未有的。当时虽有人提出所谓的"依事直叙"，即翻译小说全盘照搬源语的叙事模式与故事结构，但事实上，因中国传统小说与泰西小说很不相同，直译的结果往往使译者遭受严厉的批评，原封不动的"直叙"常被斥责为"率尔操觚""味同嚼蜡"等。

为了满足当时读者的阅读心理，林纾颇费心思。法语版《茶花女》主要采用第一人称叙事方式，先用倒叙让"我"回忆讲述主人公亚猛（今译阿尔芒）与巴黎名妓马克（今译玛格丽特）的故事，结尾仍是马克用第一人称写的日记，透露亚猛的父亲如何威逼自己与亚猛断绝关系、马克病中的凄凉无助与思念亚猛的苦楚。小说有两个第一人称叙述者，其一是亚猛，其二是旁观的叙述者。林纾可能考虑到中国读者的阅读习惯，便把原书里的旁观者"我"改译成原作者"小仲马曰"，即把第一人称变成了第三人称，但保留了部分日记体的第一人称形式。这种"创造性误译"带来了独特的艺术效果：前者以故事主角的身份讲述亲身经历，让读者产生身临其境之感；后者则从旁观者角度讲述他所看到的经过。这两种视角相得益彰，加上作品通篇洋溢着浓郁的抒情氛围与细腻入微的情感描写，所以具有很强的艺术感染力。

下面这段文字叙述的是亚猛读完马克生前日记之后的心情。法语原著里第二个"我"是旁观的叙述者，是整个事件的目击者。

—Vous avez lu? Me dit Armand quand j'eus terminé la lecture de ce manuscrit.

—Je comprends ce que vous avez dû souffrir, mon ami, si tout ce que j'ai lu est vrai!

—Mon père me l'a confirmé dans une lettre.

Nous causâmes encore quelque temps de la triste destinée qui venait de s'accomplir, et je rentrai chez moi prendre un peu de repos.

Armand, toujours triste, mais soulagé un peu parle récit de cette histoire, se rétablit vite, et nous allâmes ensemble faire visite à Prudence et à Julie Duprat.

笔者的译文：

> 我刚看好日记，阿尔芒就问我："你读好了吗？""我的朋友，如果这一切都属实的话，我想你一定会很难过的。""我父亲有封信可以作证。"我们对刚发生的伤心事谈论了一会儿，然后，我回家休息去了。阿尔芒虽然悲伤不已，但说出来就好过一点了。他很快重振精神，我们决定一起去看布吕丹丝与朱丽·杜柏拉。

林纾的译文如下：

> 小仲马曰：余读日记讫。亚猛谓余读竟乎，余曰："设此情属实，我固知君伤心也。"亚猛曰："吾父在，可以证此事之实。"于是余二人少叙，余即归寓。亚猛长日愁郁，自倾吐颠末后，略觉舒展。余于是同之访配唐及于舒里著巴。（金明，2020：171）

为便于国内读者阅读，林纾把目击者"我"改译成"小仲马曰"，这样省去了因不时变换故事叙述视角而带来的阅读麻烦，有利于情节向前推进。

当年著名作家邱炜菱评论道："中国近有译者，署名冷红生笔，以华文之典料，写欧人之性情，曲曲以赴，煞费匠心，好语穿珠，哀感顽艳，读者但见马克之花魂，亚猛之泪渍，小仲马之文心，冷红生之笔意，一时都活，为之欲叹观止。"（转引自：陈平原等，1997：45）我们注意到，"以华文之典料，写欧人之性情"这句评语可以看作林纾借用中国传统规则来翻译西方小说的真实写照。具体地说,但凡西方小说里出现的场景,如果与中国本土文学、文化相同或类似的,就直接用中国的方式去演绎、阐释;如果中国文学、文化里难以参照的,就直接翻译过来,同时辅以一定的解说。

小仲马(Alexandre Dumas fils)的代表作《茶花女》(*La Dame aux camélias*)在法国原来算不上是文学经典作品,但奇怪的是,经过林纾的二度译介,《茶花女》漂洋过海来到异邦中国却成了文学名著。同时代译家严复有诗云"可怜一卷《茶花女》,断尽支那荡子肠"(严复,1986: 365)。"一时纸贵洛阳,风行海内外",小说主人公亚猛跌宕起伏的心理情感、马克变幻不定的人生遭际,被林纾圆润凄美的译笔描绘得淋漓尽致。由此可见,"具体于中国近现代翻译文学来说,外国文学一经翻译便脱离了源语的语境以及相应的文化背景而进入了汉语语境以及相应的中国文化背景,这样,翻译文学就不再是纯粹的外国文学,不论是在语言的性质上还是在文学的性质上以及文化的性质上都发生了根本性变化,具有汉语性和中国性或者说民族性"(高玉,2002: 41)。

3. 无形的改译之手:意识形态

林纾的"创造性误译"还源于意识形态的考虑。勒菲弗尔(André Lefevere)提出翻译涉及四个层次,第一个层次是意识形态(ideology),它制约着其他三个层次(指诗学、话语与语言)。

综观中外翻译史,意识形态是影响译者对原本采取增删、替换、改变等翻译策略的重要原因。于是,晚清译者通常删除不合当时传统国情或道德理想的情节,署名为"铁"的译者在《铁瓮烬余》中指出,"参以己见,当笔则笔,当削则削"(转引自:陈平原等,1997: 356),原作里凡与中国道德礼教冲突的地方,一般采取删削策略,不过,在译著的译序、跋尾、译者识、批解、附记等部分里,往往有译者用心良苦的说明,因为这样不仅不会引起评论界与读者的批判,反而会获得"有益世道人心"的称赞。海天独啸子在《空中飞艇·弁言》里宣称:"凡删者删之,益者益之,窜易者窜易之,务使合于我国民之思想习惯,大致则仍其旧。"(转引自:陈平原等,1997: 108)

《茶花女》描写的是富家子弟亚猛与巴黎名妓马克的爱情悲剧。一方面,亚猛的父亲认为这会玷辱门第，败坏家族声誉，于是千方百计地扼杀他们的爱情；另一方面，马克为亚猛的事业前途与家庭幸福而突然离去，默默承受男主人公的误会与报复，始终没有解说原委，用弥留之际写下感人的日记来证明自己的真爱。小说表现了女主人公马克崇高的自我牺牲精神，宣扬了以人为本的价值观，但这与以家族为本位的宗法制价值观是截然对立的。当时占主流意识形态的儒教虽然并不禁止男女私情，但必须遵循"发乎情，止乎礼"的原则。为缓冲《茶花女》可能对当时中国的传统价值、伦理道德的冲击，林纾有意地删改了一些不符礼教道德的对话，客观上使小说更好地融入了译入语的主体文化体系。

尽管如此，客观上《茶花女》为中国"才子佳人"式的言情小说增添了崭新的价值模式：纯真的爱情可以超越现行的伦理约束，为心爱的对方而敢于牺牲自己的精神是值得赞颂的。

林纾在《〈不如归〉序》里说，"纾年已老，报国无日，故日为叫旦之鸡，冀吾同胞警醒"（转引自：陈平原等，1997: 355）。这说明，他翻译小说不光要把外国小说艺术技巧介绍到中国来，更要把他的爱国热忱，通过翻译巧妙地、有分寸地顺从传统的道德礼教来打动读者；加上他凭着自己的文学素养，用来补有些原作的不足，使他的译作竟胜过有些原作。

4．文学传统

中国读者看小说向来注重娱乐，即从小说引人入胜的故事情节中获取愉悦，以满足猎奇心理；他们看重的是人物对话与行为，较少关注环境描写、景物描绘与心理描摹。所以，晚清翻译小说里较少见到大段的烦琐描写，原因是这些用来衬托人物性格的冗长片段大都被删除了。林纾翻译的《茶花女》自然也不例外。

中西文学传统相距甚远，且晚清小说翻译是中国文学史上第一次大规模的译介活动。对于这场试验性很强但很少有可借鉴范本的近代翻译运动，译家周桂笙在《绍介新书〈福尔摩斯再生后之探案第十一、十二、十三〉》里感叹："夫译书极难，而译小说书尤难。苟非将原书之前后情形，与夫著者之本末生平，包罗胸中，而但鲁莽从事，率尔操觚，即不免有直译之弊，但令人读之，味同

嚼蜡，抑且有无从索解者矣。"（转引自：陈平原等，1997：272）

从某种角度而言，成功的文学翻译一方面是历史的幸遇，另一方面是译者与作者在不同时空的心灵共鸣。一部好作品如果遇到一个好译者，就好比找到了第二个精神家园，在不同语言与文化体系里被赋予了新生命。可以说，林纾翻译《茶花女》就是这样一段文学佳话。

下面这段法语取自《茶花女》第 26 章，描写了女主人公马克弥留之际的音容笑貌：

> Marguerite a encore la conscience de ce qui se passe autour d'elle, et elle souffre du corps, de l'esprit et du cœur. De grosses larmes coulent sur ses joues, si amaigries et si pâles que vous ne reconnaîtriez plus le visage de celle que vous aimiez tant, si vous pouviez la voir. Elle m'a fait promettre de vous écrire quand elle ne pourrait plus, et j'écris devant elle. Elle porte les yeux de mon côté mais elle ne me voit pas, son regard est déjà voilé par la mort prochaine; cependant elle sourit, et toute sa pensée, toute son âme sont à vous, j'en suis sûre.
>
> Chaque fois que l'on ouvre la porte, ses yeux s'éclairent, et elle croit toujours que vous allez entrer; puis, quand elle voit que ce n'est pas vous, son visage reprend son expression douloureuse, se mouille d'une sueur froide, et les pommettes deviennent pourpres.

这是林纾的译文：

> 马克弥留中尚略觉双泪渍颊上。颊已瘦损，附骨色如死灰。君苟见之，并不识为向日意中人也。马克既不能书，属余书之，而目光恒注余笔端，时时微笑。想其心肝，并在君左右。时见门开，辄张目视，以为君入；审其非是，睫又旋合。汗发如沸沸，触之冰凉如水，两颧已深紫如蕴血。（金明，2020：170）

对应的是现代译者张保庆、高如峰的现代汉语译文：

> 玛格丽特还有知觉，还能觉察到周围发生的事情。她的肉体、精神和心灵都在遭受折磨。豆大的汗珠沿着两颊滚落。她的脸煞白无血，瘦骨嶙

峋，即使您再见到她的话，也认不出您昔日曾挚爱过的那张脸庞了。她要我答应在她不能再写字的时候继续写信给您。现在我就在她面前给您写信。她的目光已被步步逼近的死神遮住了，可她的嘴角一直挂着微笑。我敢断定，她的全部思绪、整个灵魂都在您的身上。

　　每次有人开门，她的眼睛就闪烁一次光芒，总以为是您进来了，当她弄清来人不是您时，脸上又露出一副痛苦的神情，渗出一层层冷汗，两颊也涨得通红。（张保庆等译，1996: 254）

可以看出，林纾的译文虽然删削了一些细枝末节的描写，但较好地传达了法语原文的主要内容、故事情节与艺术风格；林纾的译文简洁而富于表现力，他删去的是法语原作的冗笔，其结果是凸现出马克弥留之际身心遭受的剧痛、思念男主人公亚猛的缠绵情愫，笔调凄美动人。

其实，晚清大部分译者是通俗小说作者，他们所翻译的作品里体现出的"创造性误译"，可以理解为译入语文化与译出语文化之间彰显出的一种对峙（confrontation），而译者作为翻译的主体则时刻面临非此即彼的抉择，尽管这种抉择常常要以译出语信息的失落或变异为代价，但如果这种代价有利于异质文化交流，就值得去尝试。

即使在翻译小说数目激增的时期，我们仍然可以听到"吾国小说之价值真过于西洋万万也"（侠人，1905: 165）的审美自信。从读者接受的角度来看，林译小说的畅销表明大众对基于传统中国叙述模式上的"创造性误译"的接受与欢迎。这也进一步扩大了众声喧哗的格局，给中国小说的多声复调增添与发展了崭新的声音、视野。

林纾常常将自己的理解建立在对原著有意误读的基础上，这样实际上就达到了用翻译来服务于他自己的意识形态的目的。因此，有意的修改与忠实的表达常常同时存在于他的同一篇译文里，这实际上起到了对原文形象的变异作用。

因此，钱锺书认为，林纾成功地将外国文学"归化"为中国文学，其结果是林译小说呈现出与源语有相似、有更大差异的中国现代文学措辞风格，"林纾认为原文美中不足，这里补充一下，那里润饰一下，因而语言更具体、情景更活泼，整个描述笔酣墨饱。不由使我们联想起他崇拜的司马迁在《史记》里对过去记传的润色或增饰。……他在翻译时，碰见他心目中认为是原文的弱笔或败笔，不免手痒难熬，抢过作者的笔代他去写。从翻译的角度判断，这当然也是'讹'。尽管添改得很好，终变换了本来面目"（1981：26）。这样，林译小说开启了中国现代文学话语的大幕。

四、"创造性误译"与中国文学现代性

"小说"一词最早出现在先秦典籍里，如《庄子·外物篇》《荀子·正名》等。但作为一种文学文体，屡屡被征引的则是班固在《汉书·艺文志》里的定义："小说家者流，盖出于稗官。街谈巷语，道听途说者之所造也。"我们今天所理解的小说概念，其实是跨文化翻译的产物。可以看出，那时小说所涵盖的范围远远超出了与历史相对应的虚构性叙事这一现代小说观念。上溯至汉代，我们即可发现班固对小说的定义与巴赫金将小说视作"广场、街道、城市、乡村等开放空间的话语"的观念十分接近。

"现代性"这个舶来品内涵丰富，但自近代进入中国以来，它是如何成为中国文化学术话语组成部分的？规模空前的晚清翻译小说在构建中国文学现代性进程中扮演了何种角色？

就现代性影响的来源看，中国现代作家所受到的熏陶与得到的创作灵感更多地是来自外国作家。对此，鲁迅曾谈到自己小说创作的源泉：

> 但我的来做小说，也并非自以为有做小说的才能，只因为那时是住在北京的会馆里的，要做论文罢，没有参考书，要翻译罢，没有底本，就只好做一点小说模样的东西塞责，这就是《狂人日记》。大约所仰仗的全凭先前看过的百来篇外国作品和一点医学上的知识，此外的准备，一点也没有。（1989：512）

蒋锡金认为，林译小说是"中国新文学运动所从而发生的不祧之祖"（1983：128）。鲁迅说过："林琴南用古文翻译的外国小说，文章确实很好，但误译很多。"（1981b：473）郭沫若也承认："林译小说对于我后来的文学倾向有一个决定的影响。"（1979：113）由此可见，相当一批"五四"作家试图借助外力来推垮内部的顽固势力，晚清翻译小说正好为他们提供了极好的新文化传

播媒介，不少中国新文学家就是从翻译外国文学开始其创作生涯的，他们既是作家，又是翻译家。

王宁认为，林译小说大大加速了中国文学的现代性进程，他的翻译实践所起到的启蒙作用是无人可以比拟的。如今，我们再次来审视林纾的翻译，并非要从语言的层面上对他的一些误译吹毛求疵，而更主要的是要着眼于他的翻译对中国文学现代性进程所起到的积极作用（2002: 36-37）。林译小说所涉及的众多世界文学名著在当时乃至 21 世纪的中国仍发挥着深远的影响，这种现象，无论在中国翻译史上还是中国文学史上都是十分罕见的，这足以证明林译小说的历史价值与当今价值。

如果单从语言层面而言，林纾的译文是一种改写与译述，笔者把它界定为"创造性误译"，尽管翻译界对此一直有着激烈的争论，然而，事实上正是这样的"创造性误译"无意间催生了一种新文体：翻译文学。随后不少"五四"时期的作家与其说受到外国文学的影响，倒不如说他们更直接地接受了以林译小说为代表的晚清翻译小说的熏陶。假如我们立足于中国文化的高度、着眼于中国文学史建构的维度来看，毋庸置疑，林纾是一位西方现代性话语在近代中国的创始者与卓有成效的实践者，因为，很多"五四"作家的文学写作话语就直接取材于丰富多样的林译小说。因此，王宁指出，就现代文学经典重构理论而言，林译小说已经涉及了这样几个颇有意义的话题：翻译文学与本国文学之间存在着什么样的互动关系？翻译对经典建构起着哪些关键性的作用？（2002: 37）平心而论，一百多种林译小说里的不少西方文学作品在当代依然是公认的经典名著。

林纾是中国文学翻译史上的先行者，林译小说同时达到了"再现"与"叙述"的境地，还保持了原文的风格情调，大部分作品兼有文字、神韵之美，其中有些竟高于原作。弥足珍贵的是，林纾甚至将源语里的幽默风味与巧妙的遣词造句也惟妙惟肖地表达出来。但他不懂原文以及过快的翻译速度造成了一些有意、无意的错误与遗漏，因而成为一些翻译研究者不断诘难、批评的对象。从他大多数有意识的"创造性误译"来看，林译小说表现出鲜明的"保种救国"的思想倾向与"教化国民"的主体文化意识形态，它们同样影响了很多重要作家的创作动机。

鲁迅早年致力于文学翻译与创作，主要出于思想启蒙的考虑。1920年，他在《域外小说集》中指出："我们在日本留学的时候，有一种茫漠的希望：以为文艺是可以转移性情、改造社会的。因为这意见，便自然而然的想到介绍外国新文学这一件事。"（1981a: 161）这就是所谓的学以益智、文以移情的教化论。

林译小说从文学观念、小说题材、叙事模式、人物塑造到语言表达等方面有力地促进了中国文学现代性的发生与发展；而且，林译小说里的"创造性误译"已赋予原作以崭新的意义，给予原作第二次生命。为此，郑振铎曾给予十分中肯的评价：（1）通过阅读林译小说，中国近代知识分子真切了解了西方社会内部的情况；（2）林译小说不仅让他们认识西方文学，而且让他们知道西方也有可与我国的太史公相比肩的作家；（3）改变了小说乃"街谈巷语，道听途说"之"小道"的千年以来的观念，提高了它在中国文学文体中的地位，开创了中国近现代翻译世界文学作品之风气。（郑振铎，2009: 253-254）

结　语

法国学者埃斯卡皮（Robert Escarpit）认为，"说翻译是叛逆，那是因为它把作品置于一个完全没有预料到的参照体系里，说翻译是创造性的，那是因为它赋予作品一个崭新的面貌，使之能与更广泛的读者进行一个崭新的文学交流，还因为它不仅延长了作品的生命，而且又赋予它第二次生命"（1987: 137）。这里说的"叛逆"，可以理解为"误读"基础上的"误译"，加上翻译的第二层创造性特性，就构成"创造性误译"。

译者面对一部具有异质语言与文化的文学作品，总是先着眼于自身的视角去理解、接受原作，因为他所处的文化范式、价值取向、译者审美观、认知能力等都给译作打上了"再创造"的烙印。在很大程度上，译者对原作的误读通常带有明显的指向性目的，并通过对"异质文化"的误读来肯定与确定自身。从接受语境看，原作跨越不同时代、民族与语言世界进入一个完全相异的语境，必然会受到译入语语言文化规范的制约，在不同程度上异化为译入语文化形态特征，进而逐渐融入译入语文学体系里。

笔者将"创造性误译"引进译学领域，着重考察了晚清翻译文学中"创造性误译"的学理价值，以晚清翻译文学最高成就的林译小说为个案，剖析其代表作《茶花女》。具体而言，按照"误读→误译→创造性误译"的思路阐释"创造性误译"的研究理据，借以说明"误读、误译与创造性误译"之间的转承关系；从解构主义批评家布鲁姆的"误读理论"出发，论证"误读文学作品不仅是普遍的现象，而且赋予文本以崭新的生命"；进而指出"翻译是理解（阅读）与表达（解释）两个过程的结合"，证明"误译是普遍的现象"；接着界定"创造性误译"这个关键词的内涵，梳理林译小说中"创造性误译"的由来、特点与作用，借助历时性的描述，凭借译学的文化研究方法，将林纾的翻译活动置于当时的社会、文化背景里，并与晚清社会思潮、文化思潮相结合，以期客观、公正地评价林译小说的历史价值。

参考文献

Bloom, Harold, 1975. *A Map of Misreading*. New York: Oxford University Press.

罗贝尔·埃斯卡皮, 1987. 文学社会学. 王美华, 于沛, 译. 合肥：安徽文艺出版社.

陈平原, 夏晓虹, 1997. 二十世纪中国小说理论资料. 北京：北京大学出版社.

高玉, 2002. 翻译文学：西方文学对中国现代文学影响关系中的中介性. 中国现代文学研究丛刊(4): 38-53.

郭沫若, 1979. 少年时代. 北京：人民文学出版社.

胡适, 1922. 五十年来中国之文学. 上海：申报馆.

胡翠娥, 2007. 文学翻译与文化参与. 上海：上海外语教育出版社.

蒋锡金, 1983. 关于林琴南. 江城(6): 128.

金明, 2020. 中华翻译家代表性译文库·林纾卷. 杭州：浙江大学出版社.

孔慧怡, 1999. 翻译·文学·文化. 北京：北京大学出版社.

林纾, 2009a. 《爱国二童子传》达旨//罗新璋, 陈应年. 翻译论集（修订本）. 北京：商务印书馆: 237-238.

林纾, 2009b. 译《孝女耐儿传》序//罗新璋, 陈应年. 翻译论集（修订本）. 北京：商务印书馆: 240-242.

鲁迅, 1981a. 鲁迅全集（第十卷）. 北京：人民文学出版社.

鲁迅, 1981b. 鲁迅全集（第十三卷）. 北京：人民文学出版社.

鲁迅, 1989. 鲁迅全集(第四卷). 北京：人民文学出版社.

钱锺书，1981. 林纾的翻译. 北京：商务印书馆.

施蛰存，1994. 文艺百话. 上海：华东师范大学出版社.

王宁，2002. 现代性、翻译文学与中国现代文学经典重构. 文艺研究(6): 32-40.

侠人，1905. 小说丛话. 新小说(1): 165-176.

小仲马，1996. 茶花女. 张保庆，高如峰，译. 太原：北岳文艺出版社.

谢天振，2007. 译介学导论. 北京：北京大学出版社.

严复，1986. 严复集（二）. 北京：中华书局.

乐黛云，1995. 文化差异与文化误读. 北京：北京大学出版社.

郑振铎，2009. 林琴南先生//罗新璋，陈应年. 翻译论集（修订本）. 北京：商务印书馆: 246-254.

朱光潜，2009. 谈翻译//罗新璋，陈应年. 翻译论集（修订本）. 北京：商务印书馆: 529-537.

樽本照雄，2000. 清末民初的翻译小说——经由日本传到中国的翻译小说//王宏志. 翻译与创作：中国近代翻译小说论. 北京：北京大学出版社.

[本文系 2008 年浙江省哲社办课题"晚清翻译小说中的创造性误译"（编号：08CGWW015YBM）的主要成果]

弗洛伊德精神分析法与文学批评关系探讨

引　言

20 世纪，人类在政治、文化、经济、科学、技术等方面取得了空前的成就，这在一定程度上促进了西方文学批评理论的发展与繁荣。尼采、康德等哲学家从各自的世界观与方法论出发，对文学创作阐述了不同的观点与主张，成为西方文学思潮的重要思想源泉；19 世纪末、20 世纪初，各种以非理性主义为主要特征的文学思潮在欧美国家风靡一时，形形色色的批评流派精彩纷呈，形式主义、新批评理论、结构主义、现代主义、女性主义、解构论等风起云涌，潮起潮落，来去匆匆，以各自的方式影响着西方文坛。

在这股声势浩大的西方文学思潮中，西格蒙特·弗洛伊德（Sigmund Freud）的精神分析批评以其独特而深刻的理论体系对西方文坛产生了长远的影响，在分析、解读文学作品中发挥了十分独特的作用。由于历史的局限性，虽然该理论存在一些诸如泛性主义等不足之处，但总的来说，它对西方文学批评所做出的巨大贡献是不言而喻的。

一、精神分析法的主要理论建树

弗洛伊德精神分析法为文学与心理学架起了桥梁，人们可以从一个崭新的角度去解读文学作品。它对文学批评的贡献是多方面的，概括起来主要有五点：（1）赋予文学意象更多的象征意义；（2）心理学概念恋父情结与恋母情结的借用与引入，拓宽了文学批评家的研究视野；（3）弗洛伊德关于心理"类型模式"与"心理过程结构模式"的思想为文学批评家对作品人物进行精神分析提供了

理论依据；（4）他提出的人本研究方法，突破了以往剖析作家传记的传统思路框架。（王宁，2000：143-151）

20 世纪西方文学思潮是自启蒙思想运动以来最大的人文解放。综观该历史时期的文艺批评，我们可以发现，精神分析法尽管面对像结构主义、现象学与原批评论等众多文艺思潮的不断冲击，但依然蓬勃发展，影响了众多文学大家的创作，除了精神分析法本身的理论魅力之外，还得益于弗洛伊德的许多弟子，他们批判地继承与发展了导师的学说，并为精神分析法注入了新的活力。

二、精神分析法对文学批评的贡献

精神分析法为文学批评开辟了全新的研究维度，为长期困扰文学研究的许多难题提供了耳目一新且令人信服的解释。它对文学批评的贡献主要体现在以下五个方面：

第一，20 世纪西方文论虽然流派纷呈，但是大体上有一个共同点：注重文本解读。根据弗洛伊德解读法，文学作品里存在着普遍的象征意义，其中许多象征还与性有关。譬如，精神分析者大多把作品中凹陷、圆形的事物比作子宫。更有甚者，他们倾向于把一座空房子比作女性生殖器，躲在空房子里的人则象征着试图寻求母性保护者；同时，精神分析者通常还把作品里出现的像树干、塔、蛇、高山等意象看作男性生殖器的象征，剧烈的运动，如骑马与飞翔等，都被看作性快乐的体现。

20 世纪西方的主要作家在创作中或多或少都受到弗洛伊德理论的影响，这是不争的事实。文学批评家们借助弗洛伊德精神分析法可以更好地挖掘出作品里的象征物及其内涵，有助于透彻地理解作品。如象征主义大师、美国作家欧内斯特·海明威（Ernest Hemingway）也深受弗洛伊德理论的影响，他的小说《永别了，武器》（A Farewell to Arms）就是借用象征手法创作的杰作。他富于象征意义的书名中的 arms 一词，不仅表示"武器"，而且象征着"拥抱，搂抱"，也就是"爱情"。此外，小说还自始至终交织地表现了两种主题：一方面揭露战争的残酷、主人公的厌战情绪，另一方面描写爱情不断遭遇的挫折经历。

但是，弗洛伊德式的解读法并非无懈可击，其中对文学美学功能的忽略及其语言媒质的缺省是两大软肋，为此，该理论常常受到一些批评家的责难。谢默斯·希尼（Seamus Heaney）曾说过，文学是给人"教育与娱乐"的媒体。塞缪尔·约翰逊（Samuel Johnson）主张，写作的目的是教育，诗歌的目的是寓教于乐。由此可见，文学的美学功能是通过语言来实现的，因为文学是语言的艺术；而且，语言在文学作品中还起到组织结构的作用。

批评者从"自恋"（self-eroticism，即表示儿童对自己身体的欲望）以及"阉割情结"（castration complex）等表示原始的生物需求的概念中找到更多的象征意义。其实，弗洛伊德式的很多象征意义往往太随意、太主观，因而经不起深入推敲，有时令人难以置信。

第二，弗洛伊德关于"恋父情结"与"恋母情结"的独到论述，对于评论者剖析作家生平与作品母题之间的关系大有裨益。根据弗洛伊德思想，其情结理论揭示了人类精神领域一个重要的渐变阶段，即自我与超我的出现、人格的发展、从家庭（自然）走向更广阔的背景（文化）；而且，弗洛伊德认为，外在的权威意识与内在的道德感将影响人的一生。由此可以推断，弗洛伊德理论并不限于个体的存在，它还指向更深远的外部世界。

弗洛伊德最早在他的巨著《梦的解析》（*The Interpretation of Dreams*）里提到了"恋父情结"这个概念，他对此进行了全方位的诠释，称它为想实现某种愿望的掩饰性表达。《梦的解析》是一本对西方文学批评和文学理论产生了巨大影响的著作。

弗洛伊德通过对索福克勒斯（Sophocles）的《俄狄浦斯王》（*Oedipus the King*）与莎士比亚（William Shakespeare）的剧作《哈姆莱特》（*Hamlet*）进行独具慧眼的研究分析，创立了"恋父情结"理论。国内学者王宁（2000: 147）认为，"恋父情结"在文学批评中的运用是弗洛伊德对精神分析法做出的最杰出的贡献，也是 20 世纪莎士比亚研究的一大突破。

在弗洛伊德之前，评论家们对哈姆莱特迟迟不实施复仇计划以及优柔寡断的性格众说纷纭。他们禁不住要问：哈姆莱特真的疯了吗？他是不是装疯卖傻？著名英国精神分析学者厄内斯特·琼斯（Ernest Jones）是第一位运用弗洛伊德理论分析莎士比亚作品的研究者。他在题为《论运用恋父情结解释哈姆莱特之谜》（"The Oedipus-Complex as an Explanation of Hamlet's Mystery", 1910）的论文中做出如下的惊人结论：正是凶手克劳迪休斯使哈姆莱特痛下决心报了弑父之仇，解除了童年时代的郁闷情结。为此，琼斯还列举了许多事实，力图证明哈姆莱特在实施报复计划的关键时刻犹豫不决、充满矛盾与迟疑的心理状态。

另一位名叫诺曼·霍兰（Norman Holland）的学者运用"恋父情结"论从其他的角度来分析哈姆莱特。霍兰认为，根据精神分析治疗的临床病例，每个儿童的潜意识里都有"恋父情结"，即使在其成长过程中，这种情形也依然存在。根据这个理论，哈姆莱特之所以迟迟未实施复仇计划，首先是因为他无法解开自童年时代起就郁积的那个情结；其次是因为他不能释放自己潜意识里聚积起来的欲望能量。所有这一切都为评论家们试图解释哈姆莱特优柔寡断的性格提供了有力的心理依据。简而言之，用弗洛伊德的话来说，恋父情结所描绘的是一幅经放大、夸张了的儿童画。

然而，琼斯与霍兰都着重从精神分析的角度研究哈姆莱特的心理过程，过分强调恋父情结，所以就不可避免地削弱了剧中反映的深刻的社会意义与美学价值。其实，如果脱离特定的社会背景，单纯地去研读文本，那么，文学作品就会沦为一堆心理分析的材料，势必缺乏一定的深度与广度。

第三，弗洛伊德认为，人类意识有三个层次，即前意识、意识与潜意识。三者相互作用，互有重叠，可以转换。后来，他又提出"心理过程的结构模式"。他用"本我""自我""超我"等术语来表达"本我心理学"与"自我心理学"理论。

批评家卡佛尔·考林斯（Carvel Collins）在深入研究了美国作家威廉·福克纳（William Faulkner）的名著《喧哗与骚动》（*The Sound and the Fury*）后指出，这部小说中三大段描写细微、视角新颖的内心独白，就是作家受到了弗洛伊德理论影响的证明。作品人物本杰明的一段自言自语可以看作源自"本我"的翻版，昆汀的独白反映了他的"自我"意识，加森的自白则是"超我"的表现。由此可见，如果把这三个人物的表白加在一起，就可以对应弗洛伊德有关人格的三个层次理论。虽然文学创作中内心独白的技巧先于弗洛伊德，但是他的潜意识理论无疑为作家充分利用前意识与潜意识进行文学创作开辟了崭新的道路。

三、精神分析法的新发展

卡尔·荣格（Carl Jung）是弗洛伊德的得意门生，他批判地继承了老师的精神分析思想，提出了"体现于原型"的"集体无意识"理论。荣格发展并重新诠释了弗洛伊德精神分析体系，在很大程度上拓宽了文学批评家的研究视野。如果说弗洛伊德的理论有助于文论家探索人物的个体心理，那么荣格的集体无意识论（后来，他在此基础上构建了原型批评论）使得文论家可以后退一步、全景式地解读文学作品，这样，从客观上讲，可以排除作品与读者之间的许多壁垒，展现作品所隐藏的原型。

借助荣格的理论，我们就能更好地理解无意识的语言结构。在荣格看来，"法乐士"（phallus）就是一种指代，而不仅仅是生物意义上的男性生殖器，但是弗洛伊德的不足之处在于他过分强调了"法乐士中心"批评。

弗洛伊德主张操纵"本我"的能量来推动满足人类欲望的"本能"。他称"力比多"（libido，性欲）为"取自情感论的一种表达"，因此，把它看作爱情的量化尺度。用精神分析论的术语说，这些爱的本能就是性本能。可是，大多数"受过教育"的人们不能容忍这种含有"侮辱性"的称谓，他们批评运用弗洛伊德理论分析文学作品简直是"泛性主义"大行其道。

弗洛伊德认为，"本能由历史决定"。为此，他举例证明自己的主张。他说，有些鱼在产卵期宁可历经千辛万苦，也要把卵播撒在离平时生活区很远的特定水域，自然界的这种奇特现象本身就是一个很好的说明。

弗洛伊德精神分析理论认为，概括地说有三种途径可以释放或者满足"力比多"：（1）直接投射到异性身上；（2）找心理医生交谈，有助于减轻性压抑；（3）事业上的成就、精神升华可以一时满足或者平息性欲的冲动。

著名诗人 T. S. 艾略特（T. S. Eliot）的长篇诗作《荒原》（*The Waste Land*）表达了人类的永恒主题——爱情。作品开头描写了这样一个场景：生活在荒原上的人们在极度的空虚与绝望中挣扎，尽管如此，他们还是不顾一切地去追求爱与性。艾略特借助大量的独白、对话、描写与隐喻，诗意地向读者展现现代的人们如何渴求满足本能——性欲。所以，根据弗洛伊德理论，如果"力比多"压抑时间过长，就会产生"阉割情结"。

此外，弗洛伊德精神分析法对研究作家传记产生了深刻的影响。尽管传统的文学评论家很看重作家生平与创作背景，但是他们往往忽略了对作品的艺术分析，为此，他们常常遭到形式主义批评家的严厉批评。然而，精神分析法可

以为文学批评开拓崭新的视角：批评家不必置大量生动的人物心理描写于不顾
而沉溺于烦琐肤浅的细枝末节。

运用精神分析法研究一些著名的作家传记，可以得出颇为新颖的结论，这
一点是显而易见的。譬如说，有些批评家认为杰克·伦敦（Jack London）只是
擅长于写作动物题材的作家而已，于是，在相当长的时间里他都备受批评界的
冷落。但是，1977 年出版的《杰克·伦敦传记》（*Jack: A Biography of Jack
London*）为其"平反正名"带来了契机。批评家们通过细读这本传记，并借助
弗洛伊德的精神分析法，惊喜地发现，他的小说里蕴藏着恋父情结。从杰克的
传记得知，他的童年颠沛流离，历经了许多生活坎坷，他患过精神紊乱症，这
对他以后的性格、情感与创作等方面产生了很大的影响。于是，批评家们通过
解读杰克的传记，重新确立了他在美国文学史上应有的地位：他既是赫赫有名
的小说家，又是有广泛影响的社会活动家。

通过以上的分析，我们发现，运用精神分析法研究作家的传记并非万能的，
不过只要使用得当，取其精华，就可能在文论研究里取得新的成果。

结　语

总而言之，当我们从全方位考察精神分析批评时，就会得出以下结论：弗
洛伊德理论因其独树一帜的研究视角，对西方文艺批评确实产生了不可估量的
影响，特别是他创造性地从心理学引进的"恋父情结""恋母情结"等概念极
大地丰富了文学阐释的内容与手段，有助于研究者独辟蹊径，努力揭示被长期
蒙蔽的隐含意义，从跟以往不同的角度去评价文学作品，去重新审视文学价值，
从而不断挖掘作品的深层内涵（connotation），甚至可以改变某些作家在文学史
上的地位。

弗洛伊德理论尽管存在一些不足之处，但是其思想体系（连同存在主义与结
构主义等思潮）对文艺批评做出的巨大贡献是有目共睹的。不仅如此，弗洛伊德
的许多弟子，如著名学者荣格、雅克·拉康（Jacques Lacan），都以各自的聪明
才智发展、完善了精神分析理论。值得一提的是，20 世纪后半叶精神分析论在
西方思想界曾盛极一时，这无疑得归功于拉康在理论上的重新诠释与实践上的
不断创新。

拉康借助语言这个媒体，着眼于作品的文本研读（他认为无意识是有层次的），致力于为文学与心理学架起沟通的桥梁。拉康看到了精神分析批评还有待完善之处，特别是用泛性说解读小说、夸大"力比多"作用的局限性，在他导师业已成功的基础上，结合自己的研究成果，把该理论发展到新的高度。他卓有成效的开创性工作，使弗洛伊德的精神分析批评变得更加富有理性、更加令人信服。

参考文献

Kennedy, X. J., 1976. *Literature: An Introduction to Fiction, Poetry, and Drama*. Boston: Tufts University.

Selden, Raman, 1997. *A Reader's Guide to Contemporary Literary Theory*. London: Prentice Hall.

Zhu, Gang, 2001. *Twentieth Century Western Critical Theories*. Shanghai: Shanghai Foreign Language Education Press. ［朱刚，2001. 二十世纪西方文艺批评理论. 上海：上海外语教育出版社.］

李维屏，1996. 英美意识流小说. 上海：上海外语教育出版社.

戴维·洛奇，1998. 小说的艺术. 王峻岩，等译. 北京：作家出版社.

王宁，2000. 二十世纪西方文学比较研究. 北京：人民文学出版社.

严云受，等，1995. 文学象征论. 合肥：安徽教育出版社.

张隆溪，1987. 二十世纪西方文论述评. 北京：生活·读书·新知三联书店.

张首映，1999. 西方二十世纪文论史. 北京：北京大学出版社.

第四部分

翻译与术语

《图像理论》核心术语 ekphrasis 汉译探究

美国重量级视觉艺术批评家、理论家 W. J. T. 米歇尔（W. J. T. Mitchell）的《图像理论》（*Picture Theory: Essays on Verbal and Visual Representation*）是有关现代西方美术理论的扛鼎之作，作者凭借鞭辟入里的理论阐释、生动丰富的文本分析解答了下列问题：什么是图像？它与文本是什么样的关系？什么是图像理论？它在当代文化与再现的批评理论领域里处于何种地位？上述问题为什么具有理论意义或实际意义？该书与它的两部姊妹篇《图像学：形象、文本、意识形态》（*Iconology: Image, Text, Ideology*）、《图像何求：形象的生命与爱》（*What Do Pictures Want? The Lives and Loves of Images*）一起宣告了批评理论"语言学转向"（linguistic turn）的谢幕，开启了"图像转向"（pictorial turn）的新视野，为视觉文化研究的纵深发展夯实了理论基础。

米歇尔是西方视觉文化研究的领军人物，他的代表作《图像理论》已对国内的图像理论研究产生了一定的影响，这要归功于学者对其著述的翻译与介绍。书里包含一系列西方美术术语，是阐述图像转向理论的重要基石，如何汉译是一个很值得探讨的术语翻译课题。由于中西方艺术史有着不同的文化历史背景与话语体系，因此要将西方图像学的关键术语经过翻译汉化，引入汉语体系，一般都要经历接触、对话、冲突、融合的过程，按着中西会通互释，逐渐实现"中国化"的演变历程，借此丰富中国美术史研究的术语系统。

一、如何汉译重要术语 ekphrasis

《图像理论》有一个重要术语 ekphrasis，最初出现在第一章第二节"元图像"，作者谈到与自己研究思路有关的"自我指涉"（self-reference）问题，其汉译文是："我的方法步骤是**图像再现的语言再现**（ekphrastic）。就是说，我只想忠实地描写似乎以不同方式自我指涉的一系列图画……这个概念是要建立关于图像的二级话语而不诉诸语言，不依靠**图像再现之语言再现**（ekphrasis）。"（米歇尔，2006: 28-29）黑体词语就是 ekphrasis 的汉语译名，虽然第一次出现的是形容词，第二次是名词，但仅相隔两行文字的表述就不一致！

接着，在第二章"文本图像"（"Textual Pictures"）里作者花了三小节的篇幅讨论了"可视语言：布莱克的写作艺术""视觉再现之语言再现与他者""叙事、记忆与奴隶制"等问题，认为"当代文化中的图像转向不仅改变了生产和消费视觉文化的方式，而且就视觉性在语言中的位置提出了新问题，以及旧问题的新版本"（米歇尔，2006: 96）。在这一章的序言里再一次探讨了重要术语 ekphrasis，汉译为"**视觉再现之语言再现**"。这个汉译术语在第二章频频出现，反复论述。据笔者粗略统计，至少有 69 处之多，足见其重要性，所以我们称之为"核心术语"。

历时地看，ekphrasis 是一个既古老又年轻的概念，包含着丰富的人文内涵；共时地看，ekphrasis 涉及众多文艺学科，指涉广泛，难以一言以蔽之。这是米歇尔有关"图像理论"的重要术语，但是，通览《图像理论》全书，其汉译首先是"图像再现的语言再现"，接着是"图像再现之语言再现"，再下面全部译成"视觉再现之语言再现"，于是出现了这样几个问题：第一，从语义学维度考量，该术语译名不统一，容易产生歧义；第二，从术语学角度考察，这样的汉译不规范，它不是术语汉译，而只是一种解释或说明；第三，从美术理论方面审视，用解释的方法汉译核心术语，不利于构建汉语体系里的西方美术理论话语。因此，该书里 ekphrasis 的汉译很值得商榷，也很有必要做进一步的探讨与厘清。

二、词源学里的 ekphrasis

希腊语是现代欧洲诸国字母直接或间接的始祖（ancestor）与原型（prototype），这门古老的语言大约在公元前 1000 年逐步演绎、发展而成，它是词源学（etymology）考证领域经常追溯的文字源头。据此，ekphrasis 或 ecphrasis 源于希腊语 ek 加 phrasis，前缀 ek- 表示"出来"（out），词根 phrasis 表示"说明，告知"（speaking），合在一起就是"说出或描述"的意思；其动词是 ekphrazein，形容词是 ekphrastic，最初指借助文字或语言进行的惟妙惟肖的描摹，也是亚里士多德古典修辞学时期的一种口语修辞技巧。所以，ekphrasis 最初作为一种修辞技巧，指对可视事物（visual objects）的口语再现（verbal representation），试图将一种艺术的精髓与形式以另一种形式生动形象地呈现给受众。接着，经过漫长历史的发展，ekphrasis 随着希腊文字的文学化而逐渐演变成用文字描述图像的文体。

公元前 7 世纪，赫西俄德（Hesiod）的《神谱》（*Theogony*）与《工作与时日》（*Works and Days*），以及荷马（Homer）的《伊利亚特》（*Iliad*）与《奥德赛》（*Odyssey*）的文字化传播，开启了希腊语文学化大幕。荷马史诗《伊利亚特》第18 章对阿喀琉斯盾牌（Achilles' shield）栩栩如生的描述，被学界视作 ekphrasis 的滥觞。这些细致入微的文字描写，可以激发欣赏者的激情（passion）与想象（imagination），使人们在脑海里形成生动的画面，达到读文如见画的艺术效果。

在柏拉图《对话录·斐多》里，苏格拉底提到了 ekphrasis 的情形，他说："斐多，文字有这样一种特质，很像绘画。绘画看起来栩栩如生，但如果问它什么，它肃穆而不答。文字也一样，似乎有灵魂，能说话，可是如果想知道文字说什么，它总是只说着一样事情。"柏拉图借苏格拉底之口探讨文字与绘画可互相转换的现象，即文字能"言说"绘画，绘画可"图说"文字。说明文字不只是简单地记录世界，还能唤起深层次的东西，激发读者的遐想。Ekphrasis 这种古老的修辞手法可以打通文字与绘画的界限，宛如文人掌握的技艺与魔法，借助画布书写文字；画家凭借画布叙说意义，绘画变成了会"言说"的媒介。

另外，ekphrasis 一词最早出现于公元 3 世纪阿福索尼乌斯（Aphthonius）编写的有关修辞学的教科书《修辞初阶》（*Progymnasmata*）中。根据《牛津英语词典》，该词于 1715 年进入英语词汇，继而变成一种独特的修辞（rhetorical device）。纵览其漫长的沿革变迁史，可以说，在当今跨学科的语境里，ekphrasis 是一个历久弥新的术语（a modern coinage）。近年来，文学作品以及许多其他类型的作品如雕塑、绘画、音乐、建筑等，均以不同的形式呈现着 ekphrasis 的方方面面，因此，在西方，这个术语已进入很多人文社科领域。

三、当今汉语世界里的 ekphrasis

自欧洲文艺复兴以来，经过漫长的历史沉积，ekphrasis 衍生出很多含义。

时至 20 世纪中期，ekphrasis 作为一个重要的文艺理论概念频繁地出现于西方文艺界。在国内，随着西方美术理论著述的不断译介，借助语言转述视觉艺术（visual art）的概念 ekphrasis 开始引起学界的关注。但迄今为止，这一术语还没有正式进入中国的理论视野，有关 ekphrasis 的汉语表述五花八门，不尽相同（沈亚丹，2013: 189）。不同学科背景的学者在介绍这个概念时，往往从各自的研究角度理解、阐发，汉译成"仿型"（克里格，1998: 21）、"图说"（卡里尔，2004: 125）、"读画诗"（刘纪蕙，1996: 66）、"符象化"（胡易容，2013: 58）等，不一而足。范景中则从艺术史论的角度将其翻译为"艺格敷词"（贡布里希，1990: 80），这一译名兼顾英语与汉语音义，读起来颇有雅致的意蕴风范。考察这些不同的译名，可以看出，ekphrasis 经历的时代久远，跨越的学科众多，其古老而丰富的内涵日益扩大。现有的每个译名，大致揭示某一种意涵（connotation）而遮蔽（obscure）了其他方面的意义，分开来看，似乎振振有词，"言之凿凿"，但究其实质，每个译名都失之偏颇。目前，ekphrasis 尽管还没有约定俗成的汉语译名，但是，探究不同译名的内涵、外延与特点，可以为我们审视文图关系及艺术史研究提供若干崭新的研究维度。

西方术语的汉译，通常是译者个体脑力劳动的成果，也可能是若干个译者在同一时期或不同时期"不约而同""不约而异"的产物，所以译名各不相同不足为怪。梁启超在《生计学学说沿革小史》中谈及 political economy 汉译名时感慨道："兹学之名今尚未定……草创之处正名最难。"（2005: 14）由此看来，"规定译名乃理解、吸纳该学问体系的第一步，亦是重要的一步。特别是在具有厚重汉字文化积累的中国，要决定一个既贴切反映新概念又不受传统文化干扰的译名，其困难超乎想象"（狭间直树，2015: 268）。每个外来术语的翻译、引进都是多少学人殚精竭虑的结晶，也是学科经历不同时期发展的阶段性成果。

语义溯源在术语翻译中起着至关重要的作用，术语的意义不是语言自身具备的，而是语言使用者人为赋予的，这就是语用价值（pragmatic value）。维特根斯坦（Ludwig Wittgenstein）认为："词的意义不是由独立于我们之外的力量赋予的……词的意义是人赋予的。"（Wittgenstein, 1958: 28）术语使用者是赋予术语意义的主体，可以在不同时期、根据不同学科、在不同地域导致同一术语内涵与外延的变体。其实，推究其历史，ekphrasis 是以语言再现图画的极端形式。

但米歇尔认为，ekphrasis 不是一种独特的、能够再现图画的文本，一切文本都可以再现图画。贺拉斯（Horace）在《诗艺》（*Ars Poetica*）中提出了"如画的诗"或"画如此，诗亦然"（ut pictura poesis, as is painting so is poetry）（2021: 46）的诗学主张，强调的是不同媒介之间意义的翻译与技术的转移能力，把诗与画都看作自然的模仿。米歇尔套用此句来说明绘画与文学的结合，衍生出"如图像的理论"（ut pictura theoria）。他认为，这种理论是多种人文学科"复合而成的奇异的散文体话语的混合物"，是"跨越几种专门术语的综合话语"（米歇尔，2006: 204），因而内涵丰富，指代具有不确定性。

根据现有可掌握的 ekphrasis 汉译名称，可以从"翻译策略""不同学科""历时性"等三方面解释"众说纷纭"的原因。

1　翻译策略引起的译名差异

翻译策略大致可分为"归化翻译"（domestication）与"异化翻译"（foreignization）两大类，"归化"的特点是靠近译入语文化体系，译名容易接受与传播；"异化"的特征是贴近译出语文化规范，译名带有异国情调。譬如有译者将 ekphrasis 译为"图说"，表示"对图像的言说与描述"，声称最初指用言辞描述事物，是对视觉事物的口语再现能力，让听者达到身临其境的效果。这是"归化"的翻译结果，但只是道出了 ekphrasis 最初的含义，即借助语言描写客观事物。陈永国等先将它译为"图像再现之语言再现"（米歇尔，2006: 29），后又译为"视觉再现之语言再现"（米歇尔，2006: 96）；查看 ekphrasis 的英语定义，乃"the question of ekphrasis, the verbal representation of visual representation"（Mitchell, 1994: 109），很显然，译者是直接根据这个解释翻译成汉语的；后面章节中凡是出现 ekphrasis 的地方，统统译成"视觉再现之语言再现"。这是典型的"异化翻译"，虽然颇为"洋气"，但不知所云，而且不堪卒读！

2. 不同学科引起的译名差异

现代学界跨学科研究蔚然成风，ekphrasis 已引起不同学科研究者的浓厚兴趣。但是，研究者首先要给这个术语取个汉语名字，才能展开进一步探索。于是，他们从各自的学术视野积极探讨，给它穿上形形色色的"汉服""唐装"，这样一来，ekphrasis 就变成了"读画诗"（刘纪蕙，1996: 66），这是译者从绘画的角度得出的译名，表示绘画与诗歌的转化关系；还有翻译成"符象化"（胡易容，2013: 58），这是研究者着眼于心理学探究 ekphrasis 的结果，揭示的是符号转变成图像的现象；还有"造型描述"（沈亚丹，2013: 189）的译名，这是作者将 ekphrasis 置于造型艺术语境而给出的翻译，说明的是文字再现美术作品的功能。

3. 历时性引起的译名差异

自 ekphrasis 进入汉语文化系统，从历时的角度看，其汉译名称经历了名目繁多的历程。以译介重要西方美术史作品著称的范景中是国内较早关注 ekphrasis 汉译的学者，他把该关键术语译成"艺格敷词"（贡布里希，1990），刘纪蕙译成"读画诗"（1996），李自修译成"仿型"（克里格，1998），吴啸雷译成"图说"（卡里尔，2004），陈永国等译成"视觉再现之语言再现"（米歇尔，2006），谭琼琳译成"绘画诗"（2010）（认为西方绘画诗 ekphrasis 类似于中国题画诗，主要根据绘画或雕塑创作诗歌），沈亚丹译成"造型描述"（2013），胡易容译成"符象化"（2013），等等。由此可见，在过去二十几年里，ekphrasis 至少已经在汉语世界里产生了上述不同译名，可谓是精彩纷呈、各显神通。

具体分析 ekphrasis 形形色色的汉译名，可以发现这样一个共性：其内涵主要彰显了形象性、身临其境的语义特征，从各自的理解、视角展现媒体之间的形式转换。就译名"符象化"而言，似乎想凭借"心理形象"融通不同媒介符号的关联，可是对 ekphrasis 的原初意义表达不清晰，而且忽略了语言可以转述（retell）图像的特性。另外，就汉译名"读画诗"与"绘画诗"而言，二者都局限于诗歌可呈现绘画图像，虽然涉及 ekphrasis 的核心内涵，但排除了诗歌以外的"形象呈现"与"图像描述"，缩小了术语的内涵与外延，犯了逻辑学上以偏概全的形式逻辑错误。

众说纷纭的 ekphrasis，最初是西方古典修辞学的技术术语，强调把描述的对象生动地展现在听众面前，因此在描述人物、建筑物以及艺术作品时得以充分地发挥。古希腊演说家还专门传授这种修辞练习，是《修辞初阶》训练科目的一部分（李宏，2003: 39）。译名"艺格敷词"，看起来有点抽象，从语义学看还带有古典色彩（classic-sounding），似乎比较接近 ekphrasis 的原初含义。译名"造型描述"，表明语言可以描摹绘画、雕塑等造型艺术，虽然造型是西方艺术的重要特征，而中国艺术中写意占主导地位，凸显"造型"就会遮蔽东方艺术的特点，而且，造型描述对象主要指现实的视觉艺术——语言转述艺术品，揭示文字表达与视觉呈现之间的内在关系。译名"图说"，尽管比较直观地说明了图像的话语再现，但 ekphrasis 丰富的内涵明显变窄了。

20 世纪 70 年代，美籍荷兰学者霍姆斯（James Holmes）在"翻译学科创建宣言"《翻译研究的名与实》（"The Name and Nature of Translation Studies"）里规划了这门学科的最初设想。他将翻译研究分为描写翻译研究（descriptive translation studies, DTS）、理论翻译研究（theoretical translation studies, ThTS）与应用翻译研究（applied translation studies, ATS）三大模块。其中的"描写翻译研究"主要指描写翻译行为与翻译现象，"二者在经验世界里表现自我"（霍姆斯，2005: 403），与此相对的是传统的"规定翻译研究"（prescriptive translation studies, PTS）。据此，术语翻译也可分为"描写性"与"规定性"两类研究。描写性术语翻译认为，术语的基础是自然语言，其使用必然要遵循自然语言规律，因而具有变异性（variation），所以，同一术语翻译可以呈现不同的译名，就如一个概念可拥有几个不同的指称一样。从历时的角度看，术语是随着学科的发展而不断变化的动态系统，知识体系会沿着新陈代谢的路径波浪式地向前推进，有些术语经翻译进入译语体系会很快得到认可、传播与接受，有的术语沉寂于某个时期，但可能会随着某个学术流派、学术思潮的勃然兴起而重新引起学界的关注。

四、"艺格符换"与 ekphrasis

现代学界跨学科、跨艺术研究已成为一种思潮，所以 ekphrasis 的内涵还在不断拓展、延伸，涉及的学科疆域也在不断地扩大，出现了像 ekphrastic painting、ekphrastic poetry、ekphrastic music、ekphrastic dance 等许多跨媒介形式，如何汉译这些新出现的术语？这是我们翻译界、文艺界面临的新问题，因为合理而系统的术语是任何学术研究的基础，也是新学科诞生、发展与繁荣的重要理据，舶来品的术语翻译更是如此。

有学者在系统而全面地考察了国内外有关 ekphrasis 的历史渊源与沿革、当前应用及其内涵与外延的基础上提出了富于建设性的汉译术语。现代意义上的

ekphrasis 表示不同艺术媒介之间的有机转换，每一次转换都会融入创作者新的元素；参照国内已有译名"艺格敷词"，拟将 ekphrasis 翻译为"艺格符换"。据此，我们可以合理地解释从图像转换为语言的"艺格符换诗"、从语言转换为图像的"艺格符换画"、从语言转换到舞蹈的"艺格符换舞"等众多跨媒介的创作现象。

因此，以"艺格符换"汉译 ekphrasis，更符合当今图像转向时代对于语图关系的研究趋势，理由是它不仅包括了西方的造型艺术，也包含了中国的写意艺术；它不但兼顾了文学、艺术史、艺术评论等领域，而且容纳了影视作品、广告设计等艺术门类。这样，涉及的领域可以大大地拓宽，米歇尔的"图像转向"理论主要反对局限于美术史论的视觉文化研究，因为视觉文化已成为一个跨学科的研究领域。可见，"艺格符换"对于图像的语言说明，既包含了 ekphrasis 的视觉艺术品之语言呈现的当代范畴，也拓展了视觉对象之语言呈现的古典范畴，可以将广告、抽象画、多媒体、超媒体等新兴视觉艺术形式，以及设计、影视等各种视觉形象文本纳入各种不同媒介转换的宏大系统内。

从符号学的角度看，"艺格符换"一词可以这样理解："艺"表示各类媒介、艺术，有文字媒介、造型艺术、绘画艺术等可视艺术，也有音乐、说唱等可听艺术，同时也有影视等可视可听的综合艺术；"格"表示格范（典范、标准）、格尺（标准）、格令（法令）、格法（成法、法度）、格样（标准、式样、模样）；"符"表示语言、线条、图画等各种符号；"换"表示"转换、转化、变换"等。合在一起就表示"不同艺术媒介通过一定的形式可以互相转换"，这在当今人文艺术界，无论是借助人脑的智力转化，还是凭借高新技术的机器转换，或是通过人脑与技术的合成转变，都是司空见惯的现象。

20 世纪 60 年代兴盛于法国、意大利的符号学（semiotics、semiologie、semiotic）最早源于胡塞尔（Edmund Husserl）的现象学、索绪尔（Ferdinand de Saussure）的结构主义、皮尔斯（Charles Peirce）的实用主义，用来解读非语言的符号（如图片、绘画、建筑等），但绕不过自然语言中介（medium），如罗兰·巴特（Roland Barthes）就曾采用描述性文字来解析时装元素（蒋传红，2013: 139）。还有，学界分析绘画作品时，也常限于分析绘画的描述性语言。"艺格符换"的"符"字可以理解为"符号学"，因为在符号学看来，无论是语言，还是其他媒介，都属于符号系统。

美国当代汉学家宇文所安（Stephen Owen）长期致力于中国传统文论的英译与传播工作，他指出，"格"主要有两方面的含义，第一与气质风格（manner）有关，第二与结构体式（structure）有关。"格"的第二层意思表示"正式结构的一个样式"或一种"固定格式"，用于技术诗学，指符合标准格式（2003: 658）。"艺格符换"是属于第二层次的意义。为此，ekphrasis 虽然最早发端于西方古典著述，但由于当代学者赋予了许许多多的现代意义，因此，它已成为一个涉猎文学、艺术、考古等学科的术语（郭伟其，2010: 25）。这样一来，在当代跨学科的宏大叙事语境里，"艺格符换"将担当更加广泛的研究重任了。

进入 21 世纪，现代科技的高速发展与国际交流的日益频繁，拓宽了人们对自然界、人类社会与思维认识的深度、广度与高度。人文科学与自然科学互相渗透，不断迸发出新的埋念与主张，现代西方美术的发展冲破了民族、国家、地区与时空等藩篱而更彰显世界性（universality）；同时，各种艺术之间的关系更加紧密，创作手法具有多变性与综合性，如音乐、美术借用了文学、电影技巧，绘画借鉴了音乐的抽象性，美术移用了文学的意识流，各类艺术媒介之间出现了大融合、大渗透与大流变，所以，《图像理论》采用的核心术语 ekphrasis 正好体现了当代文艺研究呈现出的跨专业、跨学科特点。

综上所述，我们尽量从多学科、多视角，从历时、共时维度考察与论证了 ekphrasis 的来龙去脉，认为将其汉译成"艺格符换"是迄今为止比较好的选择；当然，"艺格符换"能否得到学界的广泛认可，还有许多事情要做。第一，该译名需要经受时间的检验与考验，主要在于是否有助于推进科学研究的不断发展；第二，"艺格符换"的接受程度、普及范围与传播领域，既取决于译词的质量（如概括力、包容量等），又取决于传播译词载体的影响力（如经常出现于重要的、顶级的学术期刊，则可促进术语的接受力度）。

结　论

我们借助探讨《图像理论》核心术语 ekphrasis 的汉译问题，得出这样几点看法：第一，需要承认中西文论术语的不可通约性（incommensurability），同时要尽力跨越语言、文化、学术传统、时空隔阂等多重困难。第二，既要传达术语的源语语境意义，又要努力挖掘术语在西方文论系统里的多重含义，还要兼顾这两层意义间的关系。从语言学考察，语境意义通常比较单一明晰，可通过翻译的措辞来实现，但如果要把术语的自身意义及其历史沿革、渊源关系等表述清楚，可能要借助其他如副文本（para-text）这样的办法了。第三，译者既要尊重中西方文艺研究方法，又要顾及西方学术传统逻辑严密与分析性思维的特点。总而言之，译者常常徘徊于国内外研究视角之间，客观上不能脱离文本原意随意发挥，有意、无意的误读也就在所难免，若换个角度看，这使得译作充满了不同程度的张力（tension）。

王国维在谈到翻译、引进外来文化时指出，"若译之他国语，则他国语之与此语相当者，其意义不必若是之广。即令其意义等于此语，或广于此语，然其所得应用之处不必尽同"（王国维，2010: 73）。这里包含着术语的内涵与外延两方面，将源语里的术语翻译成目标语，很少有内涵与外延都等同的情形，变大或变小是常态，等同却是稀有的例子。

术语翻译总是滞后于术语的使用与认可，翻译一个新术语不等于完全理解它，因为术语内涵是在译介、传播、接受中不断丰富充实的，所以每当西方美术新术语进入汉语学术体系时，不妨侧重讨论、研究其实际应用情况，这样可获得更为广泛的阅读，走进更大的视野，充实汉语学术的理论资源。

参考文献

Mitchell, W. J. T., 1986. *Iconology: Image, Text, Ideology*. Chicago: The University of Chicago Press.

Mitchell, W. J. T., 1994. *Picture Theory: Essays on Verbal and Visual Representation*. Chicago: The University of Chicago Press.

Mitchell, W. J. T., 2005. *What Do Pictures Want? The Lives and Loves of Images*. Chicago: The University of Chicago Press.

Wittgenstein, Ludwig, 1958. *The Blue and Brown Books*. Oxford: Basil Blackwell.

贡布里希, 1990. 象征的图像——贡布里希图像学文集. 杨思梁, 范景中, 编选. 上海：上海书画出版社.

郭伟其, 2010. 作为风格术语的"风格"——一个关于"艺格敷词"与艺术史学科的中国案例. 新美术(6): 18-26.

贺拉斯，2021. 诗艺. 上海：上海译文出版社.

胡易容，2013. 符号修辞视域下的"图像化"再现——符象化（ekphrasis）的传统意涵与现代演绎. 福建师范大学学报(1): 57-63.

霍姆斯，2005. 翻译研究的名与实//陈永国. 翻译与后现代性. 北京：中国人民大学出版社: 398-411.

蒋传红，2013. 罗兰·巴特的符号学美学研究. 镇江：江苏大学出版社.

大卫·卡里尔，2004. 艺术史写作原理. 吴啸雷，译. 北京：中国人民大学出版社.

莫瑞·克里格，1998. 批评旅途：六十年之后. 李自修，译. 北京：中国社会科学出版社.

李宏，2003. 瓦萨里《名人传》中的艺格敷词及其传统渊源. 新美术(3): 34-45.

梁启超，2005. 生计学学说沿革小史//陈争平. 中国经济学百年经典（上）. 广州：广东经济出版社: 12-20.

刘纪蕙，1996. 故宫博物院 VS 超现实拼贴：台湾现代读画诗中两种文化认同之建构模式. 中外文学(7): 66-96.

米歇尔，2006. 图像理论. 陈永国，胡文征，译. 北京：北京大学出版社.

沈亚丹，2013. "造型描述"（Ekphrasis）的复兴之路及其当代启示. 江海学刊(1): 188-195.

谭琼琳，2010. 西方绘画诗学：一门新兴的人文学科. 英美文学研究论丛(1): 301-319.

王东，2014. 抽象艺术"图说"（Ekphrasis）论——语图关系理论视野下的现代艺术研究之二. 民族艺术(3): 89-93+120.

王国维，2010. 书辜氏汤生英译《中庸》后//王国维. 王国维全集（第 14 卷）. 谢维扬，房鑫亮，主编. 杭州：浙江教育出版社: 71-83.

狭间直树，2015. 近代东亚翻译概念的发生与传播. 袁广泉，等译. 北京：社会科学文献出版社.

宇文所安，2003. 中国文论：英译与评论. 王柏华，等译. 上海：上海社会科学院出版社.

"乌托邦"及其衍生词汉译述评

乌托邦（utopia）是一个承载丰厚历史积淀的概念，它一直是人类思想史上充满活力而令人神往的话语。乌托邦包含两层含义，一是指对现实社会的批判，二是指对更美好社会的构建。

美国学者 J. 赫茨勒（J. Hertzler）认为，乌托邦思想经历了四个发展阶段（林慧，2007: 3）。第一阶段自公元前 11 世纪到公元 15 世纪，乌托邦观念源于希伯来先知者的宗教教义，呈现为宗教性与伦理性的乌托邦，包括基督教的乌托邦思想与柏拉图的《理想国》；第二阶段自 16 世纪到 17 世纪，文艺复兴与新大陆的发现进一步激发了乌托邦的想象空间，这是早期近代乌托邦，具有世俗的实质，重要代表人物与作品有托马斯·莫尔（Thomas More）的《乌托邦》、弗朗西斯·培根（Francis Bacon）的《新大西岛》、托马斯·康帕内拉（Tommas Campanella）的《太阳城》等；第三阶段从 18 世纪到 19 世纪，乌托邦思想与人类进步、社会发展的理想主义相结合，摈弃了幻想与空想的成分，是近代乌托邦思想发展的最高阶段；第四阶段从 19 世纪末 20 世纪初至今，这是现代社会的乌托邦，侧重于关注社会现实，对资本主义进行更深刻与犀利的批判。

乌托邦虽然是近代历史的产物，但综观其上述几个阶段的主要发展脉络，我们发现一个颇有意义的现象，即在乌托邦每个历史发展时期，utopia 这个词语都演绎出具有鲜明时代烙印的表达方式，出现了像 classic utopia、Christian utopia、dystopia、anti-utopia、heterotopia、e-topia 等一系列与 utopia 有关的衍生词。

一、"乌托邦"溯源及严复首创的汉译

1516 年，英国文艺复兴时期天才作家莫尔出版了用拉丁语写作的长篇小说

《乌托邦》，莫尔因而成为乌托邦文学的开山鼻祖。"乌托邦"一词是由莫尔依据古希腊语首创的。从词源学看，它有两种说法：一是说词素 ou 表示"无，没有，子虚乌有"，词素 topos 表示"地方，场所"，二者合在一起则表达"不存在的地方"，相当于汉语的"乌有之乡"；另一种解释，u 是古希腊语词素 ou（没有）与 eu（美好）的谐音，所以，utopia 是 outopia（no place）与 eutopia（good place）两个词语重新合成的拉丁语仿词（calque），指"福地，乐土"与"不存在的好地方"。莫尔要在作品里描述现实生活里并不存在的完美世界，就以 Eutopia 或者 Happyland 来命名："乌托邦岛像一叶小舟，静静地停泊在无边的海洋上。远远看去，就像一座海市蜃楼，虚无缥缈中透出神秘的气息。"（莫尔，2007: 45）

"乌托邦"这一汉译较早出于严复之手。严复在 1895 年版的《天演论》中提及"乌托邦"一词的翻译，他说："假使员舆之中，而有如是一国，……夫如是之国，古今之世，所未有也。故中国谓之华胥，而西人称之曰乌托邦。乌托邦者，无是国也，亦仅为涉想所存而已。"（2011: 28）在 1898 年以后的版本里他删掉了"中国谓之华胥，而西人"这几个字。

接着，严复在自己所译的经济学名著《原富》（*An Inquiry into the Nature and Causes of the Wealth of Nations*）一书中又提及"乌托邦"一词："以吾英今日之民智国俗，望其一日商政之大通，去障塞，捐烦苛，俾民自由而远近若一，此其虚愿殆无异于望吾国之为乌托邦。"至此，严复插入一段小夹注解："乌托邦，说部名。明正德十年英相摩而妥玛所著，以寓言民主之制，郅治之隆。乌托邦，岛国名，犹言无此国矣。故后人言有甚高之论，而不可施行，难以企至者，皆曰此乌托邦制也。"（见：斯密，1981: 373）此外，严复在《原富》译本前所附的《斯密亚丹传》里也使用过"乌托邦"一词，"虽然，吾读其书，见斯密自诡其言之见用也，则期诸乌托邦"（见：斯密，1981: 6）。由此可见严复翻译 utopia 一词的理据、参照、匠心与煞费苦心。

严复首创的汉译"乌托邦"一词，无疑是中国近代翻译史上意译与音译奇妙结合的典范，因为"乌"取"子虚乌有"之意，"托"寓"寄托，托付"之意，"邦"存"邦国"之内涵。三个汉字放在一起产生一个新的汉语合成词，表达"虽不存在，但有所寄托的精神家园"。

自严复创造"乌托邦"译名一百多年来，我们的世界发生了巨大的变化。人类社会已经从农业社会、工业社会迈入了日新月异的信息时代，数字化正前所未有地影响着这个"地球村"。同时，知识界跟 utopia 相关的衍生英语词汇粉墨登场，借以描述不同阶段的"乌托邦心态"。与此相呼应的是，我们在引进这些"舶来品"时，如何恰到好处地翻译这一系列乌托邦的衍生词，是一个值得探讨的课题。

二、"乌托邦"的衍生词汉译

希腊的古典乌托邦（classic utopia）是理性沉思的对象，它使得虚拟的理念世界与具体的现实世界截然对立，导致古典乌托邦在实质意义上具有不可通达性与不可通约性，所以未能进入人类历史。而犹太基督世界的宗教乌托邦（Christian utopia）则将天国置于未来，神是历史的主体，可是人犯有原罪（sin），缺乏实现天国的力量。只有将二者有机结合，才能建构通达人性的乌托邦。所以，希腊文化与希伯来文化是近世乌托邦的两个重要源泉（sources），从这个意义上说，乌托邦就是希腊世界理性精神与希伯来世界历史意识糅合而成的产物。

西方世俗的乌托邦有着久远的渊源，它既不含有历史的期望，也没有诉诸政治的行动。无论是柏拉图的《理想国》，还是 18 世纪的各种美好构想，世俗乌托邦都是一个使人沉思而不是催人行动的历史范式。真正的乌托邦是地理大发现、文艺复兴与宗教改革等综合因素的结果，近世乌托邦侧重于对社会的理性安排。所以，乌托邦是一个流变的概念，经历了从空间到时间、从静态到动态的演绎，在不同时代产生了一系列的衍生词，其内涵也发生了深刻的变化。

1. 关于 dystopia、cacotopia、kakotopia、anti-utopia 等词的汉译

据笔者考证，1868 年英国哲学家约翰·斯图亚特·密尔（John Stuart Mill）在一次国会演讲里较早使用了 dystopia 一词。源语词 dystopia 由 dys 与 topos 两个词素组成，其中前缀词根 dys 源于希腊语 dus，表示"不好的"（bad）、"反常的"（abnormal）等含义，topia 则来自希腊语 topos，意谓"地方，场所"（place），合在一起可以翻译成"反乌托邦"，还译作"反靠乌托邦""敌托邦"或"废托

邦",表述的是乌托邦的反面内涵,具体指在后现代社会里因恐怖、压抑、掠夺等负面元素造成的人类生活条件恶劣的世界。

1818 年,杰雷米·本达姆（Jeremy Bentham）首先使用了 cacotopia 一词,并定义为"暴政之国"（the imagined seat of the worst government）,《牛津英语词典》把它列为"仿造词"。另一词 kakotopia 与 cacotopia 相仿,可音译成"坎坷邦",意谓"充满丑恶、不幸的地方",是乌托邦的对立词、反面词。这些源语词汇通过文学、艺术或政治等方式,表达了人们对乌托邦信奉的思想、原则的怀疑与讽刺。

从发生学的角度看,"乌托邦"属于源始性的概念,"反乌托邦"是因"乌托邦"而衍生的,它是"乌托邦"的副本。"反乌托邦"还可细分为两种:一是与具体的乌托邦构想呈对立的,可汉译为"反面乌托邦";二是与乌托邦基本思想原则或哲学基础相对立的主张,源于 anti-utopia 一词,拟汉译作"反乌托邦"。该词的前缀 anti- 意谓"反对的,反面的",与核心词 utopia 组合而成。

"反乌托邦"是以 20 世纪 70 年代乌托邦的衰弱为开端的,它通常极力宣扬、铺陈乌托邦所信仰的那些如科学、理性等原则,借以彰显这些原则的荒谬、荒诞与恐怖。反乌托邦思想主要源于 19 世纪末资本主义社会的经济危机、20 世纪初肆虐欧亚的法西斯以及影响深远的两次世界大战等历史事件（谢江平,2007: 70）。

反面乌托邦是近代社会的产物,是对现代性的怀疑与否定。反面乌托邦文学作品描述的是反面的理想社会,物质文明泛滥并高于精神文明,精神依赖于物质,精神受控于物质,人类的精神在高度发达的技术社会并没有真正的自由。这一类小说通常叙述技术的泛滥,高新技术表面上提高了人类的生活水平,实质上则掩饰了人们虚弱空洞的精神世界。人被关在自己制造的钢筋水泥牢笼里,这里阴暗冰冷、精神压抑。在这种生存状态下,物质浪费蔓延,道德沦丧,民主受压迫,等级制度横行,人工智能背叛人类,最终人类文明在高科技牢笼中僵化、腐化,走向毁灭。

自 20 世纪 80 年代以来,随着反乌托邦的代表作如俄国叶夫根尼·扎米亚京（Yevgeni Zamyatin）的《我们》（1920）、英国阿道司·赫胥黎（Aldous Huxley）的《美丽新世界》（1932）、英国乔治·奥威尔（George Orwell）的《动物庄园》（1945）与《一九八四》（1948）被译介到中国，越来越多的国内学者投入该领域的研究。弗雷德里克·詹姆逊（Fredric Jameson）认为，后现代的反乌托邦本身就是一种乌托邦，因为上述作品大多描写了人与人工智能的矛盾对立、人渴望人性自由、建立人机合作的愿望与对简单化和机械化世界的抗争（林慧，2007: 97）。

2. 关于 heterotopia、e-topia 等词的汉译

自 20 世纪 90 年代以来，互联网的迅猛发展，正在将全人类"一网打尽"。互联网正在消除国家界线，让全世界变成"电子地球村"。

在后现代社会的今天，经济全球化、文化多元化与晚期资本主义给人类带来了前所未有的深远影响。乌托邦已经发展成一种空间乌托邦，社会关系、体制变革等被投射到无限的空间，出现了一种新型的科幻小说"赛伯朋克"，该词译自 cyberpunk，它描写的故事往往发生在网络与数码的空间里，其破碎而断裂的叙述方式有力地挑战了传统文学整体、宏大的叙事逻辑。"赛伯朋克"的代表作有 20 世纪 80 年代威廉·吉布森（William Gibson）的小说《神经漫游者》（*Neuromancer*），它通过人与世界疏离（estrangement）和陌生化（defamiliarization）的艺术手段使我们对当前现实抱有更清醒的认识。Cyberpunk 一词由 cybernetics（信息科学）与 punk（痞子）两词合成。

在这个网络年代，"赛伯朋克"又衍生一个新的电子空间 heterotopia，该词由前缀 hetero-（意为"异质的，不同的"）与 topia 组合而成，可以汉译成"异托邦"。福柯对此内涵作过形象的比喻。他说，异托邦是一个超然于现实但又真实而另类的世界，"从镜子那里，我看到自己……我开始从异托邦注视自己，矫正、调整现实中的自己。镜子具有的异托邦功能在于：它使我所处的地方在我从镜子中注视自己的一刹那变得格外真实，同时也格外不真实"（Foucault, 1998: 239）。这是因为传统乌托邦的主体与集体性发生了根本变化，主体呈现出流动、漂浮性特征，主体的想象也呈局部与破碎状态。

历史上，人们曾梦想过人类大同的乌托邦，今天的电子技术正在创造一个电子乌托邦，有人称之为"伊托邦"（e-topia）。这个伊托邦汇聚了所有的网民，只要能够上网，就可以获得伊托邦国民的资格。

"伊托邦"译自 e-topia，该英语单词最早出现于威廉·J. 米切尔（William J. Mitchell）的论著 *E-topia: Urban Life, Jim—But Not as We Know It*（1999），此书的中译本题为《伊托邦：数字时代的城市生活》（2005）。显而易见，e-topia 由前缀 e-（electronic 的首字母缩略语）与 utopia 合成，也是一个在当今电子时代应运而生的新造词，类似的词语还有很多，如 e-mail、e-commerce、e-shopping 等。米切尔是美国麻省理工学院教授，他指出，"伊托邦"是个中性词，主要指代自 1993 年数字革命引起的"提供电子化服务、全球互联的当代社会和未来城市"；"伊托邦"既不是充满浪漫色彩的、令人憧憬的传统乌托邦，也不是充斥悲观无望的反面乌托邦，其实，它是数字化高新技术的产物（米切尔，2005: 12）。伊托邦借助强大的数字网络使地球村的村民超越时空，可以随时随地平等、自由地交流，构建一个人类梦寐以求的"大同世界"。

3. 关于 utopia writ big、utopia writ small 与 anti-anti-utopia 等的汉译

乌托邦自诞生之日起就可分为 utopia writ big 与 utopia writ small 两种形式。utopia writ big 可以汉译为"大写的乌托邦"，具体指"大范围的、扩张主义的国家式抑或帝国式的乌托邦"，试图借助一定的科学技术、组织数百万人来建造一个自由平等、完美和谐的理想社会，其本质是传统哲学思维模式的产物（谢江平，2007: 260）。"大写的乌托邦"坚信科学与理性能够造福人类，这是乌托邦思想的主流。utopia writ small 一般翻译成"小写的乌托邦"，指"小型的、区域性或者是家庭式的乌托邦"，如傅立叶（Charles Fourier）、欧文（Robert Owen）等人追求的是一种关系密切、自足自乐的社区团体。

但是，随着帝国式乌托邦观念的瓦解，乌托邦研究日薄西山，似乎已经转到精神层面。因此，詹姆逊提出，我们面临的问题是如何从否定的意义上去描述乌托邦，换言之，从未来不会变成什么样子的视角去勾勒乌托邦。于是，他创造出一个新词 anti-anti-utopia。该词用了两个前缀 anti-，可以翻译成"反反乌托邦"。他进一步认为，"反反乌托邦"写作可以将人类的想象从当下里解放出来，因为无论是"反乌托邦"，还是"异托邦""伊托邦"，都把对乌托邦的恐惧引向了同一性，所以，最好的乌托邦应该是大部分人无法理解的乌托邦，"反反乌托邦"可以揭示那些未说的东西（林慧，2007: 92-93）。

究其内涵，詹姆逊倡导的这种对乌托邦幻想机制的研究视角，是另一种乌托邦心态的体现，它关注的是历史的、集体愿望的实现。

三、关于乌托邦汉译词的思考

中国古代也产生过类似于乌托邦思想的作品，如庄子著名的《逍遥游》有这样一段文字："今子有大树，患其无用，何不树之于无何有之乡，广漠之野，彷徨乎无为其侧，逍遥乎寝卧其下；不夭斤斧，物无害者；无所可用，安所困苦哉？"其中的"无何有之乡"一语，显然表明了一种圣人精神遨游于自由无羁的空间的人生态度，而且，就其词义"无何有"而言，与西方世界里乌托邦的本义"没有这个地方"十分相似。

莫尔把希腊语的"没有"（ou）与"地方"（topos）结合起来，自创了这个拉丁语新词 utopia，严复翻译成"乌托邦"而不是"乌有之乡"，很有见地。乌托邦既是一个美好的地方（good place），也是一个不存在的地方（no place）；如果仅看到"乌有"的一面，大概就少了理想主义色彩。当然，如果只看见理想，没看到其不现实的一面，那就是政治幼稚。乌托邦（utopia）本义表示"没有这个地方"（nowhere），指代一个空间化的概念，无论是莫尔的《乌托邦》，还是康帕内拉的《太阳城》，都指从空间意义上描摹的理想社会形态。

恩斯特·布洛赫（Ernst Bloch）指出，乌托邦是人的本质规定，人类文明史就是一部乌托邦的历史。乌托邦是一种"想象性哲学"，是普遍存在的精神现象，是人们冲破异化结构的根本动力。希望是"尚未存在"（not-yet-being），又是"尚未意识"（not-yet-consciousness），人总是不满足于现状，总想克服当下的局限性而迈向新的可能性，乌托邦就是这种希望意识的集中体现（林慧，2007: 12-15）。

回顾乌托邦及其衍生词汉译的演进史，我们可以发现，乌托邦一直是一个不断流动而富于弹性的历时概念，它在不同历史阶段扮演不同的角色。自严复创造性地把 utopia 汉译为"乌托邦"以来，utopia 就一直在这个完全异质的汉语文化语境里接受"过滤""嫁接""阐释"，演绎出一系列与乌托邦相关的衍生词译名，不同程度地影响着现代社会里人们的生存方式与逻辑思维，产生所谓的"乌托邦"心态——批判现实，向往美好。

　　乌托邦一直是人类社会不断发展前进中充满生机与活力的话语，虽然在当今的后现代社会里乌托邦面临着前所未有的危机，但它依然存在，仍以不同的形式在发生作用。从某种意义上说，在人类苦苦寻找精神家园的今天更需要乌托邦思想，因为正如著名作家奥斯卡·王尔德（Oscar Wilde）所宣称的，世界地图如果没有一块乌托邦，就不值得人们一瞥，因为它缺少承载人性的地方。其实，在这个反乌托邦的时代，人类更需要乌托邦，更需要反思乌托邦的意义与价值。

参考文献

Foucault, Michel, 1998. *Of Other Places, Visual Culture Reader*. London: Routledge.

林慧，2007. 詹姆逊乌托邦思想研究. 北京：中国人民大学出版社.

威廉·米切尔，2005. 伊托邦：数字时代的城市生活. 吴启迪，等译. 上海：上海科技教育出版社.

托马斯·莫尔，2007. 乌托邦. 胡凤飞，译. 北京：北京出版社.

亚当·斯密，1981. 原富. 严复，译. 北京：商务印书馆.

谢江平，2007. 反乌托邦思想的哲学研究. 北京：中国社会科学出版社.

严复，2011. 天演论. 南京：译林出版社.

大陆与港澳台地区科技术语的翻译与规范

——基于计算机术语的个案研究

一、问题的缘起

中国自古以来就十分重视语言文字的统一，历代统治者不遗余力地制定、推行各种方针政策，一贯主张"书同文，车同轨"，视语言文字的统一与规范为国家强盛、民族团结的坚实基础与重要象征。从历时维度看，这项文化工程在捍卫国家统一、民族团结方面做出过不可替代的贡献。但在经济全球化、市场国际化、文化多样化的语境下，高科技日新月异地发展，新兴学科不断涌现，科技术语层出不穷，中国科技术语翻译与规范问题正在日益凸现。

鉴于历史、政治、地理等诸多因素，大陆与港澳台地区就源自西方的高新技术术语表达存在着比较严重的混乱现象，如大陆称 missile 为"导弹"，台湾译成"飞弹"；大陆把 software 译成"软件"，而台湾叫"软体"；大陆称 space shuttle 为"航天飞机"，台湾译为"太空梭子"。如果这些术语勉强还能交流、沟通的话，那么大陆称 information 为"信息"，台湾把它翻译成"资讯"，大陆把 plasma 叫作"等离子体"，而台湾翻译成"电浆"，双方恐怕就会坠入云里雾里了！

据统计，这种现象在基础学科中要少一些，如物理学大约 20% 的术语表达不一致，然而在新兴学科，这种混乱状况就比较严重了，比如当今高速发展的计算机学科，其术语的不协调与表达差异竟高达 40% 以上。大陆与港澳台地区同文同种，可是，这种"一物多名"的状况正在严重影响彼此间的科技、经贸、文教等方面的交流。据悉，台北徐统教授曾给时任中国科学院院长的周光召院士写过信，说在一次大陆与港澳台地区科技研讨会上，与会专家不得不凭借台湾"国语"、普通话与英语"三种语言"来进行学术交流。这说明大陆与港澳台地区专业人员在科技术语表达方面确实存在着严重的差异与障碍，所以只好用该术语的源语即英语来判断、解释、确认对方表述的概念。

出于历史、政治、地理等诸多原因，大陆与港澳台地区对同一科技术语的翻译与表达存在很不统一的状况，由此引起的误解、曲解往往会导致高科技贸易谈判失败、经济合同作废，从而造成经济损失，影响科技交流。因此，译界必须联手科技界以及相关的政府职能部门，从科技术语翻译的源头着手，规范、统一科技术语译名的表述。

二、术语翻译的文献综述

据笔者掌握的文献，国内专门研究术语翻译的论著并不多见。较早的研究成果可以推定为陈独秀于 1916 年发表在《新青年》上的《西文译音私议》，他在文中探讨了西方主要语言的译名问题，指出："译西籍，方舆姓氏，权衡度量，言人人殊。逐物定名，将繁无限纪。今各就单音，拟以汉字。"随后，作家陈德徽、雁冰的文章《译名统一与整理旧籍》发表在 1922 年第 6 期《小说月报》上，他们提及翻译时译名统一的重要性。第二年，该杂志又发表了西谛（郑振铎）撰写的《文学上名词译法的讨论发端》，主要提出了名词译法不统一可导致读者在理解译文时产生很多误会的问题，作者从标准翻译问题、翻译名词、文学名词音译问题与诗歌的名词译例等方面进行了论述。1926 年，何炳松、程瀛章在《东方杂志》上撰文《外国专名汉译问题之商榷》，探究音译、意译之别。（参见：文军，2006: 3-8）

改革开放以来，我国的科学技术得到了突飞猛进的发展，科技术语的翻译引起了科技界与翻译界人士的关注。钱三强提出了实现我国科技名词的统一与规范化的主张（1987），吴凤鸣回顾了我国科技术语的继承性及其翻译的发展历史（1991），西米论述了翻译与术语学的二者关系（1994），于志芳探讨了科学词语翻译的国际化与标准化（1998），辜正坤从学术的视角阐明了术语翻译与学术研究的密切关系（1998）。（参见："中国科技术语"网）

上述的术语翻译研究，早期论著大多着眼于文学题材术语的译名之争，后来则主要从宏观的维度探讨，其课题内容通常宽泛而具普适性，但是具体针对某一学科的科技术语翻译及其规范的研究十分少见，而这部分微观选题的个案研究更有现实意义。

三、从语义学角度解剖科技术语

术语是指通过语音或文字来表达或限定专业概念的约定性符号，它既可以是单词，也可以是词组。术语跟普通词语的区别在于，术语的语义外延（denotation）是根据所指（signifier）的关系确定的，换言之，它跟能指（signified）没有直接的附属关系。术语大多是名词，也包含大量的名词性词组。术语具有单义性（univocal）与单一指称性（monoreferential）的要求。

与"术语"一词相对应的英语词语有两个：term 与 terminology。前者往往指单个术语，后者一般指某一学科或某一专门领域的术语总和，即术语集。根据术语学研究，术语的出现只是近世的事情，主要是全世界科技高速发展、人类思维日趋精密的结果。

科技术语则指科学技术领域里确定某个观点、概念时所使用的专门语汇。科技术语的概念内容与其相应学科或相应领域的整个概念系统彼此联系，并受其限定。一般认为，术语的选定可以概括为以下几条原则：（1）准确性；（2）单义性；（3）系统性；（4）简明性；（5）稳定性；（6）理据性；（7）稳定性；（8）能产性。（冯志伟，1997: 1-3）

现代语义学认为，概念是逻辑思维的主要形式，是反映事物本质特征的思维产物；语义是客观事物在语言中的反映。苏联学者谢尔巴（Lev Sherba, 1981）指出："任何一种语言的绝大多数概念词与另一种语言的概念词毫无共同之处，只有术语是例外。"（转引自：黄建华、陈楚翔，2001: 82）不同语言之间的语义内涵（semantic connotation）有宽窄之分，语义范围有大小之别。

一般认为，科技术语包含两层含义：字面含义（literal meaning）与学术含义（scientific meaning）。语义学家往往着重研究其字面含义，而科技专家则注重其学术含义，翻译家则必须兼顾其字面含义与学术含义。

科技术语的字面含义是指由构成该术语的各个单词以及由这些单词结合而成的句法规则（syntactical rules）决定的含义，而其学术含义则取决于相应的学科定义。

现代语义学认为，术语的字面含义是术语的学术含义的语言基础，术语的学术含义不能游离于术语的字面含义而独立存在。就内容而言，首先，术语的学术含义应该比术语的字面含义更为丰富；其次，术语的学术含义应该与术语的字面含义保持一致，并只能在其字面含义基础上加以科学的界定而形成；再次，术语的学术含义不是一成不变的，其内涵（connotation）通常会随着学术的发展而不断丰富。

四、计算机术语翻译现状及其原因

术语是千百年来人类文明在语言中的智慧结晶，它不仅引起语言学家的高度关注，而且吸引了几乎所有学科专家的目光。从历时看，大凡某一学科新概念的诞生与旧概念的消亡，一般通过术语这一媒介来实现。所以，术语反映了人们不同阶段的科研成果，同时也是各地科研人员进行学术交流的重要"行话"与媒质。

术语学是研究语言词汇里专业术语规律的学科，主要探讨概念的成分与结构、概念的特征、概念的定义方法、概念的交叉关系、概念体系等问题。在早期，术语学隶属于语言学。20 世纪 70 年代以来，术语学呈现出跨学科的特点，因为它不仅与语言学密不可分，而且与逻辑学、分类学、本体论、情报学以及相关的自然科学、社会科学结下了不解之缘。所以，从语言学独立出来的术语学已成为几乎涉及人类知识各个部门的独特的博大精深的学科，这恰好说明了术语学在人类现代知识总体结构中的重要地位。从术语学维度探究大陆与港澳台地区计算机术语译名差异，把术语学引进翻译研究，可以拓宽研究思路，加深译名差异理解，有利于提出规范策略。

语系不同会导致术语构成方式的不同。根据国际标准 ISO/DIS 704，属于印欧语系的英语术语主要具有以下构成特点：

（1）转义法：通过改变普通词语含义形成术语。如 debug，其普通含义指"驱除的害虫"，变成计算机术语则表示"调试"。

（2）合成法：由语素合成单词型术语，由单词合成词组型术语。如 online（在线）、data retrieval（数据检索）。这类术语是汉语术语里能产性最强的构成方式。

（3）词性转变法：改变术语的词类变成另一种词类的术语。如 output 表示"产量"时是普通名词，转义成计算机术语"输出"时就变成动词 to output 了。

（4）加缀法：由词根与词缀结合而构成术语。如 e-mail（电子邮件）与 subroutine（子程序）都加上了前缀，accumulator（累加器）则加上了后缀。

从语言结构功能的角度出发，属于汉藏语系的汉语术语有"单词性术语"与"词组性术语"两大类（冯志伟，1997：110）。研究汉语术语与英语术语在构词方式上的差异，有助于从术语学角度探究科技术语翻译。

但是，历史沿革、社会体制、地理位置、译介途径等诸多因素导致了大陆与台湾、香港、澳门的科技术语有很大的分歧与差异，尤其在计算机等新兴学科里，术语的表述不一致状况更为严重。就计算机学科术语表述、使用而言，目前主要存在以下的问题。

1. 有些术语，大陆与港澳台地区使用完全不同的译名

如 accumulator 这个术语，大陆学界译为"累加器"，而台湾译为"累数器"，港澳译为"集数器"；常用术语 peripherals，大陆称为"外围设备"，台湾译为"周边设备"，港澳译为"周边机"；还有像 Internet，大陆译为"互联网"，台湾译为"网际网路"，港澳译为"万维网"。这样的例子还有很多。除却历史、社会等原因，单从语义学的角度看，虽然有的译名比较接近，如 accumulator 十分类似，但仔细分析一下，大陆与港澳台地区在翻译术语时都各有侧重，主要体现在翻译技巧与策略的不同。大陆的译名无论是术语的字面意义，还是术语的学术意义，都翻译得比较到位。相比之下，台湾的译名有的较多地关注其字面意义，如把 jump 译成"跳跃"；港澳的译名有的注重于另造汉语词汇，如把 Internet 译成"万维网"，有的则倾向诉诸比较抽象的意义，如把 jump 译成"跃离"。

科技术语翻译不完全是"翻译"，它要求译者尽可能从目标语中的相同学科中找出等价的术语。但由于大陆与港澳台地区学科传统不同，同一学科发展程度不同，因此所用术语的概念内容不尽一致；再者，计算机学科发展日新月异，新术语层出不穷，译介进入大陆、台湾、香港、澳门的时间与途径各有差异，造成同一英语术语分别有不同的汉语表述的现状。这种"一物多名"的术语给大

陆与港澳台地区的学术、教育、文化等交流带来的麻烦最大，最容易造成误解、曲解与难解等诸多问题，而且，这种现象还相当普遍。

2. 有些术语，台湾与港澳一致，而与大陆的译名不同

例如术语 control，大陆译为"控件"，而港澳与台湾都译为"控制元件"；subroutine 一词，大陆译为"子程序"，港澳与台湾都译为"副程式"；还有，常用术语 hardware，大陆译为"硬件"，而港澳与台湾都译为"硬体"。这样的情形也相当普遍。

计算机术语通过渗透、派生、转变等途径产生大量的新词汇，这是它的一大显著特征。从形态学（morphology）与构词法看，该学科的术语主要由派生词（derivation）、复合词（compound）、赋新词（neologism）、混成词（blending）、缩略词（shortening）、借用词（loan）等组成。基于对构词的不同理解与汉语的不同表达，大陆与港澳台之间存在不少语义差异，但可以猜读。

计算机术语的汉译可以借助直译、意译、音译、借用（borrowing）、仿造（calque）、合成、转义、缩略等方法，根据实际情况不拘一格地灵活应用。

如上所述，大抵是港澳台之间科技交流比较频繁、信息沟通比较顺畅等原因，有些术语演变成完全一致的汉译名，但与大陆的表述存在一定的差异，虽然有的容易理解一些，但有的确实比较费解。

3. 有些术语，大陆与港澳台地区的译名都不一样，而且彼此难以理解

如常用术语 byte，大陆译为"字节"，港澳译为"数元组"，台湾译为"拜"；firmware 一词，大陆译为"固件"，台湾译为"韧体"，港澳的译名不详；array 与 file 两个术语，大陆的译名分别为"数组"与"文件"，而台湾则译为"阵列"与"档案"，港澳与此对应的译名不详；dereference 一词，大陆译为"解参考"，台湾译为"提领"，港澳的译名不详。

据统计，这部分容易产生诸多歧义的术语占有较大的比重。如上所述，台湾的译名有的侧重于音译，如把 byte 译成"拜"；大陆译成"字节"，显然是兼顾了字面意义与学术意义的；港澳的"数元组"看重的是数理方面的因素。大陆把 dereference 翻译成"解参考"，侧重的是英语的构词法，因为 de- 是一个常

见的前缀，意为"解除，祛除"；而台湾译为"提领"，不容易理解其含义，可能较多关注的是术语的学术意义。

翻译计算机术语时，除了要求表达原术语的真正内涵外，还必须注重译词的语言表述，换言之，翻译过来的汉语要像"术语"，要讲究源语学术含义的理据（theoretical justification），体现其含义的稳定性，比如台湾把 byte 译成"拜"，就术语的标准（"简明性"一条）而言，还有值得商榷的余地。

大陆与港澳台地区在翻译术语时，理解源语的角度、价值取向、措辞的不同，导致了"五花八门"的译名，造成了难以理解、不易沟通的局面。

综上所述，大陆与港澳台地区在计算机术语的翻译与使用上有很大的差异。虽然使用同一种汉语言文字，却往往要从英文术语中寻求同一的含义。术语的差异、不统一所导致的误会，甚至会影响学术交流的效率、进程。以"指标"一词为例，在台湾电脑界，把计算机上用的"鼠标"叫作"滑鼠"，台湾出版的电脑图书称"鼠标指针"为"滑鼠指标"。人们当然不会把这个"指标"误会成经济学家所考虑的"指标"，但是从这个例子可以看到，在汉语中，"指标"这个词的确是身兼数职。

五、协调、规范计算机术语翻译差异的策略

大陆与港澳台地区使用的汉字虽然存在简体、繁体的差异，但是科技术语的不统一要比字体的不统一更麻烦。开展术语审定工作时，应该分学科对科学概念进行汉语定名，同时附以相应的外文名称。科技术语的翻译与规范是一件极其繁杂而艰难的基础性工作，学术性要求高，牵涉面广，需要相当长的时间与过程，同时也需要投入大量的人力物力，以保证其审定结果的权威性。由于这项工作的特殊性质，它必定要依靠"政府行为"才可能得到推进，以至完成。还要在具体的实施过程中吸引社会力量的支持与介入，这不仅是必要的，也是完全有可能的，但其前提是必须保证国家或政府始终充当这项事业的行为主体。

规范科技术语的译名可以从三个层面做起。首先从宏观角度诉诸政府行为，建立国家级的权威机构，审定、规范、发布术语译名；其次是不断加强科技人员的学术交流，增强彼此间的沟通与了解，从专业的视角协调、规范、统一术语；再次是翻译工作者、语言工作者与科技人员合作，从源头把好术语翻

译关，为术语决策者当好参谋。

1. 全国自然科学名词审定委员会是协调、规范科技术语译名的强大政府支持

为了适应我国科技事业高速发展的需求，大力促进科技术语的规范化与标准化，1985 年 4 月，经国务院批准，我国成立了全国自然科学名词审定委员会（China National Committee for Natural Scientific Terms），其主要任务包括研究、制定科技术语审定与统一工作的方针与措施，负责搜集有关中外术语资料与信息，通过各种渠道与港澳台地区有关组织与个人建立业务联系，积极开展大陆与港澳台地区科技术语的交流与协调。

全国自然科学名词审定委员会是我国术语工作的权威机构，明确规定中文术语定名应遵循以下的原则：（1）术语的用字应该严格按照国家关于语言文字的相应规定；（2）贯彻"一个术语一个含义"的原则；（3）贯彻协调一致的原则；（4）定名要遵守科学性、系统性、简明通俗性的原则。[①]

2. 频繁学术交流是科技术语译名趋于统一的有效技术支撑

自 1991 年 8 月在北京举行"海峡两岸汉字学术交流会"起，已经陆续在各地举办了"两岸汉语语汇文字学术研讨会""两岸汉语言文字合作研究学术座谈会""海峡两岸汉语史研讨会""海峡两岸汉语语法史研讨会""海峡两岸中国修辞学学术研讨会"等一系列汉语言文字学术会议。2006 年，海峡两岸语言学术交流持续升温，相继召开的学术会议主要有"第二届海峡两岸现代汉语问题学术研讨会""第七届汉语词汇语义学研讨会""华人地区语文生活与语文政策学术研讨会""第四届海峡两岸大气科学名词学术研讨会""海峡两岸信息名词研讨会"等。

通过学术交流，大陆与港澳台地区学者不仅增进了了解与理解，而且也为彼此的语言文字工作做了许多实事，如科技名词术语的对照与统一等。各种形式与多个领域的学术交流，也将为译名的趋于规范与一致夯实学术基础。

另外，在具有历史意义的"汪辜会谈"达成的四条协议里，其中一条就是

---

① 参见：全国科学技术名词审定委员会科学技术名词审定原则及方法（修订稿）. http://www.cnterm.cn/ sdgb/sdyzjff/.

探究大陆与台湾科技术语的统一，足见科技术语一致工作的重要性。双方可以通过先了解沟通、再编订公布科技术语的方式逐渐取得一致。

3. 相关学科专业技术人员精诚合作是科技术语译名规范、统一的学术保证

严复曾感叹："一名之立，旬月踯躅。"这足以说明术语翻译的艰辛与翻译工作者在此过程中的巨大付出。科技术语的定夺需要由翻译工作者、技术编辑、科技专家、专业语言教师等专业人员的共同参与。有关科研人员发扬团队合作精神，利用强大的网络，设计高效的翻译辅助软件，建立科学的术语语料库，可以解决术语用词要求高与实际使用中不规范之间的矛盾，缓解新术语出现迅速、超前与词典收录新术语缓慢、滞后之间的矛盾。

翻译工作是一项高度个性化的创造性劳动，但科技术语翻译还需要科技专家、语言学家等其他学科人员的积极参与。再者，各方人员可以发挥互联网的强大优势，借助 TRADOS、金山词霸、雅信 CAT 等比较成熟的计算机辅助翻译软件，全面搜索相关的科技术语译名，建立术语语料库，成立研究小组从事新术语翻译、收录、规范工作，组织力量将术语数字化，供全国自然科学名词审定委员会参考、选择、审定。

参考文献

冯志伟，1997. 现代术语学引论. 北京：语文出版社.

黄建华，陈楚翔，2001. 双语词典学导论. 北京：商务印书馆.

文军，2006. 中国翻译批评百年回眸. 北京：北京航空航天大学出版社.

中国翻译协会科技翻译委员会等，2005. 科技翻译信息化. 北京：科学出版社.

论译者主体性与中医术语英译关系

引 子

中医学源远流长，博大精深，是我国众多传统的科学技术中少数能完整地保留至今，并且在 21 世纪仍以自身独特的体系继续不断发展的学科。自中国走向现代化以来，许多浸润着悠久文化传统的话语已经或正在淡出今天的社会生活，但中医学凭借其独特的学术体系依然在影响着当今世界，并越来越多地得到国际社会的关注与认可。

丰富的中医理论源于独特的概念，而其概念源于由独特的汉语所构成的中医术语。总体而言，我国现有的绝大多数自然科学的术语均译自外语（主要是英语与俄语），对中国的现代性产生了深远的影响；而饱含浓郁民族特色的中医术语肇始于先秦，经过几千年的历时演绎，中医学已发展成为富含"国情"的医学体系，其术语与中国的传统哲学、文化密切相关。中医要实现现代化与国际化，就需借助现代语言阐述，即用现代话语来表达，这将有助于传统中医学与当代主流学科对话，体现当代科学水平。

中医与西医的理论体系不同，其术语富于中国特有的文化内涵，很大一部分术语很难在英语中找到对应的译词。中医走向世界，术语翻译无疑是巨大的壁垒。多年来，中医翻译研究一直偏向于译出语即医古文文本与译入语英语文本之间的关系，循着从文本到文本之路，而较少探讨在翻译实践中起主导地位的译者作用。实际上，如何有效地发挥译者的主体性是一个很关键、很实际的问题。基于多年从事中医翻译实践的经历，笔者试图从语义学角度解读中医术语的内涵，结合中医术语的特点，提出在翻译实践中要积极发挥译者主体性的作用的观点，以进一步探讨译者主体性与中医术语翻译的深层关系。

一、译者主体性的界定

基于翻译本身的复杂性，以及涉及的因素众多，国内译学界对什么是翻译主体的命题众说纷纭。许钧认为，译者是狭义的翻译主体，而作者、译者与读者均为广义的翻译主体（2003: 9）。杨武能坚持，作家、译家与读者都是翻译主体（2003: 10）。

笔者对上述观点表示异议。第一，德里达（Jacques Derrida）曾对由"在场（presence）的形而上学"与"语音中心主义"构成的"逻各斯中心主义"（logo-centrism）进行了猛烈的抨击。德里达指出，文字使作者与作品相分离，封闭的在场就被解构（deconstructed）了（转引自：蔡新乐，2008: 172-173）。这就表明，文本一旦以文字形式固定下来，作者就失去了说话的当下性。由此看来，作者不能充当翻译主体（裘禾敏，2008: 87）。第二，尽管接受美学与读者反应论关注读者对文本的建构作用，但是这种作用是在译者所提供译本的基础上进行二度解读而产生的，其反拨作用十分有限。所以，我们认为，在翻译过程中译者是翻译的唯一主体，而作者是创作主体，读者是接受主体，它们三者之间呈现的是"一种平等的主体间性关系"（陈大亮，2004: 6）。所以，"译者主体性"可以这样表述，它指"作为翻译主体的译者在尊重翻译对象的前提下，为实现翻译目的而在翻译活动中表现出的主观能动性，其基本特征是翻译主体自觉的文化意识、人文品格和文化、审美创造性"（查明建、田雨，2003: 22）。这样看来，译者主体性虽然具有自主性、目的性与能动性，体现的是一种十分活跃的、个性化的创造意识，但它同样需受到相应客体不同程度的制约。

二、从语义学看中医术语

术语是指通过语音或文字来表达或限定专业概念的约定性符号，它既可以是单词，也可以是词组。术语跟普通词语的区别在于，术语的语义外延（denotation）是根据所指（signified）的关系确定的，换言之，它跟能指（signifier）没有直接的附属关系。总体而言，术语基本上由名词组成，也包含大量的名词性词组。根据术语学规定，术语一般具有单义性（univocal）与单一指称性（monoreferential）

的定义要求。

中医术语则指中医学确定某个观点、概念时所使用的专门语汇，它是整个中医学理论体系的基础，是中医学概念与原理的基本表述单位。科学的术语翻译是中医迈向国际化与现代化的第一步。

现代语义学认为，概念是逻辑思维的主要形式，是反映事物本质特征的思维产物；语义是客观事物在语言中的反映。苏联学者谢尔巴（Lev Sherba, 1981）指出："任何一种语言的绝大多数概念词与另一种语言的概念词毫无共同之处，只有术语是例外。"（转引自：黄建华、陈楚翔，2001: 82）不同语言之间的语义内涵（semantic connotation）有宽窄之分，语义范围有大小之别。

一般认为，中医术语包含两层含义：字面含义（literal meaning）与学术含义（scientific meaning）。语义学家往往着重研究其字面含义，中医学专家则注重其学术含义，翻译研究学者则必须兼顾其字面含义与学术含义。中医术语的字面含义是指由构成该术语的每个汉字以及由这些汉字结合而成的句法规则（syntactical rules）共同决定的含义，而其学术含义则取决于专业定义。

现代语义学认为，术语的字面含义是其学术含义的语言基础，术语的学术含义不能游离于字面含义而独立存在（冯志伟，1997: 133）。就内容而言，首先，中医术语的学术含义应该比字面含义更为丰富；其次，中医术语的学术含义应该与术语的字面含义保持一致，并只能在其字面含义基础上加以科学的界定而形成；再次，中医术语的学术含义不是一成不变的，其内涵（connotation）通常会随着学术的发展而不断丰富。

三、译者主体性在中医术语翻译中的能动作用

中医术语门类繁多，数量庞大。学界一般认为，它具有以下的特点：（1）历史性；（2）人文性，（3）定性描述；（4）民族性；（5）传统性；（6）抽象的概念由具体的名词来表述。（朱建平、王永炎，2005: 18）译者可以借助语义学、术语学、中医学等跨文化、跨学科知识，创造出成功的术语译名。

中医翻译因中西文化的巨大差异、中医理论的深奥玄密而变得"趣不乖本"与难以"曲从方言"（汉朝佛经翻译的经验），因此，著名英国中医翻译家魏迺杰（Nigel Wiseman）结合自己长期的翻译实践认为，中医翻译非常艰难。

他说，世界上恐怕很少有人能够甚至愿意从事这项中医西译工作的（李照国，2006: 27）。从译者的角度看，虽然英语里缺乏中医术语的对应语是译者面临的最直接与最现实的难题，但同时也是译者最能发挥主体性的地方，因为成功的译文主要取决于译者如何设法在译入语英语里物色、比较、定夺合适的译语。

1. 译者尽力把握好中医术语的学术含义

从词源学（etymology）看，中医术语"贼风"由"贼"与"风"两个普通的汉字组成，起初有译者望文生义，把它翻译成 thief-wind、evil wind 与 thievish wind 等，但据《辞源》，"贼风"指"自孔隙透入之风，易致疾病，故称贼风。宋王衮博济方四胎产：床头厚铺裀褥，遮障孔隙，免有贼风所伤"（1988: 1611）。这是语义学上所指的字面含义。而作为中医术语，其学术含义主要指"能引起四时季节性疾病的病邪"（it refers to all abnormal climatic changes and exogenous pathogenic factors, which may attack and harm the human body without being noticed）（李照国，2000: 39）。译者在参照"贼风"的字面含义时，需要更多考虑其中医学术含义。经过一段时间的不断演进，目前才形成了 pathogenic wind 这个比较科学的译语。

针灸学是中医西传较早的中医分支学科，大约在 18 世纪初传入欧洲。近年来，许多国家在医院开设了针灸专科，还成立了专门的针灸研究机构与针灸学院，已召开了多次国际性针灸学术会议。针灸有众多穴位（acupoint），其中"远道刺"一词源于《灵枢·官针》："远道刺者，病在上，取之下，刺腑俞也。"它指"身体上部有病痛取用肘膝以下阳经的穴位进行治疗"（《中医大辞典》编辑委员会，1986: 96），因其针刺穴位距离病灶较远而得名。从语义学看，可把"远道"与"刺"当作两个意群处理；从术语学角度看，"远道刺"的字面含义比较明确，可理解为"距离比较远的针灸疗法"，其学术含义指"离患处较远部位进行针刺的方法"。据此，拟译作 remote needling、distant needling、distal needling 等，但比较三个译名，着重从中医术语的学术含义考虑，distal 一词本身包含了"远侧，远端，末梢，末端"等与医学相关的内涵，所以 distal needling 译名最接近源语本义。

2. 译者着力观照中医术语字面含义与学术含义的取舍

医古文含义丰富，行文简洁，语义大多呈提示性，翻成英语时提示性术语需变成明确的陈述，这给译者带来很大的挑战。如术语"纯阳之体"，如果光从字面含义去理解，就恐怕很难联想到它与"小儿的体质特点"有关，其学术含义特指"小儿正处于阳气盛发、生机蓬勃之生长期"。有的译者把它译成 infantile body，从语义的内涵与外延来看，意义不够明确，而译语 body of pure yang 更贴近"纯阳之体"的学术含义，因为 infantile body 没有指明"小儿充满生命活力，茁壮成长"的核心内容。

针灸学里"交会穴"，语出《针灸甲乙作》，指有两条或两条以上经脉交会通过的穴位，大多分布在头面与躯干部位（《中医大辞典》编辑委员会，1986: 86）。该术语字面含义与学术含义都比较明确，而且也比较靠近，在这种情形下，主要取决于译者对译入语英语近义词的取舍。现在学界常见的译语有 confluent acupoint、crossing acupoint、convergent acupoint 等（李照国，2000: 15），译者关键看这几个修饰语形容词的含义。据《现代高级英汉双解辞典》，confluent 一词解释为"汇流的，汇合的；尤指两条河流的合流点"（flowing together; uniting）（霍恩比等，1982: 239），再看"交汇穴"的学术含义"有两条或两条以上经脉交会通过的穴位"，confluent 正好吻合。以此看来，译者拟把 confluent acupoint 作为首选译语。

3. 译者努力保留中医术语特有的原质标记

在现代化进程日益加快的当今世界，古老的中医学为什么还能独据一方且继续发展？这恐怕与中医学本身具有不同于现代医学的独特的基本特征相关。中医学自成体系的特点给术语翻译很大的启示，即要求译者在翻译实践中努力保持那些中医学固有的原质标记，特别是要竭力保留中医学有别于现代医学的异质特征，否则，译者所传述的就很难被认定是真正的中医学了。

这方面的英译情形主要指有些中医术语似乎能在西医里找到对应的术语，自图方便，或出于其他因素考虑，译者可能首先窃喜，接着"信手拈来"那个"对应语"，以为大功告成了；其实不然，译者的"省心"很有可能省去了中医术语的"原汁原味"。

有的中医术语，如"郁证"从表面上看好像与西医术语"抑郁症"类似。其实，在中医语义语境下，"郁证"的学术含义是"因情志不畅、气机淤滞而引起的征候"，译者只有准确把握这层核心意义，才有可能从译入语里重新构建较为妥帖的译名。该术语可以译为 stagnant syndrome 或 depressive syndrome，尤其是 stagnant 一词，从语义学的学术含义看，带有中医的原质标记。有译者推出 melancholia，也未尝不可，但不是理想的译语：第一，它在学术含义方面与中医"郁证"只是存在部分重叠，并且导致该症状的病理原因也很不相同；第二，作为术语，melancholia 似乎有一点西医色彩，它表示"以情绪低落与莫名恐惧为特征的精神疾病"（mental illness marked by low spirits and fears that have no real cause），而"郁证"则有明确的致病原因，因此，该译语抹杀了中医术语特有的异质性。

另外，还有些中医术语，特别是临床上涉及疾病名称的术语，会有相近的西医学术语，这时译者须慎之又慎，最好另辟蹊径。比如说术语"劳瘵"，指的是"病程缓慢的一种传染性疾病，伴有恶寒、潮热、咳嗽、咯血、纳差、肌肉消瘦、困顿乏力、盗汗与自汗等症状"（it is a chronic infectious disease featured by aversion to cold, hectic fever, hemoptysis, cough, bad appetite, emaciation, fatigue, spontaneous perspiration and night sweat）（李照国，2000: 59）。有译者根据其中医学术含义把"劳瘵"翻译成 tuberculosis（肺结核）。根据《现代高级英语双解辞典》，tuberculosis 的学术含义为 a kind of wasting disease affecting various parts of the body's tissues, esp. the lungs（肺结核是一种消耗性疾病，影响人体的各个组织，尤其影响肺部）（霍恩比等，1982: 1188）。与"劳瘵"相比，其内涵要小得多，只是涵盖一小部分症状。因此，译者需要另想办法，比如译语 consumptive disease 较好地包括了术语的学术含义，更重要的是，该译语还保留了中医术语的个性化原质标记。

结　论

随着中西方在中医领域交流的不断深入，译者的主体性将发挥越来越重要的作用，不管中医术语的翻译是不是已由早期的词典解释性翻译逐步转化为用词自然、解释简洁、表达明快的交流应用型翻译，译者都需要在实践中不断摸索、竭力探索，通过有效的翻译策略，使一些早期较为复杂冗长的译语趋向于中医英语术语。一方面，译者需要精通英语与医古文，熟悉中医基本理论，通晓传统与现代翻译理论，掌握术语学要旨，在翻译实践中把握好字面含义与学术含义的分寸；另一方面，译者主体性的发挥要受到源语医古文、目标语英语、语境、历时性与共时性等许多因素的制约。译者需要努力协调好上述各种关系，在实践中创造出比较理想的中医术语译名，为中西医学建造顺畅、高效的交流平台。

翻译是一项富于个性化的复杂的脑力劳动，中医翻译不同于一般的科技翻译，从某种意义上而言，它更偏向于文化翻译，因为中医学与中国传统哲学（如老庄、孔孟学说）天生就具有悠久的渊源关系，浸润着不可分割的深邃哲理。译者在具体翻译实践中需根据实际情形采用灵活的翻译策略，其中综合翻译法依然是一些特殊术语的最常用的翻译方法。由于中西文化及中西医之间存在着巨大的差异，许多概念很难在英语里找到相同或基本相同的对应语，运用几种翻译方法来翻译一个中医术语已经成为较普遍的现象。

总而言之，翻译中医术语时，译者既要坚持自然性、简洁性、民族性、回译性、规定性等原则，也可以从循序渐进、约定俗成等方面考虑，努力使术语译名为读者所理解，为读者所接受。中医翻译、中医西传的历史源远流长，然而，将中医翻译从理论层面加以深入而全面研究的工作刚刚起步，尽管已取得了令人注目的成就，可"路漫漫其修远兮"。只要学界联手努力，发扬"吾将上下而求索"的精神，中医西传的进程一定会大大加快。

2007 年 10 月，世界卫生组织与中国国家中医药管理局向全世界宣布了中医西传的重大科研成果：中、韩、日等国翻译专家与中医学者经过 4 年的合作与努力，顺利完成了世界卫生组织发起的中医学研究重要课题，正式出版了《传统医学名词术语国际标准》。这个权威版本代表了当今世界较高学术水准的中医术语翻译科研成果，全书收录了包括总类、基础理论、诊断学、临床各科等 8 大类的 3543 个中医术语词条，采用英语译名与繁体中文对照排版形式，向全世界发行。不言而喻，《传统医学名词术语国际标准》的问世，将为中国传统医学走向世界、中医术语翻译国际标准化打下坚实的学术基础。

从宏观看,中医术语的翻译研究将从跨语言、跨文化层面推动与加快传统中医的国际化进程,有助于中医逐步摆脱在世界学术界话语边缘化的处境,为其最终走向话语中心夯实学理基础。从微观看,在中医术语英译过程中,译者主体性的有效发挥,无疑将有助于重新构建传统中医学在当今学术界的主流话语体系。

参考文献

蔡新乐,2008. 翻译与自我. 北京:中国社会科学出版社.

陈大亮,2004. 谁是翻译主体. 中国翻译(2): 3-7.

冯志伟,1997. 现代术语学引论. 北京:语文出版社.

黄建华,陈楚翔,2001. 双语词典学导论. 北京:商务印书馆.

霍恩比,等,1982. 现代高级英语双解辞典. 香港:牛津大学出版社.

李照国,2000. 中医英语1000中级词汇速记. 上海:上海中医药大学出版社.

李照国,2006. 译海心语——中医药文化翻译别论. 上海:上海中医药大学出版社.

裘禾敏,2008. 论后殖民语境下的译者主体性:强势文化与弱势文化. 浙江社会科学(3): 86-91.

商务印书馆编辑部,1988. 辞源. 北京:商务印书馆.

许钧,2003. "创造性叛逆"和翻译主体性的确立. 中国翻译(1): 6-11.

杨武能,2003. 再谈文学翻译主体. 中国翻译(3): 10-13.

查明建,田雨,2003. 论译者主体性——从译者文化地位的边缘化谈起. 中国翻译(1): 19-24.

《中医大辞典》编辑委员会,1986. 中医大辞典. 北京:人民卫生出版社.

朱建平,王永炎,2005. 加强中国术语学学科建设之我见. 科技术语研究(1): 16-19.

[本文系2008年度杭州市哲社办课题(编号:D08YY01)的主要成果]

第五部分

翻译与其他

论口译技艺及其应用

人类社会已进入大数据时代，高新技术尤其是人工智能的迅猛发展使不同民族之间的交流空前地增强，给地球村带来了海量的信息资源。虽然，日新月异的高科技已扫除了影响人们沟通的许多壁垒，但有一种壁垒从古到今依然存在，这便是语言壁垒。

一、口译的由来

自人类使用语言以来，就需要求助掌握不同语言的中介来实现有效的交际。翻译是一种跨文字、跨文化、跨疆域的社会实践，几乎跟人类历史一样悠久。

口译要比笔译拥有更久的渊源。中国最早有文字记载的口译活动来自公元前 11 世纪的周朝："周公居摄三年，越裳以三象胥重译而献白雉，曰：'道路悠远，山川阻深，音使不通，故重译而朝。'"①唐代学者贾公彦在《义疏》中曰："译者，易也，谓换易言语使相解也。"从原始部落之间的交往，到不同地区、不同民族之间贸易、文化、军事的交流，从世界主要宗教（如基督教、佛教、伊斯兰教等）的传播与东西方文明的互鉴，到人类日益频繁的环球旅行与移民活动，都需要口译的媒介与桥梁作用。同时，人类大规模的迁徙也大大促进了口译的发展。

然而，如果历时地看，在国际会议、国际谈判等重大场合采用的正式口译并不久远。我们今天翻译界所谓的"会议口译"（conference interpreting）是在 1919 年召开的"巴黎和会"上才第一次大规模地使用，又称作"连续传译"

---

① 大意是：越裳国向周公赠献珍禽孔雀。越裳国包括今越南、柬埔寨等地，与中原相距千山万水，因语言不通，派遣三位口译员，通过"多次翻译"实现交流。"象胥"指口译员。

（consecutive interpreting）。

同声传译（simultaneous interpreting）首次大规模的使用发端于审判二战战犯的国际军事法庭。此前，国际会议上通用的是交替传译（alternating interpreting），因为当时工作语言大都只限于法语、英语，而且同声传译设备所需的科学技术尚未成熟。1947 年，在德国纽伦堡审判纳粹战犯的法庭上，同时使用了德语、英语、法语、俄语等四种语言。为了提高工作效率，法庭尝试使用同声传译。起初是这样操作的：等国际法庭一段发言结束，就由不同译员同时将发言口译成其他三种语言，通过耳机分别传送到不同的现场听众。当然，这实际上仍是连续传译。接着，法庭进一步尝试与发言人同时口译，结果大大提高了审判效率。于是，就出现了人类历史上第一次真正意义的同声传译。

自那时起，同声传译就逐渐被广泛应用于联合国召开的各类国际会议上。与会多国代表的激烈辩论通过美国的无线电用英语向全世界广播，为会议口译员带来了极高的声誉。从此，口译作为一门新兴的职业很快进入许多领域，登上各种国际活动的舞台。

二、口译的类型

口译绝不是简单的字面替换，而是一种说明、解释过程。这与音乐家演奏曲子或影视演员演绎情节如出一辙，谁也不认为钢琴家只是在键盘上"摆弄"五线谱而已，不认为演员仅仅按照导演意图逢场作戏、背背台词罢了。事实上，口译完全是一种再创造。

众所周知，翻译包括口译与笔译。笔译是把一种文字通过创造性的劳动改写成另一种文字的思维转换过程，是复杂的跨文化交际，而口译则是把一种语言讲的话语改用另一种语言说出的口头表达转换。口译有别于笔译的主要方面在于：口译员、发言者、听众处于同一现场，口译员在处理那些语速极快的话语时，关注的重点几乎全在于意思的准确传达。有关研究者做过试验，译员现场进行的口译速度要比笔译快 30 倍左右。

译员等发言者说好一段话再译出，包含的信息长者几分钟，甚至十几分钟，短者几秒钟。而且，译员几乎在同一瞬间把用甲种语言所作的发言转译成乙种语言，还需借助专门的传译设备。

　　译界通常将口译分为交替传译、同声传译两大类型。交替传译，指译员为操不同语言的交际双方进行轮回式的口译，应用领域十分广泛。同声传译，指译员在不打断讲话者的情况下，不停顿地将其内容传译给听众，这是最有效率的口译形式，也是国际会议采用的最主要口译方式。

　　口译员的工作情形大致是这样的：大会发言开始时坐在隔音的工作室（booth）内，使用专业的传译设备，将从耳机里听到的发言者内容口译为译入语，通过话筒边听边同步输出。会场上，需要同声传译服务的会议代表可以通过接收装置调整到自己需要的语言频道，从耳机中获得口译员传来的信息。

　　联合国一直以来使用 6 种正式的工作语言，分别为阿拉伯语、汉语、英语、法语、俄语与西班牙语。联合国大会会堂、各个会议厅都配有同声传译。每个语种有一个工作室，6 种语言共有 6 个工作室，每个工作室通常坐着 3 位译员。

　　此外还有：连续传译，指译员为演讲者以句子或段落为单位传递信息的单向口译，用于多种场合，如演讲、授课、会谈、新闻发布会等；耳语传译（whispering interpreting），指译员将一方的讲话内容用耳语方式轻轻传译给另一方，与同声传译一样，属于不停顿的连贯性口译活动，听众往往是个人，如国家元首、政府高级官员；视阅传译（sight interpreting），指以阅读方式接收源语信息，以口头方式传出，内容一般是提前准备好的讲稿或文件。

　　按照工作场合分类，口译可分为医疗口译、法庭口译、传媒口译、社区口译等多种类型。语言服务行业的迅速发展催生了各领域的口译服务需求，关于口译策略的讨论亦呈现多样化特点（赵军峰，2020: 161），语言服务业不断崛起，人工智能助力口译职业，口译工作方式日益多样，不同领域的口译服务需求迅猛增多，关注不同口译工作方式、不同口译服务领域的口译策略特征，可为具体的口译实践问题提供有效的解决方案。

三、口译的技巧

　　要成为出色的口译员，就必须具备良好的职业素养（professionalism），如高水平的理解能力与表达能力、"仰则观象于天，俯则观法于地"的百科知识、超强的记忆能力与心理调适能力等。

　　口译过程大致由三部分构成：一是译员现场听到含有一定意义的译出语话

语，接着迅速分析、理解语意，掌握其内涵。二是译员当即有选择地取舍原来的语汇，随即记住原话所表达的概念与见解。三是译员说出新的译入语话语。译成的新话必须完整地表达原话内容，并使听者理解。就英汉口译而言，需明确这两种语言的主要区别——汉语是意合语言，主要依靠内在的逻辑关系、上下语境来衔接与连贯；英语是形合语言，凭借连词、介词、时态等词法标记表达。王力指出："中国语里多用意合法，联接成分并非必需；西方多用形合法，联接成分大多数情况下是不可缺少的。"（1951: 310）还有学者借用比喻说明这两种语言的显著特征。汉语写作的句群，宛如"竹节句"，也有人称作"波形句"，"颇似大海碧波，层层推进"；用英语写成的句群，仿佛"参天大树，枝丫横生"，也称为"树形句"。（刘纯豹，1983: 46）如果口译者掌握较多的语言学理论，就能更好地指导口译实践。

首先，对译员而言，逐字记忆会影响理解。译员应"忘掉"原话的用词，记住发言者的内容与意思，这样，才能用译入语传达原话。交替传译是一种不断地把信息从被动记忆转变成主动记忆的活动，译员边听边摘记的是他自己打算说的话，摘记起到帮助记忆的作用。

其次，口译时集中注意力至关重要。译员为了听懂全部内容，仅仅依靠一般人的自然理解过程是远远不够的。他必须凭直觉而不是逐字逐句地分析发言内容，他在思想上必须有一条谨慎的界限：允许自己头脑里出现足够多的联想，使自己能理解发言内容，但不能让这些联想扩展成为自己的观点。译员认真地听取发言，积极解读发言的每一部分，因此，他吸收信息的密度比听话人体会到的要大得多。这种对发言内容的完全吸收，要求译员聚精会神全身心地投入工作，并对感知的内容及其相应的思想做审慎的取舍。

口译员面对两种语言，需要在瞬间执行听辨、理解、计划、说话等任务，信息系统比较复杂，难以把握输入速度，而且口译员必须很快输出翻译的内容，同时将信息保存在记忆里，分析推理，做出决策（Macnamara, 2012: 9）。由此可见，口译员必须根据不断变化的情况及时调整信息，才能协调不确定因素，形成自我管理能力。而且，他认知的调适范围体现了口译信息加工能力的重要性。就口译策略特征方面而言，目前，国内人文主义视角的研究大致依靠口译员实际经验的总结，再提出不同口译场合的实际操作策略（崔丹锋、付小兰，2018: 12-15)。

　　译员虽不是信息生产者，但随着工作经验的日益丰富与积累，就成了分析的专家、解释的专家。译员是通才，译员是学者，正如法官是知识面很宽的通才一样。这两种人的智力都不是生产信息，而是合理地组织信息，服务大众与社会。可以这么说，译员每参加一个国际会议，就接触一个新主题，就学到新知识。有了多年口译经验，零零星星的不同信息汇合成一个知识库。而且，这个知识库几乎是潜意识的存在，并滚雪球似的向前推进，以备在执行下一场口译任务时不断地取用。

　　成立于 1953 年的国际会议口译员协会（International Association of Conference Interpreters, AIIC）是会议口译这一职业唯一的全球性专业协会，负责审查、认定口译员的专业资格与语言组合，制定职业规范、工作条件与道德规范。该组织为其会员制定了三类语言标准。译员的第一种语言称为"甲类"语言，它应当是真正的本国语言，即母语。第二种是"乙类"语言，指译员非常精通，但不能认为是本国语的语言。译员在即席口译时能成功地运用他的乙类语言进行工作，就因为他有足够的时间重新组织要表达的发言内容。此外，协会规定的"丙类"语言，又称"被动语言"，指译员必须正确理解的语言。对这类语言，协会要求的不是表达流利，而是了解词语的意义、措辞特色与习惯语。

　　世界上任何一种语言的词汇都是无限量的，因为语言不是有明确限量规定的物质。"通晓"某种外国语与记住一个定理、一首诗不同，对语言来说，只能是在一定程度上通晓。现实生活里要真正掌握一门外国语绝非易事，所以，既是语言学专家，又能实际应用多种语言的人实在是凤毛麟角。

　　口译员的成功之处在于，他能够将自己特有的非常广泛的语言知识娴熟地运用到相关领域，而且，他还需要随时把学到的新词汇补充到现有的语言知识库中去，通过不断积累使之日臻丰富厚实。

　　属于同一语系的国家，如英国、德国等文化背景相似的国家之间交流时，要达到相互理解的问题已经不少，而要使东西方如中国与美国之间的交流顺利进行，其困难不知要大多少倍。由此可见，口译员须具备很强的理解力，丰富的专业知识，轻松驾驭母语、外国语的能力与良好的表达沟通技巧，才能使相互语言不通、彼此文化背景不熟悉的人们获得双向理解与交流。

四、口译能力与标准

口译是一项高智能的思维科学过程、跨学科的艺术再创造活动，需要精确的逻辑推理与分析。口译员通过视听接收源语信息，并进行理解、解码（decode），获得语言、非语言形式所包含的各种信息，将这些信息暂时储存下来，再通过复杂的思维活动将这些信息转换、编码（encode）为译入语，用口头的形式传达给听众。因此，口译能力的要素组成也是学者关注的另一个课题。

尽管中外学界就"口译能力"的概念尚未达成统一的认识，但相当多的研究者认可 interpreting competence 的表述。根据牛津词典，competence 表示"成功或有效的做事能力"（the ability to do something successfully or efficiently）。罗格·T.贝尔（Roger T. Bell）将翻译能力定义为"译者从事翻译工作必备的知识与技能"（the knowledge and skills the translator must possess in order to carry out a translation）（Bell, 1991: 43），构建了由译者专门体系、语法、社会语言学、话语与策略组成的翻译交际能力模式。克里斯蒂安·诺德（Christiane Nord）提出了翻译能力的多元模型，包括译者接受与分析源语能力、研究能力、转换能力、产出能力、翻译质量评估能力、双语双文化能力（Nord, 1991: 235）。翻译能力就是将上述技能、知识在翻译实践中综合运用的能力。杨晓荣认为，翻译能力至少应包含以下构成要素：翻译技巧、把握翻译标准与翻译原则能力、语言运用能力、百科知识、逻辑思维能力等（2002: 16-19）。她进一步指出，语言运用能力是翻译能力的基础，如果具备此能力，翻译技巧学习就能顺理成章。

综合国内外一些学者有关翻译能力的研究成果，结合汉藏语系、印欧语系的特点与差异，我们认为，能力是一种潜在的知识与技能体系，需要经过努力学习、系统训练才能有效地开发与使用。一般而言，翻译能力强的译者一定具备较强的语言能力，但是语言能力强的人未必拥有较强的翻译能力。因此，口译能力可以概括为：双语语言文化能力、翻译专业知识、口译主题与跨文化交际能力、口译策略能力、信息检索获取能力、口译服务能力等。

口译过程包括输入、解码、理解、记忆、编码、输出等一系列高度复杂的心理变化过程。口译员良好的认知心理对口译产品的质量发挥着不可替代的作用，所以，口译研究需要口译学、认知心理学的有机融合。

口译是在极短的时间内完成翻译任务，因此，口译标准不同于笔译标准。口译是为了实现交际双方准确、有效、流畅的沟通，口译的标准可以总结为：快、准、整、顺。"快"指的是说话者语音一落，译员就要开始把重要信息传达给对方；"准"指准确地把最基础、最实质性的内容译出，即说话者的观点、要点，包括数字、日期、地名、人名以及职务或职称等，不必译出每一个字、每一句话；"整"指的是传译时应该尽量保持核心内容传达的完整度，即翻译的有效性；"顺"指的是语言通顺，表达流畅，层次分明，逻辑清晰。

五、口译的前景

法国巴黎大学资深译员、释意派理论创始人达妮卡·塞莱斯科维奇（Danica Seleskovitch）教授结合自身几十年的口译经验提出了这样的观点：口译员理解、翻译、表达的对象不是源语的语言形式，而是说话者的意义，口译员的核心任务是"祛除形式，保留意义"，即脱离源语的外壳（deverbalization），抓住意义实质。口译员因受时间的限制，所以捕捉、理解意义单位更加迅速，前面完成理解的语言单位融入更大的意义单位，成为认知环境。这个过程实现越快，就越能体现释意过程，因此，口译更好地彰显了摆脱语言外壳的特点（转引自：刘和平，2018：251）。

口译是一门新兴的学科，拥有巨大的发展潜力与前景。总的来说，英语口译就业领域比较宽广，适合于外交外事、商务活动、新闻传媒、电视广播等领域，具体有会议口译、法庭口译、商务口译、联络口译等。

在欧美国家，口译已发展为一个成熟的市场。客户对口译员的素质要求高，除了良好的语言能力、较强的专业能力、丰富的从业经验等，大都还需要提供专业领域的口译资格证书（如医疗口译证书、法庭口译证书、商务口译证书等），口译职业得到当地社会的高度认可。相关媒体调查显示，每年口译市场产值达数十亿美元，规模大，口译职业化程度很高。在中国，由于口译职业教育起步较迟，职业化程度不够高，合格的口译员缺口大，但口译市场正在逐年增大，特别是会议口译在北京、上海、广州等大城市的需求不断增强。因此，我国的口译职业前景十分令人期待。

目前，口译正在迅速发展，但还远远没有发挥其潜力。尽管如此，事实已经证明：口译对处于科技进步超速化、知识信息网络化、经贸活动全球化的当代世界显然是必不可少的，而且正在当今国际舞台上扮演越来越重要的角色，尤其在新时期更有效地构建中国在海外的国家形象方面将发挥越来越重要的作用。同时，这门实践性很强的学科尚需业内研究人员进一步探索，以建立起更切实、更系统的口译理论体系。口译学可以吸收认知心理学、认知神经科学（Cognitive Neuroscience）等其他学科的最新成果，形成口译认知心理学（Cognitive Psychology of Interpretation/Interpreting）（康志峰，2013: 39）。随着口译认知研究的不断深入，将口译认知探索聚焦于以认知心理为基础的口译动态行为领域，可以为口译科研开辟新途径，使口译实践具有更系统的理论指导。

参考文献

Bell, Roger T., 1991. *Translation and Translating: Theory and Practice*. London and New York: Longman Group UK Limited.

Macnamara, Brooke, 2012. Interpreter Cognitive Aptitudes. *Journal of Interpretation*, 19(1): 9-32.

Nord, Christiane, 1991. *Text Analysis in Translation: Theory, Methodology, and Didactic Application of a Model for Translation-oriented Text Analysis*. Amsterdam, Atlanta: Rodopi.

崔丹锋，付小兰，2018. 军事飞行交流口译的特征及策略. 中国科技翻译(4): 12-15.

康志峰，2013. 口译认知心理学. 北京：北京燕山出版社.

刘纯豹，1984. 英语长难句翻译技巧. 南京大学学报（外国语言文学专刊）(6): 46.

刘和平，2018. 翻译学：口译理论和口译教育. 上海：复旦大学出版社.

王力，1951. 中国语法理论. 北京：商务印书馆.

杨晓荣，2002. 汉译英能力解析. 中国翻译(6): 16-19.

赵军峰，杨之淼，2020. 西方修辞学视角下的法庭口译研究. 中国翻译(5): 154-162.

英汉翻译与"翻译体"面面观

从符号学角度看，如果人们掌握的符号系统越多，就越能全面深刻地认识世界，因为每个符号系统描写世界的途径各不相同。语言是符号系统的重要成员，也是促进不同民族之间互相理解与沟通的有效媒介。谁熟练掌握不同语言，熟悉跨文化交际，谁就能从事跨符号系统的翻译工作，成为文化摆渡人，履行新时代提升国家软实力的职责。

翻译包含理解、转换、表达等三个心理过程。理解阶段，译者分析源语，挖掘内涵；转换阶段，译者跨越不同语言符号系统进行取舍、重组，将捕获的意义转换成译码信息；表达阶段，译者借助新的目标语系统再现源语的内容与形式。由此可见，译者是贯穿整个翻译过程的主体。尽管翻译标准是客观的，但译文是译者"戴着镣铐跳舞"的智力劳动产物（brainchild），是主观的东西，既有别于源语，又不同于目标语，因而被称为"第三种语言"。

就译者母语与外语的关系而言，翻译可分为"译出"（outgoing translation）与"译入"（incoming translation）两个方向。英译汉属于译入，目标语汉语是我们的母语，借此能更清楚地考察"翻译体"这个话题。

目前，学界对"翻译体"褒贬不一，莫衷一是。为此，我们尽量从多个方面来探讨"翻译体"，力争给出比较公正的评价。一般而言，我们可以将"翻译体"按从小到大的翻译单位划分成三个层级：照收英汉词典义项的"词语翻译体"、承袭源语句子结构的"句式翻译体"与照搬源语逻辑的"思维式翻译体"。

一、照收英汉词典义项的"词语翻译体"

美国译论家奈达（Eugene Nida）在其专著《翻译理论与实践》（*The Theory*

and Practice of Translation, 1982）中提到了"翻译体"（translationese）一词，表示"形式忠实，导致信息内容与效果不忠实"（formal fidelity, with resulting unfaithfulness to the content and the impact of the message）。他强调"翻译体"的实质是"形似"而"神不似"，有的译文从遣词造句层面看，貌似"字当词对"，但是意义偏离甚远，究其原因，大多是译者拘泥于英汉词典的释义所致。

本文所述案例"Confronting Modern Lifestyles"[①]原文是语言平实、内容清晰的议论文语篇，虽然由节选的八个段落组成，主题相对独立，主旨比较明确，但是要翻译成准确通顺、合乎规范的汉语并非易事。

源语：【1】**Few** people would **disagree** that modern society has changed **dramatically** in the course of only a few decades. These **changes** can be **characterized** in a variety of different **ways**. We can point, for example, to the growth in disposable incomes, to a massive expansion in the availability of consumer goods and services, to higher levels of personal mobility, increases in **leisure expenditure** and a reduction in the time spent in routine domestic tasks.

译文：很少难以认同仅仅只是过了短短几十年的时间现代社会已经有了**戏剧化**的**改变**。这些**改变**可以通过各色各样的**方法**来说明。例如，我们可以说可支配收入增加了，消费品以及服务供应也大规模扩大，有了便利的出行，增加了**闲暇时间的消费**，减少了花在日常家务上的时间。

比照汉语与英语可发现，上面的译文存在词语层面的"翻译体"现象。譬如，"很少"对应 few，"难以认同"对应 disagree，"戏剧化"对应 dramatically，"改变"对应 changes，"说明"对应 characterized，"方法"对应 ways，"闲暇时间的消费"对应 leisure expenditure，等等，这些汉译显然是"抓字典，按照原文句法拼凑堆砌"（傅雷语）而成的。一对一来看，好像很忠实，但放在更大的翻译单位句子里考察，就不能令人满意了。这样的"翻译体"有生搬硬套英汉词典解释的痕迹，是初涉翻译实践者绕不开的阶段。

参考译文：人们大都认为，仅仅数十年间，现代社会就已发生了深刻的变

---

① 本文所述案例是《英语世界》杯翻译大赛的英语原文节选，译例分析的汉译文是参赛选手的习作。

化。这些变化表现在不同方面，譬如，可支配收入的增长、消费品与服务供应的大规模增加、个人流动性的提高（休闲开支增多与日常家务时间减少）。

解决词语层面"翻译体"的主要对策是：将英汉词典释义权当参考，结合词语所在的语境与文本内容做适当的变通，选择适合的译语，因为每个词语在新的语境里都是新词，都可能被赋予新的含义。

"词语翻译体"的表现可谓五花八门，同一词语的汉译形形色色，但万变不离其宗，大多是因为译者过于依赖英汉词典解释。这就提醒我们，翻译一定要进行深层次思考，落笔前不可率尔操觚，避免随意而为。

二、承袭源语句子结构的"句式翻译体"

有的译文过多地受原文语法及表达方式的束缚，汉译的句子结构亦步亦趋，只顾形式的忠实而忽视了语义的通顺与规范，出现了"句式翻译体"。

源语：【2】It is clear, even from this cursory overview, that no simple overriding "good" or "bad" trend emerges from this complexity. Rather, modernity is characterized by a variety of trends that often seem to be set (in part at least) in opposition to each other. The identification of a set of "postmaterialist" values in modern society appears at odds with the increased proliferation of consumer goods. People appear to express less concern for material things, and yet have more of them in their lives.

译文：即使从这个粗略的概述中也可以清晰地看出，没有哪一种出现于这种复杂性的趋势是压倒性的。相反，现代性由多种趋势所区分，这些趋势通常似乎是相互对立（至少部分对立）的。现代社会对一系列"后物质主义"价值观的认同与消费品不断的扩散不一致。人们表现得不太在乎物质的东西，然而在生活中却置办了更多。

王力在其专著《中国现代语法》（2019: 374）中讨论了汉语的语法欧化现象，他指出，在西文里形容词不能单独充当谓语，必须有系词。例如汉语"他的妻子很好"，翻译成英语是 His wife is very good，而不是 His wife very good，这种语法渐渐影响了汉语的表述，有人用判断句代替描写句，不说"他的妻子很好"，而说"他的妻子是很好的";"花红柳绿"变为"花是红的柳是绿的"。上面的汉译文也有类似的问题。譬如,"即使从这个粗略的概述中也可以清晰地看出,没有哪一种出现于这种复杂性的趋势是压倒性的"。暂且不论译者理解源语含义的问题,单从表述看,汉语句式貌似对应英语结构,但是读起来不知所云,它机械地套译原文句子,是典型的"句式翻译体"。我们来分析一下英语句子结构,其主干是 It is clear that, It 是形式主语, that 引导的从句是真正的主语, even from this cursory overview 是插入语。这就表明,我们动笔翻译之前,透彻分析英语句子成分是正确理解的前提。

参考译文:尽管这一概述显得粗略,但有一点是清楚的,即在这复杂的变化里不会出现非"好"即"坏"的主流思潮。与此相反,现代性的特点由各种通常看似对立的思潮组合而成(至少部分)。现代社会对一整套"后物质主义"价值观的认同似乎与消费品激增的现实发生了冲突。人们好像更少在乎物质层面的东西,但生活里拥有了更多的物质。

解决"句式翻译体"的主要对策是:第一,了解汉语句式与英语句式的主要区别——重意合(parataxis)的汉语句子呈现"流水句法"特点,即少用甚至不用连接词,行文依然流畅;重形合(hypotaxis)的英语句子具有"竹节句法"特征,由连接词衔接每个成分,犹如逐节相连的竹子。第二,仔细分析英语句子语法成分,尤其是复杂的长句、难句,需要辨别从句类型(如主语从句、宾语从句、定语从句、表语从句、同位语从句等)。第三,根据不同的句型,有机地应用相应的翻译技巧。

三、照搬源语逻辑的"思维式翻译体"

沙特尔沃思(Mark Shuttleworth)在 *Dictionary of Translation Studies*(《翻译研究词典》)中收录了 translationese 词条,将其定义为"指因明显依赖源语的语言特点而让人觉得不自然、费解甚至可笑的目标语用法"(a term used to refer to TL usage which because of its obvious reliance on features of SL is perceived as unnatural, impenetrable or even comical)(2005: 254)。他主要关注的是语言层面的"翻译体",这一点与奈达相似,但他们都忽视了深层次的"翻译体"现

象——思维差异导致的"翻译体"。

语言既是民族文化的载体,又是民族思维的表现方式。一般而言,汉语思维侧重形象、直观,多用具体的词语表达抽象的概念,而英语思维倾向于抽象、间接,通常借助抽象的名词表示复杂的理念,如动词的名词化。这就给英汉翻译带来一定的启发,即遣词造句需要做一些必要的调整,符合目标语读者的心理模式。

下面的段落介绍了现代社会发生深刻变化的原因,英语原文为了表达抽象的内涵,揭示社会因素、经济因素、国际贸易因素等,使用了一连串名词化动词。

源语:【3】 We should certainly point out that these changes have been accompanied, and sometimes facilitated, by changes in the underlying institutional structures: the **deregulation** (or **reregulation**) of key industries, the **liberalization** of markets, the **easing** of international trade restrictions, the **rise** in consumer debt and the **commoditization** of previously noncommercial areas of our lives.

译文 1: 我们应当指出的是这些变化与我们形影不离,有时也因基础体制结构的变化得到促进:重点行业管制的**放松**(或**重新管制**),市场的**自由化**,国际贸易限制的**放宽**,消费者债务的**升高**以及我们生活中先前非商业领域的**商品化**。

译文 2: 我们当然应该指出,种种潜在的体制结构的变更一直在伴随和促进上述嬗变。这些体制结构的变更包括:重点产业管制规定的**解除**(或重新对其进行**管制**)、市场的**自由化**、国际贸易限制的**放宽**、消费者债务的**上升**和我们生活中原先的非商业性领域的**商品化**。

我们发现,上面的译文照搬了源语使用名词化动词的思维模式,将关键的名词都照样翻译成了名词,这样,汉译文就变得抽象起来。其实,我们可以改变一下"思维式翻译体",把英语名词性的偏正结构汉译成主谓式的小句子,使之符合汉语文化的思维模式。

参考译文: 我们理所当然地认为,上述变化伴随着基础体制结构的变化而来,有时是因促进了那些变化而来。后者的变化包括核心行业管制解除(或重新管制)、市场自由化、国际贸易限制放松、消费者债务增加、生活中原先非商业领域商品化等。

综上所述，英汉翻译的"翻译体"可以概述为：拘泥英汉词典释义，导致不规范的词汇层汉译语；不顾英汉语的句型差异，照搬源语的句式习惯；不了解英汉语思维特点及其转换要求，硬套源语的思维模式，等等。

但是，我们换个角度看，譬如从哲学层面考察，翻译体有其一定的合理性（justification or legitimacy）。总体而言，翻译体是经译者"异化"与"归化"博弈而产生的"第三种语言"，发端于译者解码与编码的心理认知，体现了感性认识优于理性认识的特点。译者凭借新增的异质成分，将源语及源语文化的新营养引入目标语系统。倘若译文没有翻译体，就表明译者没有触及异质因素，自然就难以实现跨文化交流的目标。翻译体有助于人们了解不同语言的表现方法，熟悉他者的思维模式，促进自身文化的丰富与发展。

翻译体有时称作 third code（第三符码）、third language（第三语言）、inter-language（中间语）、translatorese（译者文体）、transjargonisation（翻译语言）等。方梦之认为，翻译体有一些特征，包括异国风情与异国风味、不同的社会习俗与价值信念体系、外来语言特征、欧化的句法与篇章结构等（2013: 168）。简而言之，翻译体涉及的是不同于目标语的语言与文化异质性（heterogeneity），既呈现了语言层次的他者，又表征了文化层面的差异。

四、"翻译体"是源语语言的再现

王力在《中国现代语法》第 6 章中专门探讨了欧式翻译体对汉语的影响。在他看来，欧化（Europeanization）主要是英化，其来源是英译汉实践。翻译体对汉语句式产生了五个方面的影响：（1）增加了主语；（2）增加了系词；（3）加长了句子；（4）增加了可能式、被动式；（5）增加了连接成分。（2011: 341-354）本雅明指出："翻译注定要成为其自身语言成长的一部分，而且不可避免地会注入语言的更新成分。"（1999: 122）自中国历史上第三次翻译高潮（清末民初）以来，西方人文社科著作随着翻译蜂拥而入，对传统汉语的词汇、语法、结构等带来极大的冲击，其结果是催生了带有以英语为代表的西方语言特征的现代汉语。上述变化都可以从大量的翻译作品里得到有力的印证。

乔伊斯（James Joyce）的长篇小说《尤利西斯》（*Ulysses*）采用意识流（stream of consciousness）的语言表述手法，创造了混乱的时空，描写了主人公一昼夜颠鸾倒凤的生活历程，展示了高度发达的物质社会如何扭曲人们的思想与精神世界。作者用了很多英语长句来描摹景物、勾勒心理，翻译家萧乾在处理这些长难句上颇费了一些心思。

　　源语：Far away in the west the sun was setting and the last glow of all too fleeting day lingered lovingly on sea and strand, on the proud promontory of dear old Howth guarding as ever the waters of the bay, on the weedgrown rocks along Sandymount shore.

　　目标语：在遥远的西边，太阳沉落了。这一天转瞬即逝，将最后一抹余晖含情脉脉地投射在海洋和岸滩上，投射在一如往日那样厮守着湾水傲然屹立的亲爱的老霍斯岬角以及沙丘海岸那杂草蔓生的岸石上。（萧乾译，2019: 254）

　　目标语顺着原文的句式，使用了较长的汉语句子对译。英语简洁押韵，还有幽默的意味，译者也试图传达其中之妙，措辞含有西化的笔调，较好地再现了乔伊斯的长句语言特征。正如王力所说的，现代汉语"加长了句子"，其实与翻译体有着密切的关系。

　　法国哲学家德勒兹（Gilles Deleuze）指出："一种语言在另一种语言中发生作用，并在此产生了一种新语言，一种闻所未闻的几乎像外语的语言。"（2012: 212）"几乎像外语的语言"，换言之，就是翻译体的语言，可以给目标语读者带来新奇的感觉，或者是由语言陌生化（linguistic defamiliarization）带来的异国情调的体验。

　　五四运动以来，大批优秀翻译家勇敢的尝试、不懈的努力，使得"翻译体"这一独特的文学语言形式得到迅速发展，丰富、扩大了现代汉语的功能，形成了现代汉语的新特征。

五、"翻译体"是源语文化的载体

　　纽马克（Peter Newmark）在讨论文学翻译的干扰时表明："一些人认为是翻译体，在另外一些人看来却是精确贴切的翻译。有的译文虽然违反了语言习惯遭到轻蔑，却比那种流畅的、充满陈词的译文更富想象力，更加真实。虽然

有的仅是直译或者符号转换的结果，但也有的需要灵活的处理方法与所谓的创造性劳动。"（Newmark, 2006: 80）

刘宓庆认为，译者可通过风格标记来认识作品风格，再现源语文化，包括音系标记、语域标记、句法标记、词语标记、章法标记与修辞标记等（1999: 218-233）。《傲慢与偏见》描绘了 19 世纪早期处于保守、闭塞状态下的英国乡镇生活与世态人情，叙述了英国中产阶级的爱情与婚姻，奥斯汀的叙事方式是带标记式的、体现维多利亚时代的英式文化。如何让现代的中国读者想象那个年代的生活习俗，是译者需要认真思考的问题。

源语：... her mind was less difficult to develop ... When she was disconcerted, she fancied herself nervous. The business of her life was to get her daughters married; its solace was visiting and news.

目标语：这位太太的脑子就不那么难以捉摸了。……一碰到不称心的时候，就自以为神经架不住。她的人生大事，是把女儿们嫁出去；她人生的快慰，是访亲拜友和打听消息。（孙致礼译，2018: 7）

著名翻译家孙致礼在译词上用相同或相近的语域再现了原作的文化特征，如他用"不那么难以捉摸""神经架不住""人生大事""消息"等通俗易懂的口语，更符合原作承载的时代文化风味。

为了体现原作文化，译者需要充分理解原作文化的体现方式，可以按刘宓庆提出的音系标记、语域标记、句法标记、词语标记、章法标记、修辞标记等手法在目标语里再现。文化不同于概念、情节，往往隐藏于字里行间，无法直接感知。

六、"翻译体"是译者风格的烙印

辜正坤认为，翻译的第一功能是"模拟信息"，"能揭示出不同民族的思维"是第二功能（2010: 332-333）。译本文体中确实存在着一些新奇的语言表达方式，反映了异域的思维模式、风土人情，可以丰富本民族的语言。翻译家傅雷也指出，"创造中国语言，多加句法变化等等，必要在这一方面试验。我一向认为这个工作尤其是翻译的人的工作"（怒安，2005: 30）。他还说，"我国语体文历史尚浅，句法词汇远不如二三千年传统之文言；一切皆待文艺工作者长期摸索"

（怒安，2005：85）。据此，我们认为，译者还兼有创造语言如词汇、句法及文体等多重任务。

优秀的翻译家都有自己的翻译风格，这种独特的译者风格不仅体现在译著里，而且还反映在创作上。"五四"时期涌现出的一大批翻译家兼作家，如鲁迅、郭沫若、茅盾、郑振铎等，一手翻译外国文学，一手从事文学创作，翻译在很大程度上影响着他们的创作。

鲁迅在《秋夜》里这样描写：

> 可以看见墙外有两株树，一株是枣树，还有一株也是枣树……这上面的夜的天空，奇怪而高，我生平没有见过这样的奇怪而高的天空……然而现在却非常之蓝，闪闪地夹着几十个星星的眼，冷眼。他的口角上现出微笑，似乎自以为大有深意，而将繁霜洒在我的园里的野花草上。（2005：4）

很显然，鲁迅这样充满"异质性"的创作风格，实际上就是受"翻译体"的影响，明显挑战了传统文学的描写文体。他的翻译原则是"至今主张'宁信而不顺'的。……这里就来了一个问题：为什么不完全中国化，给读者省些力气呢？这样费解，怎么还可以称为翻译呢？我的答案是：这也是译本。这样的译本，不但在输入新的内容，也在输入新的表现法"（鲁迅，2009：346）。

顾彬这样评价鲁迅的语言风格："在恐怖暴政之下，鲁迅成功地在开口和沉默之间发展了中国语言的各种可能性，他所采用的方式迄今无人能及。他偏爱重复句式、悖论和辛辣嘲讽。他调遣着不同的语言层次……构成了一种需要反复阅读的独特风格。"（2008：165）我们阅读鲁迅作品，发现他早期的翻译实践打破了汉语写作的封闭性系统，进入了"与他者共存"的创作佳境，即多种语言文化的借鉴、观照与交融。理想的翻译是向目标语读者介绍异域语言、文化、思想，译者的职责是将源语的异质因素恰如其分地传递给读者。

总之，既有别于源语，又不同于目标语的"翻译体"是一种很值得探讨的文体现象。"翻译体"是英汉翻译实践的产物，无论对现代汉语、现代文学，还是对国内学界，都带来了非同凡响的反拨作用，引起了广泛而深刻的冲击与变化。然而，长期以来，由于研究视角不同，落脚点不同，国内学界一直对"翻译体"给予迥然不同甚至相反的看法。如果仅仅局限于字当句对的语言层面研究，那么得出的结论大多以负面批评居多；倘若研究者能采取高瞻远瞩、高屋建瓴式的态势探讨"翻译体"，置于中西文化交流、中外学术互鉴的宏大语境下考察"翻译体"，就能比较客观地考量其方方面面的价值，给出比较公正的学理评价，赋予其真实的文体学意义。

参考文献

Newmark, Peter, 2006. *About Translation*. Beijing: Foreign Language and Teaching Press.

Nida, Eugene, 1982. *The Theory and Practice of Translation*. Boston: Brill Academic Publishers.

Shuttleworth, Mark. 2005. *Dictionary of Translation Studies*. 北京：外语教学与研究出版社.

奥斯丁，2018. 傲慢与偏见. 孙致礼，译. 北京：人民文学出版社.

瓦尔特·本雅明，1999. 翻译家的任务. 乔向东，孙冰，编译. 上海：文汇出版社.

吉尔·德勒兹，2012. 批评与临床. 刘云虹，曹丹红，译. 南京：南京大学出版社.

方梦之，2013. 中国译学大辞典. 上海：上海外语教育出版社.

辜正坤，2010. 中西诗比较借鉴与翻译理论. 北京：清华大学出版社.

顾彬，2008. 二十世纪中国文学史. 范劲，等译. 上海：华东师范大学出版社.

刘宓庆，1999. 当代翻译理论. 北京：中国对外翻译出版公司.

鲁迅，2005. 秋夜. 北京：京华出版社.

鲁迅，2009. 鲁迅和瞿秋白关于翻译的通信·鲁迅的回信//罗新璋，陈应年. 翻译论集（修订本）. 北京：商务印书馆: 344-349.

怒安，2005. 傅雷谈翻译. 沈阳：辽宁教育出版社.

詹姆斯·乔伊斯，2019. 尤利西斯. 萧乾，译. 成都：天地出版社.

王力，2019. 中国现代语法. 北京：北京联合出版公司.

源自英语的外来语对日语的影响

引　言

20世纪尤其是第二次世界大战结束以来，人类的科学技术突飞猛进，交通通信手段空前发展，各民族之间的交往日益频繁，各语种之间进一步相互渗透，外来语已经被世界各国普遍采用。

当一个民族与使用不同语言的另一个民族交往时，某些本民族缺乏的新概念、新思想、新事物可以输入进来，随着时间的推移会融入本民族语言，成为该语言里十分特别的新词汇。这就是外来语普遍的形成过程。

外来语（exotic），或称为借入语（loanword）、输入语（imported word）、归化语（denizen），都是指从外国语进入本国语的语汇。在理解这个概念的同时，我们还要注意另外两个概念，即外国语[又称原语（original language）]与本国语（native language）。语言学界一般认为：外来语是本国语化的外国语，换句话说，是指从外国传入的已经本国语化的那部分语汇。

我们来认识一下外来语与外国语、本国语之间的关系，试以下面的图加以说明：

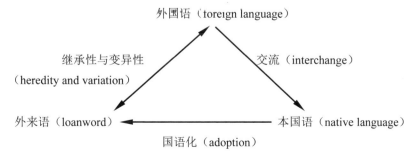

外国语（foreign language）

继承性与变异性　　　　　　　交流（interchange）
（heredity and variation）

外来语（loanword）　◄────────　本国语（native language）
国语化（adoption）

英语是当今世界用途最广泛、影响最深远的"国际语言"。据 2001 年 6 月新华社的报道，有一位名叫西蒙斯（John Simons）的学者完成了一项饶有趣味的研究，他根据多项指标对全球的语言价值进行了评估、排名。随后，西蒙斯向世人公布了该项课题的研究成果：英语在几千种语言里名列榜首，其身价遥遥领先，高达 54550 亿英镑；紧随其后的是日语，估价为 29600 亿英镑。如果单从语言的经济价值考虑，英语与日语无疑很值得研究者们的关注。

任何一种语言都有外来语，但是日语的外来语数量之多，来源之广泛，使用之频繁，并且在其整个语言里发挥作用之深刻，恐怕称得上是世界之最了。在许多作为外来语而渗透、影响日语的语言里，英语是首屈一指的。

一、英语进入日语的历史沿革

根据世界语言谱系的划分，英语属于印欧语系，是屈折语（inflexional language），汉语属于汉藏语系，是孤立语（isolating language），日语属于阿尔泰语系，是黏着语（agglutinative language）。由此看来，英语、汉语与日语是三种毫无亲缘关系的语言，但是汉语是历史上对日语影响最大的语种，日语里汉语词汇的数量在各原语中是最多的，可由于在实现日语化的过程中，跟英语等西洋语言相比，汉语具有许多自身的特点，因此汉语不以外来语论。

日语词汇通常分为三大类：和语词汇、汉语词汇与外来语。人们对外来语大致有两种态度：一种认为外来语可以丰富本国语，应予鼓励；另一种则认为过多的外来语会影响本国语的纯洁，应予限制。日本属于前者，因此日语在自然科学、社会科学，甚至文化艺术诸多方面全方位地吸收外来语，主要是英语。日语这种大规模地"吞食"英语词汇的现象，无论是在历史上，还是在当今时代，都是蔚为壮观的。

日语到底拥有多少词汇量？日本平凡社出版的《大辞林》共收入了 75 万个词条，可谓最大的日语词典。另外，根据日本国语研究会的调查结果，外来语在日语中约占 10%，其中来自英语的要占外来语总数的 80%左右。

追溯来自英语的外来语进入日语的历史，主要指英语（作为原语）融入日语的种种途径及有关的各个时期的语言变迁情况。根据李视歧的研究（1993: 39），总的说来，它大致经历了以下几个阶段：（1）文明开化时代；（2）欧化与

敌对时代；（3）新文化诞生时代；（4）新文化发展时代；（5）第二次世界大战
结束以来。

1. 文明开化时代

日本自 1639 年起实行锁国政策，直到 1859 年门户才开放。明治维新以来，
日本积极开展与西方国家的贸易、文化往来，英语势力大为增强。

英语对日语的影响主要来自英美两国：英国在先，美国在后。英国人亚当
斯（William Adams）于 1613 年在日本开设商馆。1808 年，英船驶入长崎，继
续与日本交往。第二年日本政府下令编撰英语书籍。1853 年，美舰司令佩里
（Perry）率船队抵达日本，向日本递交国书。五年后，美日缔结商约。1868 年，
日本进入明治维新时期，政府大力提倡欧化主义，与英美两国的交往日益密切，
于是进入日语的英语词汇越来越多。

日本 1891 年出版的《言海》，大体上记录了该时期的英语词汇，有七十几
个，其中包括シャツ（shirt, 衬衫）、バケツ（bucket, 水桶）、ハンカチ（hand-
kerchief, 手绢）、ブラシ（brush, 刷子）等等。代表这一时期的英语外来语有"洋
泾浜英语""学生腔英语"以及"水手英语"。

2. 欧化与敌对时代

这是指 1883—1905 年的 22 年时间，是日本政府极端欧化与涌现反动思潮
的时期，也是日本从一个闭关自守的封建国家走向现代国家的过渡时期。

受欧化倾向的影响，进入日语的英语不断增加，而且出现了向国语化发
展的趋势。许多英语单词，像クラブ（club, 俱乐部）、マッチ（match, 火柴）、
トンネル（tunnel, 隧道）、ダース（dozen, 一打）以及メートル（metre, 米）等
融入了日语语汇。

1908 年，早稻田大学首次赴美参加棒球比赛，于是有一大批棒球英语词汇
作为外来语进入了日语。这些单词包括アウト（out, 出界）、グローブ（glove, 手
套）、バット（bat, 球棒）以及ボール（ball, 球）等等。代表这一时期的英语外
来语是"时髦英语"与"直译体文"。

3. 新文化诞生时代

在 1906 年及随后的 21 年间，日本居然在日俄战争中成为战胜国，这一重要的历史事件增强了日本的国际地位。同时，文化方面也取得了不小的进步，努力学习欧美文化成为当时日本的头等大事。

如果说在明治维新时期，英语作为外来语让日本人感到有些别扭的话，那么在这个阶段已经作为普通的日常用语而被人们接受了。这时，教育事业发展迅猛，深受欧美文化熏陶的青年学子创办了许多文学刊物，他们在《白桦》及《新思潮》等期刊上发表大量的翻译作品，给当时的文坛带来了一股自由清新的空气。

这一时期外来语的代表形式是"术语英语"。日本在文学、美术、戏剧等方面取得了长足的进步，同时在科学技术领域也迅速成长。所以，英语大量地涌入了这些专业与行业，形成了以专业用语与术语为主的英语外来语。代表性的词汇有マシン（machine, 机器）、アクセント（accent, 重音）、エナージー（energy, 能量）、スタンダード（standard, 标准）、スイッチ（switch, 开关）、サンプル（sample, 样品）以及シグナル（signal, 信号）等。

4. 新文化发展时代

新闻事业的发展、左翼运动的兴起是该时期（1927—1945）的两大社会背景。随着教育事业的普及、报刊图书的大量出版发行，人们的文化素质普遍提高。在广播、报纸等大众传媒的极力鼓吹下，英语以前所未有的速度渗入日本文化领域。这时期，以英语为首的外来语新词充斥着日本社会，人们热衷于使用、传播这些新词汇，好像听不懂就不能成为现代人了。于是，モダン（modern）的社会风尚大行其道。

英语在这个阶段进入日语的大多是被称为"现代语"的特殊语汇，它们潮水般地涌入日本社会的方方面面，其渗透之猛，推广之快，使用之多，复合能力之强，堪称历史之最。代表性的词汇有イット（it, 它）、スピード（speed, 速度）、スポーツ（sports, 体育）、ハイキング（hiking, 远足）、ヨーヨー（yoyo, 叫悠悠的玩具）、モダンボーイ（modern boy, 时髦男士）以及モダンガール（modern girl, 摩登女郎）等。

5. 第二次世界大战结束以来

1945 年 8 月 15 日，日本天皇宣布无条件投降。接着，美军司令麦克阿瑟（Douglas MacArthur）率军进驻战败国日本，这可算得上是又一个英语时代的开端。第二次世界大战结束以后的日语外来语，80%—90%来自美式英语。据统计，在此后的仅 20 年间，涌入日语的英语外来语，几乎是日本有史以来到 1945 年为止上千年来接纳外来语的总和！而且，在这个时期输入的美式英语要占目前日语总词汇量的 5%左右。今天，日本人使用的英语外来语估计已超过 2 万，这个数字简直可以跟莎士比亚所用的词汇量相媲美了！

这个时期吸纳的英语大多带有鲜明的战败国烙印：エムピー（M. P. 即 Military Police, 宪兵）、オフリミッツ（off limits, 禁止入内）、ジーエッチキュー（GHQ 即 General Headquarters, 美占领军总司令部）、パトロール（patrol, 巡逻）、セクシー（sexy, 性感）、ワンマン（one man, 单人的）、メディア・ウォーズ（Media Wars, 媒体战）、クイズ（quiz, 考试）等等。

二、英语进入日语的语言特性

首先，既然外来语是本国语化了的外国语，那么占日语外来语主要份额的英语也经历了一个"日语化"的归化过程。正如前面分述的几个阶段的演变事实所示，作为外来语的英语必须先成为日语才能生存。从这个角度看，一方面，成为外来语的那部分英语语汇既是日本的本国语，又是日本的外国语。另一方面，对于英美等借出国来说，那部分英语是属于日语体系的词汇了，但同时是英语在语音、语义、语法诸方面的变体。

其次，有关国语化的具体标准。著名语言学家叶斯帕森（Otto Jespersen）曾说过："无法把语言演变的各种条件简化为一个简明的公式，除非我们赞成这样一个包括一切的公式：标准语言是社会确定的。"（转引自：李视歧，1985: 12）所以说，英语进入日语，成为其外来语的重要组成部分，同样要经历日本社会对那部分英语词汇的种种磨合、遴选等过程，把那些由日本人广泛且经常使用的英语词汇转变成外来语。但是，就如何衡量使用范围与频度，语言学家众说纷纭。日本学者山田孝雄曾就外来语国语化提出过几个标准，譬如说进入日语的英语语汇：（1）有否在发音、意义与用法方面发生了变化；（2）使用时间的长短；（3）使用频率的高低；（4）书写时是用平假名还是用片假名；（5）是用日语书写还是用外语书写（1940: 14）。但事实上，即使有了这些标准，具体操作起来也有不少困难。

再者，英语作为外来语，是音译借用语。世界上任何一种文字都是音、形、义三位一体。外来语只能模仿原语的音与义，如果仅仅模仿其义而撇开其音，那么它只是翻译语。由此看来，是否译音是判断外来语与翻译语的重要标志。具体到英语、日语，就很能说明问题。譬如，カメラ（camera, 相机）、コンピューター（computer, 电脑）、ミルク（milk, 牛奶）、ライス（rice, 米）等是外来语，但是像"成功"（せいこう）、"文章"（ぶんしょう）、"大豆"（だいず）、"明日"（あす）等词就不能说是外来语，因为它们模仿了原语的全部要素。

还有，进入日语的英语外来语，跟原语即英语之间是否保持继承性？同原语相比是否产生了变异性？回答是肯定的。

我们谈谈继承性。外来语来自原语，原语的某些要素如语音、语义等无疑要被外来语继承，这样，外来语就成为在语音或者语义方面跟原语相近的词汇。退一步说，即使在国语化过程中难免会发生误听、错记以及误传等因素，但只要经过仔细分析，还是能找到与原语或多或少的渊源，所以这些偶然因素不足以改变相关词汇的继承性。比方说，英语作为外来语在历史的不同时期大量地涌进日语，不管它们以何种形式变成外来语，都可以追溯到各自的原词。这也是语源学（etymology）研究语源的重要依据。

就语音而言，ビジネス一词与原语英语 business 相比、ホテル与 hotel 相比，都有较大的差别，然而它们各自在某些音素与音节上仍有相似之处。就语义而言，英语传入日语后，语义发生了变化，大多数情形是英语的语义范围变窄，也就是说，在原语英语中是多义词，变成外来语时只取其中一两种意思。英语 opera 一词含有"歌剧，歌剧艺术，一场歌剧的演出"以及"歌剧院"等意义，而它进入日语变成外来语オペラ时，只剩下"歌剧"一种意思了。尽管如此，opera 和オペラ之间依然存在继承性。

变异性指的是在国语化过程中由于受到本国语的影响与制约，原语的某些要素产生了一定程度的变化，结果是外来语在语音或语义（或二者）与原语相比存在差别。从前一段落中所举的几组英语跟日语的例子里可以看到这种差异，这里就不再赘述了。

三、英语进入日语的语义特征

当英语借入日语时，虽然二者的语汇体系大相径庭，但在语义方面的差异要小于语音方面。不过，依然有相当数量的外来语与原语英语之间在语义上存在着不同之处。英语进入日语后，具有以下的语义特征。

1．形成与日语原有词汇并存的同义语

任何一种语言要表达新概念、新技术时，有的采用扩充现有语汇语义的方法，有的通过创造新词的手段来实现。假如还有第二种途径，就是借用外国语。比方说，英语table进入日语后，变成テーブル，它指餐桌，而日语词汇"机"指的是书桌。同样地，日语词"落花生"特指花生这一植物，而外来语ピーナッツ（peanuts）专指剥了壳（尤其是加工成熟食）的花生豆。这样，来自英语的外来语与同义词的日语语汇并存，它们各司其职，各尽所能。

2．同一英语语汇，不同的外来语含义

出现这种语言现象，主要是因为该英语输入的时间有早有晚。譬如说，同样是check借入日语，出于历史的原因，变成了チッキ与チェック两个日语假名单词，分别指"行李票""支票"。Sheet用假名可以用シーツ与シート来表示，分别表示"床单""盖布"。

3．和制英语

这是一种十分特别的构词方式，具体地说，它指日本人以英语语汇为素材所创造出的日本式英语。它看起来像英语，可实际上英语里并没有这样的表达方式，所以称之为"和制英语"或"日式英语"（Japanese English 或 Janglish）。其形成原因多种多样，有的是出于嬉戏而创造嬉戏外来语，有的是英语知识欠缺造成的外来语错语，有的是想当然地凭借类推思维而杜撰的误语。

和制英语具有以下造词结构特征：

（1）它由若干个英语单词组成，其特点是，拆开看是个英语单词，但合起

来变成的整个外来语不是英语。这种"变种的英语"在日语外来语中占了较大的比重。常见的有以下一些词汇：

英语词汇	和制英语	正确的英语表达	汉语语义
ice+candy	アイス・キャンデー	popsicle	棒冰
milk+hall	ミルク・ホール	milk bar	牛奶店
auto+bicycle	オートバイ	motor	摩托车
gasoline+stand	ガソリン・スタンド	gas station	加油站
room+light	ルーム・ライト	desk light	台灯

（2）英语是形容词时，外来语常常变为形容动词；英语与外来语都是动词时，外来语可加词尾する变成さ变动词。例如：

英语	词性	外来语	词性	汉语语义
national	形容词	ナショナルだ	形容动词	民族的
hard	形容词	ハードだ	形容动词	艰难的
dance	动词	ダンスする	动词	跳舞
skate	动词	スケートする	动词	溜冰
copy	动词	コピーする	动词	复印

（3）英语与日语组成外来语，这种"混合语"现象在科技文献里比较常见，有助于日本引进新技术、新科学概念，直截了当，有力地丰富了日语词汇。例如：

英语	汉语语义	日语	汉语语义	和制英语	汉语语义
energy	能量	光	光	光エネルギー	光能
micro	显微	写真	照相	マイクロ写真	显微照相
lens	透镜	投射	投影	投射レンズ	投影透镜
record	录音	当てる	给予	アテレコ	配音

结　语

英语借入日语，无论从规模、途径、速度看，还是从它对日语以及日本社会方方面面所产生的影响看，都是一种比较罕见的语言现象，值得我们关注、研究。从某种程度上来说，这已不仅仅是一种单纯的语言之间的输入、输出关系，因为在它背后还折射出民族之间不同社会形态、文化、教育、经济、贸易等诸多领域相互影响、彼此受益的深层次意义。

笔者从外来语的概念着手，剖析了英语对日语的影响，简要回顾了英语进入日语的历史过程，着重从语义学特征介绍了外来语原语（英语）与本国语（日语）之间某些典型的、规律性的嬗变，揭示了不同语系的语言引进外来语时在音韵、语义方面所采取的不同方法与规则。

探讨英语对日语的输入关系，不仅有着学术意义，而且对外语学习有着十分实际的借鉴作用。在我国，日语是仅次于英语的第二大外国语。随着国家对外开放的不断深入，出于就业等多种需要，越来越多的国人在学习了第一外语（一般是英语）后，还热衷于学习第二外语，而日语往往是大多数学习者的首选语种。鉴于英语与日语存在着这样一种不寻常的历史渊源，造成日语里夹杂大量英语词汇的奇特语言现象，而且它们一般以片假名书写，这常常给初学者带来不少困难，尤其对那些缺乏英语知识的学习者来说，片假名式的外来语在字里行间频频出现，具有很大的挑战性。

如果日语学习者具有一定的英语基础，再加上了解、掌握这些内在的变化规律，那么他们会在日语学习的道路上如虎添翼，英语、日语相得益彰。

参考文献

山田孝雄，1940. 国語の中に於ける漢語の研究. 東京：宝文館.

陈柏松，1986. 英语习语概论. 武汉：湖北教育出版社.

陈达夫，凌星光，1992. 袖珍日汉词典. 北京：商务印书馆.

韩秀英，朱洪法，1992. 日本汉字读音词典. 北京：商务印书馆.

姜晚成，王郁良，1995. 精选汉日词典. 北京：商务印书馆.

李视歧，1985. 日语外来语. 太原：山西人民出版社.

李视歧，1993. 日语外来语精义. 北京：北京邮电学院出版社.

连淑能，1993. 英汉对比研究. 北京：高等教育出版社.

吴侃，1999. 日语词汇研究. 上海：上海外语教育出版社.

曾钰成，1999. 英语词源趣谈. 北京：商务印书馆.

第六部分

英语论文

Narration and Its Applications to Analyze Oedipus Myth

Structuralists attempt to develop the narrative theory from some primary linguistic analogies. The basic units in the syntactic division are subject and predicate. Resorting to the comparison between sentence structure and narrative, Vladimir Propp published his masterpiece *Morphology of the Folktale* in 1968 after having an in-depth investigation into Russian fairy tales.

Propp maintained that a consistency of structure pinpointing the variety of fairy tales exists, though they have many motifs and topics. His seminal research lays a foundation for the insightful approach to a "more formalized analysis of stories, which deals with the structures" (qtd. in Renkema, 1993: 120) in narration.

According to Propp, the whole collection of tales is built on the same set of thirty-one "functions" despite a good selection of details. As the basic unit of the narrative language function refers to "an act/deed on the part of a character, determined from the vantage point of the meaning of that act for the course of events" (qtd. in Renkema, 1993: 118). Therefore, a function is the act plus the location of that action in the fairy tale. They follow a logical order, but no tale should include every function while in each tale the functions usually stay in order.

All the functions may fall into four groups: preliminaries, complication, development and denouement. Some related functions are listed as following:

(1) Absentation: One of the members of a family absents himself from home.

(2) Interdiction: An interdiction is addressed to the hero.

(3) Violation: The interdiction is violated.

(8) Villainy: The villain causes harm or injury to a member of a family.

(9) Mediation: The hero is approached with a request or a command.

(10) Beginning counteraction: The seeker agrees to or decides upon counteraction.

(13) The hero's reaction: The hero reacts to the actions of the future donor.

(15) Guidance: The hero is transformed, delivered, or led to the whereabouts.

(30) Punishment: The villain is punished.

(31) Wedding: The hero is married and ascends the throne.

Propp's functions possess a "certain archetypal simplicity which requires elaboration when applied to more complex texts" (qtd. in Selden, 1997: 57). We may use the Oedipus myth to show how his narrative theory works. In this myth Oedipus is given the task to solve the riddle of Sphinx, and the task is completed, and the hero is recognized. Eventually Oedipus gets married and becomes the king. Moreover, Oedipus turns out as the false hero and the villain as well, so he is exposed since he murdered his father on the way to Thebes and married his mother and gives a penalty to himself.

In addition, Propp claimed that there are always seven characters, or spheres of action, or roles appearing in thirty-one functions, or domains of activities. They are villain, donor (provider), helper (magical agent), princess (sought-after person), dispatcher, hero (seeker or victim) and false hero. In regard to the tragic myth it requires the double-face role of "mother/queen and husband" to replace "princess and her father." As a result, one character may play several roles and several characters may represent the same role. It is agreed that Oedipus acts both as hero and, provider (he manages to prevent Thebe's plague by solving the Sphinx riddle), false hero and even villain (since he commits patricide and incest).

Propp's ideas exerted much influence on researchers of stories, who present their views of narrative studies in the different perspectives.

As the structuralist anthropologist, Levi Strauss makes an analysis of the Oedipus myth in the linguistic mode (qtd. in Selden, 1997: 59). His use of term of mytheme, put in binary oppositions like the basic linguistic units (signified and signifier), has some unique features in studying the myth. As a matter of fact, two views of the origin of human being serve as the overall opposition, that is to say, they are produced from the earth (semi-God) or they result in coition (human intercourse). So several mythemes are organized hand in hand between (1) the overvaluation of kinship ties (Oedipus marries his mother; Antigone buries her brother unlawfully); and (2) the undervaluation of kinship (Oedipus kills his father; Eteocles kills his brother). He asserts that this linguistic model may help discover the basic structure of the mentality in the narrative perspective.

A. J. Greimas tries to arrive at the universal grammar of narrative theory with the help of a semantic analysis of sentence structure, different from Propp's attention to one single literary genre. He advocates three pair binary oppositions including six roles

Greimas' model can be demonstrated as:

Subject/Object; Sender/Receiver; Helper/Opponent (qtd. in Selden, 1997. 58)

The three pairs may be universal in all narrative tales. When applying to the Oedipus myth, we can draw a more convincing conclusion than Propp's approach.

In accordance with Greimas, Oedipus looks for the killer of Laius. Unexpectedly he searches for himself (he is both subject and object in this case). Then Apollo's oracle foresees Oedipus' sins. Teiresias, Jocasta as the messenger and the herdsman conform its truth. Finally both of them attempt to stop Oedipus from uncovering the murderer.

In order to reveal the narrative sequences Greimas advocates three structures, which are called contractual, performative and disjunctive. The more interesting is about the establishing or breaking of contracts or rules. His model goes like this: contract—violation—punishment; lack of contract—establishment.

Following the model we come to understand that the Oedipus myth corresponds with the first structure since the hero goes against the prohibition of patricide and incest, all of which results in punishing himself.

What is more, Tzvetan Todorov has made some contribution to narration theory by summarizing Propp, Greimas and other theoreticians. He holds that the minimal unit of narrative is the "proposition," which proves as an "agent" or a "predicate."

The propositional structure of a narrative can be put in the very abstract and general way. Thus Todorov offers the following propositions:

A is king;　　　　B is A's mother;　　　　C is A's father;

A marries B;　　　A kills C. (qtd. in Zhu, 2001: 169)

From above-mentioned structure we see some propositions, which constitute the narrative of the Oedipus myth. It is supposed that A stands for Oedipus, and B means Jocasta and C represents Laius. Therefore, the first three propositions correspond with agents while the first and the last two contain predicates (that is to say: to be a king, to marry and to kill). Predicates may serve as adjectives and indicate static state of affairs (e.g. to be a king), or they can work dynamically like verbs to denote infringement of law, and come out as the most energetic categories of propositions. With the basic units which are propositions, then Todorov constructs two higher levels of organizations: the sequence and the text. A sequence is made up of a series of propositions. The basic sequence comes from five propositions describing a state that is disturbed and re-established in a new fashion.

In doing so the five propositions may break down as following:

Equilibrium (Peace);　　　　Force (Enemy invades);

Disequilibrium (War);　　　　Force (Enemy is defeated);

Equilibrium (Peace on new terms).

So the narrative may go around this cycle to produce a story. Actually this theory seems more practical and feasible in analyzing a tale since it is effective to generalize the essence of almost all literary genres: novel, drama, myth, etc.

Then a succession of sequences makes a text. What is more, the sequences can appear in many ways: they can be embedded (story within a story), and they can be linked together (a group of sequences), and they can be altered (interlacing of sequences) and they come as a mixture of these as well.

Gerard Genette makes a further step in refining the Russian Formalist distinction between story and plot by grouping narrative into three levels: story, discourse and narration. The dimensions of narrative are related by three aspects: tense, mood, and voice, which by coincidence correspond with three qualities of a verb.

Later on, Genette offers his views on the problems of narration, which has not been solved properly. He studies the problems by exploring three binary oppositions.

Firstly, he sheds some light on the demarcation between simple narrative and direct narrative. Then he concludes, "Literary representation, the *mimesis* of the ancients, is not, therefore, narrative plus 'speeches': it is narrative and only narrative" (qtd. in Selden, 1997: 60).

Secondly, the opposition of narration and description presupposes a distinction between an active and a contemplative aspect of narration.

Finally, the opposition of narrative and discourse tells a pure telling in which no one speaks from a telling in which readers are aware of the speaker.

It is agreed that the narration theory works well in studying myth, fairy story and detective story, which seems more structured. Such analysis is intended to "define the *general principles* of literary structure and not to provide interpretations of individual texts" (qtd. in Selden, 1997: 61) A myth like *Sophocles' Oedipus the King* may help provide a better example to illustrate the essential narrative grammar of story than other genres.

References

Gee, James Paul, 2000. *An Introduction to Discourse Analysis: Theory and Method*. Beijing: Foreign Language Teaching and Research Press.

Propp, Vladimir, 1968. *Morphology of the Folktale*. Austin: University of Texas Press.

Renkema, Jan, 1993. *Discourse Studies*. Amsterdam: John Benjamins Publishing Company.

Selden, Raman, 1997. *A Reader's Guide to Contemporary Literary Theory*. London: Prentice Hall.

Zhu, Gang, 2001. *Twentieth Century Western Critical Theories*. Shanghai: Shanghai Foreign Language Education Press. [朱刚，2001. 二十世纪西方文艺批评理论. 上海：上海外语教育出版社.]

Psychoanalytical Criticism: Its Contributions and Others

Twentieth century experienced many ups and downs of literary criticisms in the west partly due to the unprecedented development in culture, economy, science and technology. Quite some critical schools came and went easily. However, Psychoanalytical Criticism, pioneered by Sigmund Freud, remained very influential for a long time and played an important role in interpreting and criticizing literary works. As a matter of fact, the interference of psychoanalysis to literary realm has yielded great achievements in spite of some defects such as pan-sexualism.

The Freudian psychoanalysis has narrowed the gap between literature and psychology, offering a new approach to reading literary works from a new perspective. His contributions to literary criticism lie in five aspects: (1) The Freudian reading sparkles off a pursuit of symbolic meaning in literary images; (2) The introduction of the well-known conceptions of Oedipus complex and Electra complex to literary discussion serves as an eye-opener to critics; (3) His "topographical model" of the mind and "structural model of psychic process" provide theoretical foundations for critics to conduct a psychological analysis of characters; (4) His theory of instincts of life and death helps critics study death in literary works; (5) His human-oriented research approach turns out as a pathfinder to the traditional biographical writings (Wang, 2000: 143-151).

On the other hand, the reason why we wonder about the continuation of psychoanalysis flourishing in confrontation of Structuralism, Phenomenology and Archetypal Criticism in the 20th century comes to the fact that Freud is lucky enough to find competent students and successors to add something new and innovative so that his defects may be pointed out and corrected.

First, the major literary criticisms in the 20th century share one thing in common, which attaches importance to close text reading. According to the Freudian reading, omnipresent symbolism can be found in literary works, and many symbols are related to sex in particular. Sure enough, psychoanalytical critics tend to compare everything that is concave and round to wombs in interpreting literature. What is more, they are inclined to relate an empty house to a female sex organ, and anyone hiding in the house means to seek maternal protege while anything which may be reminded of a male sex organ usually includes a tree trunk, a pagoda, a snake and a high mountain. Desirable violent movements such as horse riding and fast flying can be symbolic of sexual pleasure.

It is universally acknowledged that almost all the main western writers in the 20th century are influenced by Freudianism to some less or more degree. With the help of Freudian reading critics may find it more effective to dig out symbols and their symbolic significance so as to achieve a better understanding of the works. For instance, Earnest Hemingway, master of symbolic writing and receptor of Freudianism, produced his novel *A Farewell to Arms* this way. His symbolic title indicates that the word "arms" not only signifies "weapon" but also connotes "embrace, hug," that is to say "love." Also the novel displays two themes about laying bare the cruelty of war, anti-war attitude and failure in love.

However, some defects can be found in Freudian reading, and the ignorance of literary aesthetic function and the lack of linguistic medium are two things attacked very often by some critics. As Seamus Heaney claims that literature is "a speaking picture to teach and delight" and Samuel Johnson proposes that "the end of writing is to instruct; the end of poetry is to instruct by pleasing," the aesthetic function is sure to be realized through language since literature is a verbal art. In addition, linguistic structure serves as the role of texture in literary works.

Critics may find more symbolic meanings from "self-eroticism" signifying the object of child's sexual desire to his own body, and "castration" which is reduced to a crude biological level. Actually, quite some symbolic significance is very arbitrary and too subjective from critics, which makes their interpretations vulnerable and far from being convincing.

Second, Freud's seminal introduction to the Oedipus complex and the Electra complex plays an essential role in helping critics analyze the relationship between the writer's career and his literary motif. His complex theory conceals a vital stage in human psychic development, that is to say, "the emergence of ego and superego, the development of personality, and the first step from the confines of family (nature) to a broader context (culture)." Moreover, "the awareness of an external authority and the sense of morality will affect one's whole life" (qtd. in Zhu, 2001: 100-101) Therefore, it is inferred that Freudian theory does not limit itself to the individual existence, but extends to the wider outside reality.

The concept of the Oedipus complex is first discussed in his masterpiece *Interpretation of Dreams*, which offers a hermeneutic for the discovering of the "disguised expression of wish fulfillment, and it is this book that has an enormous impact on literary criticisms and theory in the west" (qtd. in Zhu, 2001: 111).

The Oedipus complex is based on the analytical conclusion from Freud's insightful investigation into Sophocles's story of *Oedipus the King* and Shakespeare's *Hamlet*. The application of the Oedipus complex to literary criticism is regarded as the most outstanding contribution from Freud to psychoanalysis, and is valued as a breakthrough in the Shakespearean studies of 20th century (Wang, 2000: 147).

Freud maintains, "In *Oedipus Rex* the basic wish fantasy of the child is brought to life and realized as it is in dreams; in *Hamlet* it remains repressed, and we learn of its existence—as we discover the relevant facts in a neurosis—only through the inhibitory effects which proceed from it" (qtd. in Zhu, 2001: 112-113).

Before Freud critics used to be controversial over the cause of Hamlet's prolonged hesitation to take revenge, and they were also suspicious: Is Hamlet really mad? Or does he play a trick to be mad? Earnest Jones, the noted British critic and psychoanalyst, is the first theoretician to apply Freudianism to Shakespeare's works. He concludes in his paper "The Oedipus Complex as an Explanation of Hamlet's Mystery" published in 1910 that it is Hamlet's protagonist Claudius who helps commit patricide, so Hamlet's depression from his childhood is removed. Jones continues to provide evidence that always hesitating in carrying out his revenge plan, Hamlet proves contradictory and even reluctant at the critical moments. Hamlet's success in retaliating against his enemy results in a tragic ending. From this point of view the Oedipus complex has enriched readers' experience of literary text.

In another development Norman Holland airs his view about Hamlet resorting to the Oedipus complex theory.

According to clinical psychoanalytical cases every child harbors the Oedipus complex, which is inclined to exist in his unconsciousness even when he grows up. The reason for Hamlet's repeated delay lies in the fact that he is unable to fulfill his long-cherished desire as a kid does, nor is he able to do it in order to realize his own unconscious desire, which in return poses a big challenge to critics interpreting Hamlet's irresolution. In a word, "To be sure, the analytic picture of the Oedipus complex is an enlarged and accentuated edition of the infantile sketch" (Freud, 1899, qtd. in Zhu, 2001: 109).

Both Jones and Holland attach great importance to probing into Hamlet psychoanalytically; however, they focus too much on the significance of the Oedipus complex. So it is inevitable to weaken the profound social content and aesthetic value in the drama. To be separated from the societal context, literary works can be reduced to psychological analysis with their depth and width confined.

Third, Freud claims that there are three structures of the conscious experience, which is made up of preconscious, conscious and unconscious components. The three components are interrelated, overlapping and mutually transformable. Later on, he puts forward the "structural model of psychic process," in which the notions of id, ego and superego are discussed, hence "id psychology" for one and "ego psychology" for the other.

After making an in-depth study of Faulkner's *The Sound and the Fury*, Carvel

Collins pointed out that Faulkner benefited a lot from Freudianism in a careful and creative way by adopting three lengthy interior monologues in this novel. The idiot Benjamin speaks to himself, which is supposed to derive from "id," and Quintin's monologue reflects "ego" and Jason's self-talking finds hints in "superego." Therefore, the combination of three characters may correspond to three parts of the Freudian model of personality. Though the use of interior monologue in literary writing comes before Freud, the theory of unconsciousness opens a new channel for writers to make the most of preconscious, subconscious, and unconscious parts.

Whereas Carl Jung, a student of Freud, disagreed with his teacher and created his own idea about analytical psychology by employing the notion of the collective unconscious "manifested in archetypes" (qtd. in Zhu, 2001: 132). Jung succeeded in developing and reinterpreting Freudianism, and the collective unconscious in his words is "a part of the psyche, which can be negatively distinguished from a personal unconscious by the fact that it does not, like the latter, owe its existence to personal experience and consequently is not a personal acquisition" (qtd. in Zhu, 2001: 137). So it is something accumulated from generation to generation, which helps broaden critics' vision when they study literary works. If Freudian conscious theory is conducive to peeping into personal psychology, Jung's collective unconscious (on which archetype criticism is established) makes critics stand back so as to give a panoramic view of literary writings. In this way many obstacles can be removed and archetypes can be unmasked before readers.

With the help of Jung we better understand the unconsciousness which is structured as is displayed in language. In Jung's view phallus is a significant thing instead of a male genital (penis) only in the biological sense while Freud attaches too much to phallocentric criticism.

Fourth, Freud contends that the energy to operate id originates from "instincts" which push id to satisfy human desires. Furthermore, death and love turn out as two basic forms of instincts: death urges to "restore an earlier stage of things" (qtd. in Zhu, 2001: 104), which means to go back to the place where life starts, and love shows another side of "preservation," which is called "libido."

Freud calls libido "an expression taken from the theory of the emotions" (qtd. in Zhu, 2001: 103), hence "regarded as a quantitative magnitude" of love. Psychoanalysis "then gives these love instincts the name of sexual instinct" (qtd. in Zhu, 2001: 103-104). But most "educated" people think of the naming as an insult and attack Freudianism with the reproach of "pan-sexualism" when his theory is applied to analyzing literary writings.

In Freud's view "instincts are historically determined" (qtd. in Zhu, 2001: 104) as he takes an example to cement the belief. "Certain fishes undertake laborious migrations at spawning time in order to deposit their spawn in particular waters far removed from their customary haunts," continues Freud (qtd. in Zhu, 2001: 104).

According to Freudianism three ways are available to release or satisfy the libido: (1) direct projection is conducted to the opposite sex; (2) a curing talk with a psychoanalyst may diversify one's sexual depression; (3) the sexual desire can be satisfied or quenched with intellectual achievement and artistic sublimation.

Eliot's *The Waste Land* (1922) expresses one of the ever-lasting themes: love. The beginning of this long poem reveals a situation where people on the waste land live in boredom and despair, however, nothing may stop them from the hot pursuit of love and sex. Resorting to monologue, dialogue, description and metaphor the poet helps readers understand how eager modern people feel about human instinct: sexual satisfaction. So in line with Freud if the depression of libido stays too long, the castration complex may occur.

Last but not least, Freudianism exerts a strong influence on biographical writing. Though traditional criticism attaches importance to the life and background related to the writer, they usually tend to pay little attention to the artistic analysis of the works, which attracts severe attacks from formalistic critics. However, psychoanalysis may provide a new approach to literary criticism: critics are advised not to indulge in trivial and superficial material at the cost of the vivid psychological description of characters.

Evidently, fresh and insightful conclusions may come out as a result of re-analyzing some well-established biographies with psychoanalysis. Some critics ascertain that Jack London is nothing but a good writer at animals, and he is ignored for a time. But the publishing of *Jack: A Biography of Jack London* in 1977 helps rehabilitate him. After reading this book and taking a psychoanalytical perspective, critics find the Oedipus complex in Jack London's novels, which leads to their interest in his life. Going through thins and thicks in childhood, Jack suffered from some psychic disorder, which affected a lot his personality, love and writing. In this way Jack is re-established as both a writer and a social activist in the history of American literature.

It is not universally true for psychoanalysis to study biography; however, its proper use may open up a different channel to fresh discovery.

Taking psychoanalytical criticism as a whole into account, we come to understand that it has flung long-standing influence on the western literary criticism thanks to its originality. Freud-centric system, combined with existentialism, structuralism, has made great contributions to the literary realm despite some defects. What is more, some successors such as Carl Jung and Jacques Lacan, succeeded in improving and developing psychoanalysis by adding insightful ideas. Especially, the continued flourishing of psychoanalysis in the late 20th century mainly depends on Lacan's reinterpretation in theory and renovation in practice.

With the help of language as a medium, which focuses on the text (as he thinks that the unconscious is structure), Lacan attempted to solder up the gap between literature and psychology, and his efforts made psychoanalytical criticism more reasonable and convincing as a result.

References

Kennedy, X. J., 1976. *Literature: An Introduction to Fiction, Poetry, and Drama*. Boston: Tufts University.

Li, Weiping, 1996. *The Stream of Consciousness Novel*. Shanghai: Shanghai Foreign

Language Education Press. [李维屏, 1996. 英美意识流小说. 上海: 上海外语教育出版社.]

Selden, Raman, 1997. *A Reader's Guide to Contemporary Literary Theory*. London: Prentice Hall.

Wang, Ning, 2000. *A Comparative Study of Western Literature in the 20th Century*. Beijing: People's Literature Press. [王宁, 2000. 二十世纪西方文学比较研究. 北京: 人民文学出版社.]

Zhu, Gang, 2001. *Twentieth Century Western Critical Theories*. Shanghai: Shanghai Foreign Language Education Press. [朱刚, 2001. 二十世纪西方文艺批评理论. 上海: 上海外语教育出版社.]

On the Translation of Metaphor
in Contrastive Pragmatic Perspective

1   Introduction

Metaphor is a word or phrase applied to an object, action or quality, which it does not literally denote, in order to describe it more precisely or vividly, a degree of resemblance is implied. It is a figurative device: the transferred sense of a physical word; the personification of an abstract idea (His accent betrays him: one can know his hometown by the accent); the application of a word or expression to what it does not literally indicate, that is to say, to depict one thing in terms of another. Polysemous words (for instance, a "sunny" day) and a majority of phrasal verbs tend to convey metaphorical meanings.

As Newmark (1988: 104) claimed that metaphor generally has two usages: (1) its referential purpose is to depict a mental process, a concept, a person, an object, or an action in a much easily understood way than in its literal language; (2) its pragmatic purpose is to appeal to the senses, to interest, to delight, to surprise the readership. The first purpose is cognitive while the second is aesthetic. It is certain that a good metaphor may put two purposes in harmony.

Since metaphor is so common in both Chinese and English, how to transpose it from one language to another should be taken seriously. The crux of the game in translating concerns the comprehensive choice of a proper approach for a text. Therefore one of the particular problems is how to cope with the translation of metaphor.

2　Translation and Pragmatics

I. A. Richards (1953) maintained that translating "is probably the most complex type of event in the history of the cosmos" (qtd. in Nida, 2002: 3). Actually, one reason is likely that it involves a bilingual and bicultural activity between a source text and a target text. However, in doing so a tough challenge that has been haunting a translator is how to acquire a thorough understanding of the designative and associative meanings of the text to be translated.

Twentieth century has witnessed the rapid development of linguistics, which has ramified plentiful disciplines in this field. To some extent, translation studies may jump on the band-wagon by taking advantage of the newest linguistic achievement in a bid to build a better bridge over the cultural gap.

Contrastive pragmatics is one area of cross-cultural pragmatics, which comes out as a branch of macro-pragmatics. As a comparatively new arena, contrastive pragmatics deals with the studies of the dynamic linguistic correlation between a source language and a target language, with such important research fields as cultural connotation, speech act, communication rules and politeness strategy at its core.

People speaking a foreign language (i.e., English) are inclined to be affected by their native language (i.e., Chinese) and its culture concerned, which may result in a "new" language called inter-language. Consequently, using inter-language tends to give rise to pragmatic difference, usually the product of cultural difference, which poses a barrier in communication. All these differences are attributed for pragmatic misunderstanding. On the other hand, the use of metaphor occurs both in speech and writing so frequently that people come to ignore it consciously or unconsciously. Then people from different cultural backgrounds find difficulty in understanding each other despite their good knowledge of English. How to minimize the misunderstanding of metaphor in the bilingual and bicultural communication with a regard to the pragmatic context falls into one of the aspects that contrastive pragmatics should cover.

3　General Principle

One problem in understanding and translating a metaphor is how to decide the space or degree concerning the crisscrossed area of sense. As a manner speaking, metaphor may differ "in extent of intensity, or in depth of penetration, or in freshness of recombination" (Wheelright, 1954, qtd. in Kennedy, 1976: 136). Besides, a metaphor is not simply limited in number of resemblances it may indicate. To say "He is a pig" is to touch upon comparisons of appearance and morality as well as eating habits between man and animal. This example illustrates the much-overlapped area of English and Chinese in both semantic and pragmatic contexts.

With Anglo-American tradition, pragmatics is defined as the study of the specific language usage in the specific context. Starting from this perspective we understand that contrastive pragmatics examines correlation in converting a metaphor from the source language to the target language. As a result, in translating one should decide whether the overlapping area is (a) positive or negative; (b) connotative or denotative. When we come across a sentence like "This story is about a Metternich of Today," we are not sure whether "Metternich" refers to: (1) Metternich's career as a European politician; (2) his craftiness (negative sense); (3) his smartness (positive sense); (4) less likely, his dictatorship. (This may be made clear in the sentences that follow.) It is common that the translator has the choice of: (1) a literal translation, leaving the implication to the educated reader; (2) keeping "Metternich" and adding the explanatory information, namely, "a politician of Metternich's cunning;" (3) the assumption that the reader knows nothing about Metternich, so translating as plainly as "a smart politician."

The picture roused by a metaphor can be universal (a red rose), cultural (a lucky dog) and individual (a paper tiger). The meaning can be literal while the resemblance or the semantic area linking object and image can be polysemous. Usually the more original the metaphor is, the richer it is in sense components. The metaphor can be one-word, or extended over any stretch of expression from a collocation to the whole text.

It is true that cultural metaphors are much more difficult to translate than other metaphors due to their richness in content.

4　Classification and Translating Approaches

Whenever we meet a sentence that is grammatical but does not seem to make sense, we have to think it over for a possible metaphorical meaning. Thus, if we are faced with "I will speak daggers to her, but use none," here "daggers" indicates "scathing words that can hurt the hearer's self-esteem." It is believed that more common words have connotations and that any word can be a metaphor in a certain circumstance. Its sense has to be figured out by matching its primary meaning against its linguistic, situational and cultural contexts

Attempting to adopt different approaches to translating metaphors, Newmark (1988: 106) classified them into several categories. They mainly include cliche metaphors, recent metaphors, standard metaphors and original metaphors. This paper is to discuss them in relation to their pragmatic contextual factors and translating methods mainly between English and Chinese.

4.1　Cliche Metaphors

Cliche metaphors are identified as those, which have temporarily been old for their usefulness, and those, which are used as a substitute for a clear idea, often emotively, but without corresponding to the facts of the matter. Take this sentence:

(1) The county school will become not a <u>backwater</u> but a <u>breakthrough</u> in the educational reform, which will <u>set trend</u> for the future.

The underlined expressions are cliche metaphors. This is an extract from an editorial. Therefore, it is a vocative text where the series of cliche metaphors have to be retained in translation. Their Chinese versions can be:

backwater: 一潭死水；　　breakthrough: 突破；　　set trend: 指明方向

However, there are some occasions when a translator should do away with cliche metaphors of any kind if the source text is an informative one, where only facts or theories are stressed, and where the translator is trying to gain the best reaction from the readers. Consequently, there is a choice between reducing the cliche metaphor to sense and replacing it with a less effective and vivid metaphor.

(2) 茗烟又嘱咐道:"不可拿进园去,叫人知道了,我就'吃不了兜着走了'。"(曹雪芹,1990: 324)

"Don't take them into the Garden," Ming-yen warned him. "If they were found, I'd be in serious trouble."

(3) 唉,那是客臣的井蛙之见喽,所谓"情人眼里出西施"啦。(郭沫若:《屈原》)

Alas, that was owing to my ignorance, that is what is called partiality.

There are some possible solutions, not excluding the reduction of the metaphors to a simple and effective sense. But we have to take economy as well as the nature of the metaphor into account. It is true that a cultural equivalent, provided that it is clearly understood, is likely to convey a stronger emotional impact than a functional (culture-free) equivalent in the target language.

The proposition is echoed by H. Sweet, who said, "Often in speaking a foreign language we seek in vain for a precise equivalent for some native word or idiom, and find that there is not any definite equivalent, and that must content ourselves with a vague periphrasis" (Lian, 1994: 145).

4.2 Recent Metaphors

Newmark (1988: 109) pointed out that recent metaphor refers to a metaphorical neologism, usually "anonymously" coined, which has spread rapidly in the source language. Recent metaphors designate one of a number of "prototypical" qualities that "renew" themselves in language.

These metaphors indicate new objects, ideas and processes. A recently coined expression "head-hunting" (猎头 in Chinese) can be literally translated since its meaning (recruiting managers, often secretly, from other companies by promising an attractive salary) is clear to the readers in the target language. Another example is "Walkman," a trademark, which should be decommercialized. Nowadays this trademark has become the synonym for a portable transistor radio.

On the other hand, the past decade has seen the great economic growth in China. The exchange in cultural, educational and scientific domains with the rest of the world has developed tremendously. China has never been exerting a more far-reaching influence than today. Many metaphors that are newly originated from Chinese have found their way into English. These exported metaphors include 双赢 (double win) and 搞定 (do-settle).

4.3　Standard Metaphors

We may look at the following sentence:

(4) I personally dislike stock collocations and phaticisms, but I have to admit that they keep the world going—they are <u>oiling the wheel</u>.

The underlined idiom is a standard metaphor, which is defined as an established metaphor where it is an efficient and brief method of describing a physical and/or mental situation both referentially and pragmatically in the context. Besides, it has certain emotional warmth and is not deadened even if used extensively.

Sometimes standard metaphors are very tricky to translate in that their evident equivalents may get outmoded or only used by a different social class or age group. Here are some examples:

(5) He is <u>in a giving humor</u>.
他<u>出手大方</u>。
(6) Bob is <u>on the eve of</u> getting married.
鲍勃<u>快要</u>结婚了。

The ideal procedure for translating a standard metaphor is to reproduce the same image in the target language if it is available with regard to comparable frequency in the proper target language register.

(7) 他嘴里一时<u>甜言蜜语</u>，一时有天没日，<u>疯疯傻傻</u>。（曹雪芹，1990: 47）

He can be <u>all sweet words </u>one minute and <u>ranting and raving</u> the next.

(8) 壶小易热，量小易怒。

A little pot is soon hot. (Its connotation is omitted.)

(9) 没有蜂就没有蜜，不做工就没有钱。

No bees, no honey; no work, no money.

(10) 样样都要，样样失掉。

Grasp all, lose all.

A more common approach to translating standard metaphors is to replace the source language image with another established image in the target language as long as such one does exist. In doing so we should pay more attention to the pragmatic context between two languages.

Moreover, extended standard metaphors often change their images, particularly when they are put in proverbs, which are also cultural.

(11) 近朱者赤，近墨者黑。

Association with the good can only produce good, with the wicked, evil.

(12) 一个和尚挑水吃，两个和尚抬水吃，三个和尚没水吃。

One boy is a boy, two boys are half a boy, three boys are no boy.

(13) 不入虎穴，焉得虎子。

Nothing ventured, nothing gained.

(14) 小事精明，大事糊涂。

Penny wise, pound foolish.

These examples are characteristic of translated standard metaphors though the equivalence is far from being accurate. Anyway, both Chinese and English versions produce a harmony in sound and parallelism in structure. However, the Chinese stresses general order and more formal diction while the English is between informal and colloquial. In spite of the difference in image they match each other in both pragmatic and cultural sense.

When the metaphors come from the same topic, the equivalence is much closer in the following cases:

(15) They hold all the cards.

他们掌握着所有的王牌。

(16) We are studying the MA program wholly-hearted.

我们正全心全意地攻读硕士研究生课程。

We note that the Chinese versions have stronger message than the English since the former can keep the connotation: They hold all the trumps (in the first version comparison).

Both Chinese and English have their own typical cultural sources of metaphor. Culturally loaded metaphors are a hard nut to crack in translation, demanding an extensive knowledge of language, culture and adapting skills from the translator. Take English as an example to illustrate how it is going. Cricket enjoys a good popularity in England. There are lots of metaphors derived from the sport. Some of them are "keep a straight bat," "draw stumps," "knock for six," "bowl over," and "field a question." All these metaphors are rather mild and sound very educated among the middle-class, so we have to take care not to translate them too colloquially and strongly.

The typical metaphor that has settled in Chinese from the game of cricket goes as following:

(17) We should adopt a fair play policy in the competition.

我们应该公平竞争。

A standard metaphor can only be translated in the exact way if the image is transferred within a correspondingly acceptable and established collocation.

(18) They have <u>widened the gulf</u> between them.

他们之间的<u>隔阂增大</u>了。

(19) 横眉冷对<u>千夫指</u>，俯首甘为<u>孺子牛</u>。（鲁迅：《集外集·自嘲》）

Fierce-browed, I coldly defy <u>a thousand pointing fingers</u>,

Head-bowed, like <u>a willing ox</u> I serve the youngsters.

Sometimes when we come up with a new image, which can be acceptable in the target language, we may feel a degree of change in meaning and often in tone.

(20) <u>龙</u>配<u>龙</u>，<u>凤</u>配<u>凤</u>。

Let <u>beggars</u> match with <u>beggars</u>.

(21) He waited for his time, However, he <u>fed on fancies</u>.

他等待时机的到来，但只是<u>画饼充饥</u>。

In (20) the Chinese indicates the favorable sense using good images of dragon and phoenix (in Chinese culture) while the English adopts the derogatory term. Both versions are adequate in the pragmatic context but different in tone and metaphor. Consequently, there is a choice between compensation elsewhere in the linguistic situation and under-translating or over-translating. One always runs the risk of pursuing a particular version too far, emphasizing superfluous meaning, thus the whole thing tends to go out of balance. Even the reproduction of the sound-effect is possible, but at the expense of economy.

With respect to cultural metaphor, one can sometimes keep the metaphor in the target language or convert it to simile, and add the sense. This is an in-between strategy, which retains some of the metaphor's emotive and cultural effect for the well-informed readers, while other readers who could know little about the metaphor are offered an explanatory version.

(22) 山风吹过，但见通街上空"<u>万国旗</u>"纷纷扬扬，红红绿绿，五花八门。（古华：《芙蓉镇》）

The wind blowing from the hills made these flutter <u>like flags all the colors</u>

of the rainbow. （杨宪益译）

(23) It is a good <u>horse</u> that never stumbles.

人有失误，<u>马</u>有失蹄。

4.4 Original Metaphors

Original metaphors are described as those created or quoted by the source language writer. In principle, if appearing in authoritative and expressive texts, they should be translated literally no matter they are universal, cultural or subjectively obscure. Newmark (1988: 122) asserted that original metaphors (a) contain the essence of an important writer's message, his personality, his view on life even though they have a cultural element to a more or less degree, these have to be transferred neatly; (b) are a source of enrichment for the target language.

Here are some stanzas from the renowned poem *Ode to the West Wind* by P. B. Shelley. We notice that original metaphors are abundant in the following lines.

(24) Drive my dead thoughts over the universe

Like withered leaves to quicken a new birth!

And, by <u>the incantation</u> of this verse,

Scatter, as from an unextinguished <u>hearth</u>

<u>Ashes and sparks</u>, my words among mankind!

Be through my lips to unawakened earth

The <u>trumpet</u> of a prophecy! O, Wind,

If Winter comes, can spring be far behind?

把我的腐朽思想扫出宇宙，

扫走了枯叶好把新生来激发，

凭着我这诗韵做<u>符咒</u>，

犹如从未灭的<u>炉头</u>吹出<u>火花</u>，

把我的话散布在人群之中！

对那沉睡的大地，拿我的嘴当喇叭，

吹响一个预言！呵，西风，

如果冬天已到，难道春天还用久等？（王佐良译）

By comparing the Chinese version with the English poem, we find that the translator follows the source text lexically since the poetic meter will not quite let the grammar and rhetorical device be reproduced easily. All the metaphors in the source language are actually literal renderings, and the readers are faced with virtually the same difficulties of interpretation. As a result, what Shelley might convey in the works can be felt by Chinese readers semantically and pragmatically.

Furthermore, the translation of metaphors between European languages is also worth probing. The following example comes from Harold Pinter's drama called *No Man's Land*. The passage takes place in the first act. Hirst and Spooner (who have never met before) start a conversation in a pub.

(25) Spooner: Tell me then about your wife.

Hirst: What wife?

Spooner: How beautiful she was, how tender and how true. Tell me with what speed she swung in the air, with what velocity she came off the wicket, whether she was responsive to finger spin, whether you could bowl a shooter with her, or an offbreak with a legbreak action. In other words, did she google?

As far as the whole story is concerned, it is clear that the conversation is not about "cricket." Instead the playwright uses "cricket" as a metaphor to convey another message. The implication is Spooner's rather misplaced enquiry about Hirst's wife, with a sexual innuendo, which is increased later. Since cricket is a popular game in England, it is "grafted" as a cultural metaphor that has important significance in the play.

Now here is the French version of the English drama. Let us take a brief look at what strategy is adopted in translating the metaphor.

(26) Spooner: Alors parlez—moi de votre femme.

Hirst: Quelle femme?

Spooner: Combien elle etait belle, et combien tendre and combien fidele. Parlez—moi de son jeu de jambes, dites—moi quel effet elle donnait sur son revers, si elle trouvait le bob aise en fond de court, si elle renvoyait de volee l'amorti de l'adversaire, si ses bloyaux resistaient a l'humidite du gazon, si elle n'etait pas trop molle au second service. En d'autre termes, es-ce qu'elle servait bien?

The French translator has produced the text according to "dramatic" criteria, which read well and will have a certain effect on the target language public in France. The translated passage sounds comic and is presented by stressing the sexual connotations of the source text. The metaphor is changed from "cricket" to "tennis" since "cricket" is unknown and, all the words linked with the game are technical and highly specialized to the audience of the target language (French).

This interesting example illustrates that a big cultural difference exists between English and French which come from the same language family. As to the translation between Chinese and English, it is self-evident that there is an even bigger gap in terms of language, culture and other aspects. Consequently, it is safe to say—the conversion of metaphor between European languages is much easier than that between Chinese and any Western language.

As a matter of fact, we may see that a wide variety of skills of metaphor translation are available in the pragmatic context. The key point lies in the fact that a translator is sure to play a vital role as to which strategy he will resort to. Also it is obvious that an encyclopedic knowledge proves a must for the translator. The more he knows about bilingualism and biculturism, the more effective versions he will produce eventually.

5 Conclusion

There are as many skills in translating metaphors as the variety of text. Different approaches are presented in line with correspondent metaphors in the contrastive pragmatic perspective. In translating any kind of metaphor we have choices in the direction either of sense or of an image, or a modification of one, or a combination of both. It depends on whether we attach more importance to contextual factors or to the importance of the metaphor within the text.

Generally speaking, there can be no stable and absolute midway position between the source language-culture and the target language-culture, where the "flavor" of the former could be transposed to the latter. At best the translated text will oscillate between the "two poles." This is where lie the theoretical complexity and the practical intricacy of translation under consideration.

References

Hewson, Lance, 1991. *Redefining Translation: The Variational Approach.* New York: Routledge.

Kennedy, X. J., 1976. *Literature: An Introduction to Fiction, Poetry, and Drama.* Boston: Tufts University.

Lian, Shuneng, 1994. *A Contrastive Study of English and Chinese.* Beijing: Higher Education Press. [连淑能，1994. 英汉对比研究. 北京：高等教育出版社.]

Newmark, Peter, 1988. Tex*tbook of Translation.* London: Prentice Hall.

Nida, Eugene, 2002. *Language, Culture, and Translating.* Shanghai: Shanghai Foreign Language Education Press.

Symbols in William Blake's *The Tiger*

1 Introduction

As the father of structuralist linguistics, Ferdinand de Saussure has been greatly influential in shaping contemporary literary theory with his masterpiece *Course in General Linguistic*s (1916). His two main ideas offer novel answers to the questions "What is the object of linguistic investigation?" and "What is the relationship between words and things?" (qtd. in Selden, 1997: 52) He maintained that the proper object of linguistic study is "the system which underlies any particular human signifying practice, not individual utterance" (qtd. in Selden, 1997: 52).

When structuralism is applied to literary criticism, as Jonathan Culler assumes that "we can determine the rules that govern the interpretation of texts, but not those rules that govern the writing of texts" (qtd. in Selden, 1997: 64). What is more, structuralists agree that poetics has a very special relationship with language since the former attracts attention towards "the very nature and specific properties of language" (qtd. in Selden, 1997: 56). So in this respect structuralist narratology comes from elementary linguistic analogies. Above all, syntax, which covers the rules of sentence construction, turns out to be the basic model of narrative theory.

Structuralists claim that narration can be analyzed at four levels, which are semantics, rhetoric, parole and syntax. In regard to semantic category, more emphasis is placed on the use of symbols expressed in the works. It is believed that symbol touches upon the way and content words convey to the readers, and the relationship between the meanings implied in lines and the reality reflected in the literary writings as well.

William Blake is a poet worth reading and reading. This paper attempts to analyze his poem *The Tiger* with a close examination into how symbols are applied to strengthen his works.

2　An Analysis of Symbol in *The Tiger*

William Blake is one of the most important poets in English poetry (Wang, 1991: 40). Regarded as a forerunner of English Romanticism, Blake always expressed visions of cosmic struggles between the Old and the New, between slavery and liberty, or (in his own words) between Urizen and Fuzan and Luvah in his long poem *Prophetic Books*.

What is more, he adopted his own coined word Urizon to describe how he understood about the way the world ran. By the coinage Urizon, it seems to be the combination of "you" and "reason." In his opinion Urizon stands for rationality, order and bounder. Resorting to visions and conceptualization, he came up with a profound, huge and mysterious system of symbols. The system deals with philosophy, psychology and ethnography, which has elevated him an intellectual revisionist (other scholars competent in this field are Nietzsche and Freud).

Symbol is a visible object or an action that suggests some further meaning in addition to itself. Symbols like a national flag and a red rose are called conventional symbols, which may exert some conventional or customary effect on readers. Some other symbols which signify things in a special way are regarded as unconventional symbols (Kennedy, 1976: 46). Though as part of the language of poetry, symbols usually have no long-established meaning, but particular meanings of their own.

In the anthologized poem *The Tiger* the extensive use of symbols works well in strengthening Blake's ideas. According to Kennedy, Blake's symbols can be categorized as conventional and unconventional.

The basic image of the "tiger" runs throughout the poem and the work is mostly intensified by the expressive use of symbol. Hidden in the forest, shining with bright eyes, the tiger is a great symbol of both destructive and creative powers. Then what does it stand for? Some critics, including C. M. Bowra, maintain that the animal indicates the irresistible inner aspiration, which is destined to defy ignorance, depression and superstition. Others assume that this creature carries human imagination since Blake cherished visional dreams a lot.

Here are "forests," "skies," "night" which are recognized as conventional symbols indicating the environment where the "tiger" lives. On the other hand, some words such as "hammer," "chain," and "furnace" are symbolic of the blacksmith who is making the "tiger" in the unconventional way.

William Blake lived in a period when England experienced the Industrial Revolution, which was triggered by the invention of steam engine in 1765. Thousands of English people were driven away from their homes and toiled at machine labeled as "Satanic Mill" by Blake. So most of his poems work as a mirror to the social events, and *The Tiger* is one of them.

Criticism about such great poets as Shakespeare, Byron, Shelley and Wordsworth has worn out many a mile of typewriter ribbon. Furthermore, criticism, according to Ezra Pound who also wrote much of it, ought to consume itself and vanish. It is a safe guess that most writing about poetry will eventually do so. But it is something different in regard to William Blake.

It is only in the 1930s when the western critics made new discoveries and offered fresh interpretations about Blake that he has been given the niche due in the history of British poetry. Moreover, the re-evaluation of Blake claims to be one of the important literary achievements that have been scored in the 20th century (Wang, 1991: 36).

The technique of symbol often works well in poet writing. By communicating the meaning through symbols instead of statements, Blake chooses the only sort of language appropriate to an idea of great subtlety and complexity in boosting both the creative and destructive aspects of the tiger. Words like "the fire of your thine eyes," "wings," "dread grasp," and "dread hand" are highly symbolic of the way the tiger exerts its force on the world. It is agreed that this animal is eager to create something and destroy something else in the meantime.

Besides, another great strength of symbol is that, like some other figures of speech, it renders the abstract in concrete terms. Sometimes a symbol may lead us from a visible object to something whose dimensions are too vast to be perceived. By using the clear and common image of tiger, William Blake tried to convey his vision far beyond one's ken. *The Tiger* was written when the French Revolution was well under way. Therefore, he employed the tiger to give his support to the profound social event across the English Channel in a bid to express his understanding about the essence of life and universe.

On the other hand, we may miss the value of a symbol if we assume it can mean absolutely anything we want. If a poet has good control over reader's reactions, his poem will guide the response in a certain direction. That is the point in *The Tiger*'s case.

Why does Blake couch his meaning in symbols? Why doesn't he tell us directly what he means? These questions imply two assumptions (not necessarily true): first, that Blake has a message to convey; second, that he is hiding it. We have some reason to think that Blake did not often enough have a message in mind when beginning to compose a poem, as the renowned poet-critic Eliot asserted, "The conscious problems with which one is concerned in the actual writing are those of a quasi musical nature… than of a conscious exposition of ideas." With the use of symbols Blake affords us the pleasure of finding our own entrance to his poem.

Frost claimed, "Always a large significance. A little thing touches a large thing." Therefore a good symbol can be very powerful in depicting rich imagery.

We feel huge strength from *The Tiger* in regard to its distinctive symbols. The creator is likened to a blacksmith. There are quite some words like "hammer," "chain," "furnace," and "anvil" which can be used in the forgery. What is more, the creator makes Tiger and Lamb as well. These two animals are very different in acquisition, Tiger symbolic of strength and Lamb featured by peace and purity. So the creation of two extreme images shows self-contradiction in human being. As Blake claimed that the universe is composed of "contraries" and "without contraries is no progression," contradictions work as the driving force to push the world forward.

Also we are impressed by its strong musicality. For example, in the first stanza every word sounds strong and rhythmic. Then a tiger jumps out accompanied by the melodious march. The poet spells out one word after another in the way a blacksmith hammers upon the anvil. Hence some critics call the poem full of "anvil music."

In the suggestion of an infinite realm that mortal eyes can not quite see, but whose nature can be perceived fleetingly through things visible, William Blake resembles the work of late 19th century French symbolist poets such as Charles Baudelaire and Jules Laforgue. With the Neoplatonic View ideal realities exist in a great place beyond, whose corresponding symbols are "the perceptible cats" that bite us, and tangible stones we stumble over.

Blake offered a detailed description to the "tiger" by repetitive symbols at the very beginning and end of the poem. The paraphrase depends primarily on the meaning of such concrete objects as "hand," "eye," "fire," and "sinews" which are richly suggestive and highly symbolic, adding luster to the image of "tiger."

Most often, a symbol is something we can see in the mind's eye. A symbol addresses a sense rather than sight. In *The Tiger* we not only see it as an animal, but also feel it as a force, which sweeps over anything.

Besides, a symbol serves as a special kind of image, for it exceeds the usual image in the fullness of its connotations.

3　Conclusion

Subjective in content and pure in spirit, symbol has a long history in poetry as such an efficient rhetorical device that many poets love to use it in their works.

By resorting to the use of symbols Blake has made us believe that *The Tiger* is encouraging, powerful and cheerful with a series of bright and lively images and suggestive symbols. The tiger is visioned to sweep all obstacles along its path in the wake of the wreckage of Ignorance, Opposition and Injustice.

To sum up, the use of conventional symbols and unconventional symbols by William Blake succeeds in giving an effective interpretation to *The Tiger*. Actually, a symbol may evoke, suggest and manifest. After all, each symbol demands no single necessary interpretation unless it is placed in the specific context.

As Thomas Carlyle said, "The Infinite is made to blend with the Finite, to stand visible, and as it were, attainable there." In a word, Blake's Tiger is symbolic of any force both creative and destructive, far more than an aggressive animal only.

In addition, the poet's verbal skills are superb: his much use of short but forcible words, then his crucial and condensed imagery, his deft consonance and soft assonance (as in "Tiger! Tiger! burning bright"), his juxtaposition and oppositions ("hammer," "chain," and "furnace;" Tiger versus Lamb) and his good command of musical sound.

William Blake's poems, fresh and direct, are easy to understand while his later works are fairly obscure. He had his own myth, neither Hellenic nor Hebraic. He produced works in an individual way both in figures of speech and in rhyme and meter.

References

Kennedy, X. J., 1976. *Literature: An Introduction to Fiction, Poetry, and Drama*. Boston: Tufts University.

Selden, Raman, 1997. *A Reader's Guide to Contemporary Literary Theory*. London: Prentice Hall.

Wang, Zuoliang, 1991. *A History of English Romanticist Poetry*. Beijing: People's Literature Press. [王佐良，1991. 英国浪漫主义诗歌史. 北京：人民文学出版社.]

Woolf's Use of SOC Interior Monologue in *Mrs. Dalloway*

Some western literary theoreticians are controversial about the relationship between interior monologue and the stream of consciousness (SOC). Some maintain that interior monologue is equivalent to SOC while others hold that SOC is a literary form and interior monologue comes out as one of literary techniques that are employed in writing SOC novels.

The author agrees with the latter view. Furthermore, interior monologues in SOC novels are very much different from that in traditional novels regarding logical consistency, chronological order, conformity of space and regularity of language.

The 20th century has witnessed a good variety of literary theories and their vicissitudes. The emergence of SOC novels as an outstanding literary form can never be neglected in the history of world literature.

Consciousness refers to the general continued mental process, which covers human perception and thinking. According to the famous psychologist Sigmund Freud, human character structure has three parts, which are called id, ego and superego respectively. Besides, id exists as the primary impulse of instinctive motivation, and ego is responsible to control and guide id in the right direction while superego is the carrier of ethics, morality and rationality. Therefore, it is vital to keep a balance among id, ego and superego so that human being can stay in the sound conditions (Li, 1996: 9-16). Freud's Theory of Psychoanalysis exerts a far-reaching influence upon the writing and criticism of SOC novels as well.

As a renowned SOC novelist, Virginia Woolf published her masterpiece *Mrs.*

Dalloway in 1925. Surprisingly similar to James Joyce's *Ulysses* with regard to the structure and technique, the novel gives a detailed account of a personal life about Mrs. Dalloway and Smith, a mentally disordered ex-serviceman, from 9 o'clock a.m. right down to midnight. In the story there are two parallels of narration, one for Mrs. Dalloway who often finds herself lost in trance on the busy street, and the other for Smith who lives in hallucination and fantasy.

Woolf's skillful treatment of time and space is greatly attributed to her success in this novel to some extent. As a symbol of physical time, the Big Ben runs through the whole story, but she compares one day to one life by means of the stream of consciousness. Her novel begins with the interior monologue of Mrs. Dalloway, which plunges readers directly to undergoing daily life.

The opening sentences in the second paragraph include "What a lark! What a plunge! For so it had always seemed to her when, with a little squeak of the hinges, which she could hear now, she had burst open the French windows and plunge at Bourton into the open air" (Woolf, 1990: 1). Here Woolf tells a story in an unusual way, totally different from the traditional narrative mode.

Interior monologue is a common technique in literature. However, compared with interior monologue in general psychological description, SOC interior monologue is more irrational since it reveals the narrator's abnormal mentality: illogical ideas, disordered chronological arrangement, abrupt shift of space, irregular ways of thinking and ungrammatical sentences or fragmented phrases (Gao, 1989: 194-196). The hero speaks silently, freely and naturally so that readers may get an access to what happens in the innermost world. From Freud's point of view, SOC interior monologue is a wild expression of ego, and a spontaneous release of depressed mental energy.

In accordance with Freud the more mentally disordered the hero seems, the more abnormal he looks, and the more energy he may let off at random. Thus the movement of SOC can be sped up easily.

From *Mrs. Dalloway* the following features in Woolf's use of SOC interior monologue can be summarized compared with that in traditional novels.

First, SOC interior monologue gives an account of what the narrator has in sub-consciousness, and it follows the Principle of Happiness, which intends to quench intuitional need, as is proposed by Freud. A rich middle-aged woman whose husband is a senator, Mrs. Dalloway wallows in luxury but feels empty-minded. When she hears the Big Ben, triggering her stream of consciousness, she becomes sad over the disappearance of her first love with Peter Walsh, over the passage of time and over the whitening of hair. Though she walks among hustle and bustle, she feels lonely like a fallen leaf on the sea of all flesh, helpless and hopeless all the way. The Big Ben reminds her of the destined journey to the last day.

On the other hand, the Big Ben also stimulates the nerve of Smith, an ex-serviceman from the First World War. He is made lunatic out of shelling and bombing. The ringing gives a hand to his terrible memory of the war and the killing of his fellow soldiers. He is stricken with anxiety, horror and sorrow. The bell does not urge him to feel how time flies, but it makes him feel more willing to seek his final release as early as possible instead.

Second, SOC interior monologue demonstrates itself as a dynamic process which is destined to advance towards a terminal no matter how it is obstructed for a while, or is forced to change its course from time to time (Gao, 1989: 202-206). Actually, it is a stream running ceaselessly forward. In the novel Smith suffers from a mental disease severely, very often unable to tell illusion from reality. He wanders from street to street day and night. When he sees a plane make a series of stunts and puff out white smoke to skywrite for a kind of candy, all sorts of hallucination crop up in his mind. Then his excitement is replaced right away by the shifting scenes of bombing and blood-shedding. The deafening plane reminds him of the imaginary picture in which elm trees fall, leaves soar here and there. It becomes more and more violent till he is driven so crazy that he has to close his eyes. As a result, many scenes he encounters in the street remind him of death, and his illusions are always related to his personal nightmare-like experience in the First World War. In a word all these events are designed as hints that Smith is doomed to end up committing suicide after he goes through different episodes.

In the meantime Mrs. Dalloway finds herself lonely again when her boring evening party comes to end. No matter how hard she tries to escape from monotony, she has no choice but to return to the point where she comes from. She is bogged down in obsession with unutterable solitude in the new time and new space, searching for spiritual comfort and truth in vain.

Third, SOC interior monologue takes place in a different time and space from that of traditional novels. Freud asserted in the *Theory of Mental Time* that the linear time of the past, the present and the future marked by a clock is rigid, mechanic and man-made, and that only the mental time is real and natural (Gao, 1989: 202-206). What is more, time is a multi-structure which seems three-dimensional and linked with consciousness. Woolf attached much importance to "moments of being" in writing *Mrs. Dalloway*. The story begins with a direct interior monologue, in which she guides readers into the narrator's innermost world. The fresh air and sunshine trigger Mrs. Dalloway's wild imagination. She recalls the first dating with Peter 30 years ago in the field and even remembers their dialogue. Then the recent letter from Peter reminds her that he will come back from India very soon. Finally, Mrs. Dalloway still keeps fresh in mind Peter's smile, eyes, temperament and that pocket-knife Peter loved to carry with.

All the opening sentences may last one or two minutes in terms of "physical time," however, they span over a period as long as 30 years. Here Woolf skillfully mingles the SOC of Mrs. Dalloway with Peter's sayings on purpose so as to let readers come and go between the past and the present, all of which results in a smooth stream of consciousness. Furthermore, Woolf resorts to brackets, quotation marks and dashes to guide readers through the channel of time and space, putting aside the traditional narrative mode. The physical time and space are packed to a minimum and what is left gives way to a sense of fresh air (Li, 1996: 152-153).

Fourth, SOC interior monologue is full of leaps and bounds. It is a common sense that a mentally disordered man finds it hard to concentrate on one thing for a certain time. His thinking is inclined to jump from one thing to another without any transition or preparation. Freud pointed out that the most oppressed mentality proves to be the most active consciousness. Once set free, it may take advantage of the outlet to let off wildly.

When Smith returns from the battlefield, he feels that the crazy world stays on the verge of collapse. Whatever he sees and hears in the street may touch his fragile nerve, which often makes him think of his fellow soldiers killed in action. The lunatic Smith lives between reality and illusion with his consciousness flowing here and there. As he sits on a street-side bench without a tree around, he thinks that tree felling should be stopped. Then he says that human being should not slaughter each other out of hatred, so something must be done to change this world. As a matter of fact, it is hard to find something significant in common between tree cutting and man massacre. Anyway it is reasonable for Smith who suffers mentally to put two things together in a special context.

As he walks on, Smith seems to hear a sparrow calling him in Greek. The beautiful singing brings him to a wonderland. Then he comes across his killed fellow fighter in mind at the sight of a bunch of white stuff behind the fence. These events sound illogical, incoherent, mixed, piled-up and grotesque. Readers may feel the bounds and leaps of how Smith proceeds psychologically. Recording his mentality looks like an electrocardiogram about a psychiatric patient. The abrupt and constant shifts of thinking come together to strengthen the novel's theme and characterization of the hero in return.

Finally, SOC interior monologue usually appears when the hero stays in an abnormal mental state. Sure enough, illusion and hallucination loom now and then. Illusion is an expression of a deeply hidden wish while hallucination shows the realization of that wish, on which an imaginary world is based. Virtual as is it, it comes out like a "psychological reality" (Gao, 1989: 202-203). Consequently, Smith sets a good example to illustrate what a fantastic realm he wanders in, whenever and wherever he meets people or sees any provoking objects on the road.

Whether illusion or hallucination, it is nothing but a common thing to a mentally sick person. He may make his wish materialized with help of the imaginary domain since he shows impotence in telling reality from fantasy.

Stylistically speaking, there is a meandering sentence in the second paragraph worth our attention. "How fresh, how calm, stiller than this of course, the air was in the early morning; like the flap of a wave; the kiss of a wave; chill and sharp and yet (for a girl of eighteen as she then was) solemn, feeling as did, standing there at the open window, that something awful was about to happen; looking at the flowers, at the trees with the smoke winding off them and the rooks rising, falling, standing and looking…" (Woolf, 1990: 1) This long sentence runs smoothly with a minute feeling and dynamic rhythm. The poetic words present a picturesque scene overlapping the past and the present in the zigzag way. As a result, the overall cadence sounds like a stream of consciousness which may predict their bumpy road to love as the story proceeds further.

In conclusion, the main features of SOC interior monologue are discussed by taking a closer examination of Virginia Woolf's *Mrs. Dalloway* based on Freud's Theory of Psychoanalysis with regard to the distinctions between SOC interior monologue and interior monologue in traditional novels. Different from SOC, interior monologue proves a staple technique used in SOC novel writing. In fact, this technique helps play an important role in revealing the innermost realm of the narrators from the SOC fictions.

References

Gao, Zhongfu, 1989. Freud's Free Association and Schneleutze's Interior Monologue. In Liu, Mingjiu. S*tream of Consciousness*. Beijing: China Social Sciences Press: 190-207. [高中甫, 1989. 弗洛伊德的"自由联想"和施尼茨勒的"内心独白" // 柳鸣九. 意识流. 北京: 中国社会科学出版社: 190-207.]

Kennedy, X. J., 1976. *Literature: An Introduction to Fiction, Poetry, and Drama*. Boston: Tufts University.

Li, Weiping, 1996. *The Stream of Consciousness Novel*. Shanghai: Shanghai Foreign Language Education Press.［李维屏，1996. 英美意识流小说. 上海：上海外语教育出版社.］

Selden, Raman, 1976. *A Reader's Guide to Contemporary Literary Theory*. London: Prentice Hall.

Stevick, Philip, 1967. *The Theory of the Novel*. New York: Macmillan Publishing Co., Inc.

Woolf, Virginia, 1990. *Mrs. Dalloway*. Tokyo: Harvest Books.

跋

　　本书收录的是我进入学界以来取得的部分科研成果。大学时代，我曾梦想做一名荣耀的外交官，想象自己肩负着增进外交关系的神圣职责而巡游世界各国，斡旋于复杂多变、充满挑战的国际舞台，挥斥方遒，激扬文字。从原杭州大学外语系毕业踏入社会，我从事的第一份工作是医学外事翻译，似乎与外交官有那么丁点儿关系，虽然只是在家门口做个民间"外交官"而已！不管怎么说，多年的外事经历让我深刻认识到翻译对促进民间外交关系的独特作用。接着，我涉足了一些跨界的行业，但无论哪个行业，究其实质，都与翻译这种跨文化交际的理论与实践有关。斗转星移，暑往寒来，诸种因缘巧合使然，我在高校外面转了一圈，还是回归了象牙塔，认定自己最适合的工作是教书与科研，最向往、最自在的生活方式是阅读—思考—写作。为了追求这种比较纯粹的自由状态，我登入了翻译研究的学术殿堂。

　　《诗经》曰："如切如磋，如琢如磨。"学术研究就是一个用心切磋、精心琢磨的过程，"虽不能至，心向往之"。我从已发表的论文里精选了一部分，根据主题分为"典籍英译""翻译与文化""翻译与文学""翻译与术语""翻译与其他""英语论文"等六个部分，构成了这部《翻译学纵论》。这些论文大多是我近年来主持的国家社科基金项目、浙江省哲社办课题、浙江省社科联课题、杭州市哲社办课题的主要成果，已发表在《中国翻译》《外国语》《外语教学理论与实践》《浙江社会科学》《西安外国语大学学报》《山东外语教学》《翻译学报》等核心学术期刊上。

　　书山有路勤为径，学海无涯苦作舟。本书真实地记录了我在翻译研究方面留下的足迹。它们既涉及译入（incoming translation），又涉猎译出（outgoing translation）；既包括文学翻译（fictional translation），又触及非文学翻译（nonfictional translation），还有"口译技巧""中医翻译""翻译体""术语翻译""外来语"等话题，看起来有些庞杂，但确实反映了长期以来我在翻译理论与实践方面所做的一些尝试、努力。"典籍英译"是我近十年来孜孜以求、辛勤耕耘的主打领域，重点关注的是20世纪《孙子兵法》英译研究，这也恰巧顺应了构建人类命运共同体、推动中华优秀传统文化"走出去"的新时代潮流。

虽然难免有敝帚自珍之嫌，但重新检阅这些论文，不难发现有些论证流于粗疏，思维不够缜密。为此我对部分论文做了较多的修订，譬如《我国传统文化海外传播路径探析》《论后殖民语境下的译者主体性：强势文化与弱势文化》《译介汤显祖与〈牡丹亭〉在欧美的经典化》《论口译技艺及其应用》《英汉翻译与"翻译体"面面观》《源自英语的外来语对日语的影响》等。主要是自己潜心研读了新近发现的、颇有价值的文献，受到了有益的启迪，于是，着力拓展了相关论文的论证，充实了论点，丰富了论据。在此，我由衷地感谢我在浙江大学攻读硕士、博士学位期间的导师陈刚教授、吴国良教授，感谢他们对我的耳提面命、悉心指导！师恩重如山，抚今难相忘！特别感谢陈刚老师在繁重的科研与社会工作之余为本书所作的洋洋万言长序！

趁此机会，我感谢全国哲社办、浙江省哲社办、浙江省社科联、杭州市哲社办的资助，感谢各学术期刊编辑对拙文的厚爱。

此外，我感谢杭州师范大学外国语学院学术著作出版资金资助项目的资助，特别感谢外语学院院长周敏教授、副院长孙立春教授对我科研工作的大力支持！

还有，我衷心感谢家人们的理解与帮助，尤其感谢我的妻子给予我学术上、精神上、生活上倾心倾力的支持与无微不至的关心。

同时，我也衷心感谢浙江大学出版社的包灵灵老师、张颖琪老师，感谢他们诚恳耐心、细致审慎地编校书稿，还提出了许多宝贵的修改意见。

由于本书涉及面较广，写作时间跨度较大，体现了我在不同治学阶段的认知与学养，书内难免会存在一些不足与问题，甚至谬误，还请各位学者、同仁、读者不吝赐教。

裘禾敏

2023 年盛夏于杭州西溪